Você já se perguntou por que...

- ☐ Os ursinhos da sua caverna são todos tão diferentes?
- ☐ Você sempre entra em atrito com determinado membro da família?
- ☐ Seu filho nº 1 combina com o filho nº 3 quando há algum impasse na família?
- ☐ Os filhos nº 2 e nº 4 sempre se unem contra o filho nº 3?
- ☐ Todo mundo imagina que você é o filho mais velho de sua família, mas você é o do meio?
- ☐ O filho mais velho e o segundo filho de sua família são diferentes como a noite e o dia?
- ☐ O caçula da família sempre se dá bem em tudo?
- ☐ Sua irmã primogênita perfeccionista se dá tão bem com o esposo divertido, engraçadinho e caçula?
- ☐ Você seleciona seus amigos do modo como o faz?
- ☐ Você escolheu alguém tão diferente para se casar?
- ☐ O menor erro pode arruinar seu dia?
- ☐ Você se desentende com seu filho mais parecido com você, e não com o mais diferente?
- ☐ Seu colega de trabalho é do jeito que é (e como você pode se entender com ele)?

Então continue a ler este livro. Ele vai mudar sua vida.
Eu garanto.

MAIS VELHO, DO MEIO OU CAÇULA

KEVIN LEMAN

MAIS VELHO, DO MEIO OU CAÇULA

A ordem do nascimento revela quem você é

Traduzido por LIZANDRA DE ALMEIDA

Copyright © 1985, 1998, 2009 por Kevin Leman
Publicado originalmente por Revell, uma divisão da Baker Publishing Group,
Grand Rapids, Michigan, EUA

Todos os direitos reservados e protegidos pela Lei 9.610, de 19/02/1998.

É expressamente proibida a reprodução total ou parcial deste livro, por quaisquer meios
(eletrônicos, mecânicos, fotográficos, gravação e outros), sem prévia autorização, por
escrito, da editora.

Dados Internacionais de Catalogação na Publicação (CIP)
(Câmara Brasileira do Livro, SP, Brasil)

Leman, Kevin

Mais velho, do meio ou caçula: a ordem do nascimento revela quem você é / Kevin Leman;
traduzido por Lizandra de Almeida — São Paulo: Mundo Cristão, 2011.

Título original: The Birth Order Book

1. Comportamento — Aspectos psicológicos 2. Irmãos e irmãs 3. Ordem de nascimento
4. Personalidade — Aspectos psicológicos 5. Temperamento — Aspectos psicológicos
I. Título.

11–07685	CDD — 155.924

Índice para catálogo sistemático:
1. Ordem de nascimento: Personalidade: Psicologia   155.924
Categoria: Autoajuda

Publicado no Brasil com todos os direitos reservados por:
Editora Mundo Cristão
Rua Antônio Carlos Tacconi, 79, São Paulo, SP, Brasil, CEP 04810-020
Telefone: (11) 2127-4147
Home page: www.mundocristao.com.br

1ª edição: setembro de 2011
2ª reimpressão: 2021

A minha primogênita, a adorável e perfeccionista Holly.
Seu senso de justiça, criatividade, amor a Deus e sensibilidade
para com os outros me faz orgulhoso de ser seu pai.
Eu te amo muito.

Com reconhecimento especial a:

Minha irmã mais velha, Sally, a quem peço desculpas
por tê-la acordado pelo menos em uma ocasião
com uma minhoca pendurada embaixo de seu nariz.
Você é uma irmã muito especial.

Dr. John E. Leman Jr. (Jack), meu segundo irmão e
herói, a quem segui com fé em mais de uma ocasião auspiciosa
na infância, quando ele tentou fazer que eu me perdesse na
mata. Obrigado, Jack, por ameaçar arrancar o couro
do valentão do bairro por mim.

May e John Leman, meus queridos pai e mãe,
que agora descansam em paz, sabendo que fizeram
um ótimo trabalho ao criar três filhos bastante bons,
que os amaram profundamente.

Sumário

Adivinhe a ordem de nascimento	11
Introdução	13
Talvez Abel tenha recebido o que mereceu	
1. Ordem de nascimento	17
Isso realmente faz sentido?	
2. Mas, doutor, eu não me encaixo na forma!	33
Variáveis da ordem de nascimento — Parte 1	
3. O que os pais têm a ver com isso?	51
Variáveis da ordem de nascimento — Parte 2	
4. O primeiro primeiro	69
O primogênito	
5. Quão bom é "bom o suficiente"?	87
6. Perfeito — ou excelente?	101
7. Primeiro e único, o superprimogênito	113
O filho único	
8. Ninguém me respeita	129
O filho do meio	
9. O último, mas raramente o menos importante	143
O caçula	
10. A situação vencedora nos negócios	163
Olhando pelos olhos dos outros	
11. Casamentos de mesma ordem de nascimento não caem do céu	179

12. "Eu só tenho importância quando..." 199
O que você está realmente dizendo a si mesmo?

13. Ostente suas imperfeições 215
Criando primogênitos e filhos únicos

14. Dois é bom... ou podem ser uma multidão 231
Criando dois filhos

15. Saindo do aperto 245
Criando o filho do meio

16. Ajudando a raspa do tacho a crescer 257
Criando o caçula

Epílogo 271
Só uma coisa não pode faltar

Respostas do questionário 281
"Adivinhe a ordem de nascimento"

Notas 283

Adivinhe a ordem de nascimento

As afirmações a seguir referem-se a um primogênito ou filho único, a um filho do meio, ou a um caçula? Arrisque seu palpite e então verifique as respostas, no final do livro, para ver se conferem.

1. Minha irmã era uma exibicionista encantadora enquanto crescíamos — pense em uma artista trapaceira que sempre se dá bem. Agora ela ocupa o posto de principal vendedora da empresa e é muito bem-sucedida.
2. Gosto mais de ler pessoas do que livros. Gosto de resolver problemas e me sinto confortável quando estou rodeado de pessoas.
3. Meu irmão Al foi apelidado de "Albert Einstein" porque era muito bom em matemática e ciências. Agora ele trabalha com engenharia e é um perfeccionista consciencioso.
4. Não sei como meu marido faz isto: seu local de trabalho é uma bagunça absoluta, mas, sempre que quer achar alguma coisa, ele sabe exatamente em que monte está.
5. Minha amiga é um tanto quanto rebelde. Ela tem um monte de amigos, mas valoriza sua independência. Ela é uma boa mediadora em discussões. É praticamente o oposto da irmã.
6. Eu me entendo melhor com pessoas mais velhas do que com as da minha idade. Algumas pessoas acham que sou arrogante ou egocêntrico. Mas, na realidade, não sou.

_____ INTRODUÇÃO

Talvez Abel tenha recebido o que mereceu

Você já se perguntou por que sua irmã ou irmão é tão diferente de você? Afinal, vocês cresceram na mesma família; mas, apesar disso, agem e veem as coisas de maneira tão distinta. Vocês com frequência veem as mesmas experiências infantis através de lentes totalmente diferentes, e têm respostas opostas. Como isso é possível?

Você se pergunta por que continua a se desentender com certo filho ou filha, apesar de conviver tranquilamente com os demais? Ou por que jamais consegue concordar com seu chefe ou com determinado colega de trabalho?

Você se pergunta por que se sente compelido a agir de certa maneira — como se tivesse sido programado? Por que escolhe os amigos que escolhe? Por que se sente atraído por certo tipo de pessoa para se casar (alguém que realmente é melhor para você)? Por que você sempre se vê como mediador entre duas partes no trabalho? Por que você luta dia após dia com o fato de nunca ser bom o suficiente?

Todas as respostas para essas questões têm tudo a ver com a ordem de nascimento. Pense em sua família como uma árvore. Sua mãe e seu pai (ou mãe ou pai, se você é de uma família

> Você se pergunta por que se sente compelido a agir de certa maneira — como se tivesse sido programado?

de pai ou mãe solteiros) formam o tronco da árvore. As crianças da família são os galhos. Você já viu uma árvore na qual todos os galhos crescem exatamente na mesma direção? O mesmo vale para os filhos. Uma das melhores previsões da vida é que, o que quer que o primogênito da família seja, o segundo filho seguirá em outra direção (muitas vezes oposta).

Pense na velha história de Caim e Abel, naquele passado remoto — o irmão mais velho e o segundo entraram em uma disputa pela atenção dos pais depois de um mau começo. Se havia dois irmãos diferentes, eram esses dois. Um era jardineiro, do tipo mãos-na-terra. O outro era pastor, daqueles que amam os animais. Dizer que havia ciúmes quando um era tratado "melhor" do que o outro é, de longe, um eufemismo. E você sabe onde a coisa foi parar... É por isso que, quando inicialmente apresentei a ideia deste livro à editora, eu quis dar à obra o título de *Abel teve o que mereceu*. Mas os editores e os mandachuvas (a propósito, todos primogênitos ou filhos únicos) balançaram a cabeça e prevaleceram sobre este caçula aqui. Então, *voilà*! O descritivo e atraente título original ficou assim: *O livro da ordem de nascimento*.

Atuando por mais de trinta anos como psicólogo, estudei a ordem de nascimento e a maneira como ela o tornou quem você foi enquanto se desenvolvia — e a pessoa que é hoje.

Muitos psicólogos acreditam que a ordem de nascimento tem a ver apenas com a posição sequencial na família (a ordem na qual você e seus irmãos nasceram). Mas, se fosse tão simples, por que você se interessaria por um livro a respeito do assunto? Afinal, se você é capaz de fazer as contas mais básicas, consegue facilmente perceber se você é primogênito, filho do meio ou caçula.

Aí é que está. E se você é filho do meio, mas age como primogênito? Ou se é primogênito, mas age como filho do meio? Ou é o quarto em um grupo de sete irmãos, nascidos num período total de treze anos? Ou, ainda, que tal se você for o único rapaz em uma família de três garotas? A única garota em uma família de quatro rapazes? E se o primogênito tem deficiências físicas ou mentais? Qual é sua ordem de nascimento então?

> Assim que você descobrir sua ordem de nascimento, e também a daqueles que ama, estará muito à frente das outras pessoas no jogo da vida.

Depois de mais de três décadas vendo a verdade materializada na vida das famílias que aconselho, estou convencido de que a ordem de nascimento não é tão simples quanto a maioria dos "especialistas" tenta mostrar. Até onde sei, sou o único psicólogo que leva em conta todas as variáveis, incluindo a posição funcional (que vou explicar neste livro).

A ordem de nascimento não é simples, mas é fácil entendê-la com as informações que você vai ler neste livro. E, assim que você descobrir sua ordem de nascimento, e também a daqueles que ama, estará muito à frente das outras pessoas no jogo da vida. Quando terminar de ler *Mais velho, do meio ou caçula*, você entenderá melhor a si mesmo e àqueles que ama, bem como a seus melhores amigos, chefes e colegas de trabalho, e será capaz de navegar pelos relacionamentos em todas as áreas da vida com muito mais facilidade.

Se você tem filhos, vou revelar os segredos de como ser o melhor pai ou mãe para seu primogênito, seu filho do meio e seu caçula, e mostrarei por que tratar todos eles "igualmente" não é o melhor *modus operandi*.

Se você é casado (ou está pensando em dar seus passos pelo corredor florido), explicarei e darei algumas dicas sobre combinações de ordem de nascimento fomentadoras de casamentos que fluem com menos atrito, e o que você pode fazer para que seus relacionamentos sejam bem-sucedidos — independentemente de sua ordem de nascimento — se você já é casado.

Se você está no mundo dos negócios (meio período, período integral, em casa, longe de casa) ou faz trabalho voluntário, serviço comunitário etc., vai aprender como usar sua ordem de nascimento natural para extrair o máximo de suas habilidades, ao mesmo tempo que se dá bem e encoraja seus colegas.

Se você é primogênito ou filho único, vai aprender por que é tão focado em fazer qualquer coisa (e em fazê-la bem) e o que pode fazer sobre isso antes de ficar louco ou exausto. Também vai aprender por que os livros são alguns de seus melhores amigos.

Se você é o filho do meio, vai descobrir por que sempre se vê no papel de mediador, por que seguiu um caminho diferente de seu irmão mais velho e como evitar ficar pressionado entre os demais. Também vamos jogar uma luz sobre aquele traço rebelde que você sabe que se esconde no fundo de seu coração.

Se você é o caçula, como eu, vai aprender por que precisa de alguns primogênitos em sua vida (como minha esposa, Sande, e minha assistente, Debbie, que ajudam a manter tudo em ordem na vida deste filho mais novo amante da diversão). E você também vai descobrir por que às vezes precisa ter um pouco mais de cuidado com as pessoas mais velhas de sua família e dar a elas um pouco mais de folga, aliviando a pressão que sentem para ser o exemplo de perfeição. Hummm, eu me pergunto o que teria acontecido se Abel tivesse optado por uma

> Quer conhecer de perto os pensamentos e sentimentos das pessoas que ama? Descobrir por que você faz o que faz?

abordagem mais calma, ficado em segundo plano, sem irritar seu irmão mais velho, Caim, ao sobrepujar seus esforços. Já pensou que, talvez, na cabeça de Caim, Abel tenha tido o que mereceu?

Quer conhecer de perto os pensamentos e sentimentos das pessoas que ama? Descobrir por que você faz o que faz? Este livro divertido, agradável e informativo vai lhe mostrar como conseguir isso. Não sei dizer quantas vezes ouvi leitores dizerem: "Dr. Leman, este livro mudou minha vida. E mudou minha maneira de encarar a vida também".

Então, o que você está esperando?

_____ CAPÍTULO 1

Ordem de nascimento

Isso realmente faz sentido?

Não sei dizer quantas vezes me fizeram essa pergunta enquanto eu atendia indivíduos e famílias e percorria o circuito de programas de televisão ao longo dos últimos trinta anos. Minha primeira resposta geralmente acompanha a pergunta: "Você quer ganhar um milhão?".

Sim, a ordem de nascimento faz sentido. Afinal, como é possível que três, quatro ou até mesmo oito sujeitos sejam tão diferentes, apesar de virem da mesmíssima ninhada? A ordem de nascimento é simples, mas não simplória. Há regras para essa ordem e também há exceções a essas regras (vamos falar sobre ambos os casos neste livro). Entretanto, as exceções se explicam quando você entende como funciona a ordem de nascimento, e elas acontecem em função da posição em que você nasceu na família. Chamo isso de seu "galho na árvore da família", e esse galho tem muito a ver com seu jeito de ser hoje.

Por que você deve se importar com a ordem de nascimento? Porque ela pode lhe dar pistas importantes sobre sua personalidade; sua relação com amigos, colegas de trabalho e entes queridos; sobre o tipo de trabalho que você realiza; e sobre como lida com a solução de problemas.

A ordem de nascimento é, na verdade, a ciência da compreensão de seu lugar na linhagem familiar. Você nasceu primeiro? Em segundo lugar? Terceiro? Ou até mais para adiante nessa linha? Onde quer que tenha aterrissado, isso afetou sua vida de infinitas maneiras.

QUE CARACTERÍSTICAS SE AJUSTAM MELHOR A VOCÊ?

Qual dos seguintes conjuntos de traços de personalidade se ajusta melhor a você? Não é necessário atender a todos os critérios de uma determinada lista de traços. Apenas selecione a lista com maior quantidade de itens que parecem descrever você e sua maneira de agir na vida.

A. Perfeccionista, confiável, consciencioso, fazedor de listas, bem organizado, focado, um líder natural, crítico, sério, culto, lógico, não gosta de surpresas, um técnico.

B. Mediador, comprometido, diplomático, evita conflitos, independente, leal aos parceiros, tem muitos amigos, rebelde, reservado, acostumado a não receber atenção.

C. Manipulador, charmoso, joga a culpa nos outros, procura atenção, tenaz, sociável, vendedor nato, precoce, engajado, afetuoso, adora surpresas.

D. Pequeno adulto aos 7 anos, muito meticuloso, ponderado, muito empreendedor, automotivado, medroso, cauteloso, leitor voraz, pensa em preto e branco, fala demais, não suporta errar, tem altas expectativas de si mesmo, sente-se mais à vontade com pessoas mais velhas ou mais novas.

Se você notou que esse teste parecia um tanto fácil porque A, B e C relacionam traços do mais velho para o mais novo da família, você está certo.

Se escolheu A, pode-se apostar muito bem que você é o primogênito de sua família.

Se escolheu B, há grandes chances de você ser o filho do meio (segundo de três, ou possivelmente terceiro de quatro).

Se o item C pareceu descrever melhor quem você é, provavelmente você é o caçula da família e não está muito feliz porque este livro não tem figuras. (Só estou brincando — gosto de zombar um pouco mais com os caçulas porque sou um deles. Falarei mais sobre isso adiante.)

> Nem todas as características se encaixam em toda pessoa daquela ordem de nascimento.

Mas e quanto ao item D? Ele descreve o filho único, e o incluí porque nos últimos anos tenho recebido cada vez mais perguntas sobre unigênitos, já que as famílias em geral estão tendo menos filhos. Esses filhos únicos (também conhecidos como "estrelas solitárias") sabem que se enquadram entre os primogênitos, mas querem saber quão diferentes são das pessoas que têm irmãos. Bem, uma dessas diferenças é que o filho único é uma versão exagerada ou extremada do primogênito. Os unigênitos têm muitas características iguais às dos primogênitos, mas, de muitas maneiras, são uma classe distinta. Veremos mais sobre isso no Capítulo 7.

Note que, em relação a cada uma das principais ordens de nascimento, eu sempre qualifico as características dizendo "pode apostar que" ou "há chances de que". Nem todas as características se encaixam em toda pessoa daquela ordem de nascimento. Na verdade, um primogênito pode ter características de bebê, um caçula às vezes age como primogênito em certas áreas, e um filho do meio pode parecer o primeiro. Já vi unigênitos que você juraria serem caçulas. Há razões para essas inconsistências, as quais serão explicadas conforme avançarmos.

QUEM É QUEM?

A ordem de nascimento continua sendo reveladora quando você observa quem desempenha cada trabalho. Por exemplo, as estatísticas demonstram que os primogênitos em geral ocupam cargos de alta autoridade ou com ótimos resultados. As listas *Who's Who in America* ou *American Men and Women in Science*[1] contêm uma alta porcentagem de primeiros filhos. Você também vai encontrá-los bem representados entre os bolsistas de grandes universidades e professores universitários.

Embora venhamos a nos estender mais sobre isso nos capítulos seguintes, defino os primogênitos como:

1. A primeira criança que nasceu na família. (Entretanto, um primogênito nem sempre exerce o papel de primogênito, devido às variações que vamos discutir.)
2. A primeira criança do gênero que nasceu na família (o primeiro filho ou a primeira filha, mesmo se houver outros filhos antes dele ou dela).
3. Uma criança cujo irmão mais próximo do mesmo sexo nasceu cinco (ou mais) anos antes do que ela.

Em se tratando de presidentes e pastores, você adivinhou: uma grande porcentagem deles é de primogênitos. Da maneira como eu os defino, 28 de 44 presidentes dos Estados Unidos (64%) foram primogênitos ou exerceram esse papel. Na verdade, oito entre onze dos candidatos a presidente na eleição de 2008 eram os primeiros filhos ou filhas de suas famílias.

Um bom número de presidentes norte-americanos nasceu em outras posições. Alguns nasceram por último, mas todos foram os primeiros *homens* da família. Isso me diz que tiveram chances excelentes de desenvolver traços de primogênitos e *funcionar* como primogênitos, o que sem dúvida os ajudou a serem eficientes no papel de presidente e líder. (Veja a lista "Presidentes dos Estados Unidos e sua ordem de nascimento", no final do livro).

Primogênitos e filhos únicos

Confiáveis e conscienciosos, geralmente são "fazedores de listas" e pensam em preto e branco. Têm um senso de justiça aguçado e acreditam que há uma maneira correta de fazer as coisas. São líderes naturais, orientados a resultados. Filhos únicos levam essas características um passo adiante. Têm nos livros seus melhores amigos. Agem de forma madura antes da idade — são pequenos adultos aos 7 ou 8 anos. Trabalham de forma independente. E não conseguem entender por que as crianças de outras famílias brigam.

É claro que alguns presidentes dos EUA foram filhos do meio e alguns poucos foram caçulas, incluindo Ronald Reagan, o ator que fez bonito em Washington. O grande trio da ordem de nascimento — mais velho, do meio e caçula — foi representado vividamente durante a campanha presidencial de 1992, quando George Bush (candidato à reeleição), Bill Clinton e Ross Perot se enfrentaram no debate televisivo. Clinton, filho mais velho, foi agradável, confiante, cheio de respostas e demonstrou fortes habilidades de liderança. Bush, filho do meio, usou um estilo mediatório de negociação, até mesmo durante o debate. Perot, caçula, comportou-se como um bebê ofensivo e foi além: mostrou-se agressivo, franco, e fez um monte de perguntas embaraçosas para os adversários — muitas vezes a audiência rolou de ir.

Na eleição presidencial de 2008, os quatro concorrentes finais para o trabalho mais importante do mundo foram filhos únicos (Barack Obama — veja na lista de presidentes norte-americanos, ao final desta obra, por que ele é considerado filho único), uma filha mais velha (Hillary Clinton) e dois filhos mais velhos (Mike Huckabee e John McCain). Há realmente algo único em relação aos primogênitos, os líderes do grupo.

E os políticos não são os únicos. Certa vez, quando estava falando para um grupo de cinquenta pastores, comentei por alto: "Pastores, como se sabe,

> As pesquisas revelam que os filhos mais velhos são muito mais motivados a ter sucesso do que os caçulas.

são predominantemente filhos mais velhos". Quando eles se mostraram céticos, decidi pesquisar o grupo inteiro para ver se eu estava certo. Quarenta e três dos cinquenta eram primogênitos ou filhos únicos.

As pesquisas revelam que os filhos mais velhos são muito mais motivados a ter sucesso do que os caçulas. Uma proporção muito maior de primogênitos acaba em profissões em áreas como ciências, medicina ou direito. Você também os encontra em maior número entre contadores, secretárias executivas, engenheiros e especialistas em informática. E, sim, dos primeiros 23 astronautas norte-americanos enviados ao espaço sideral, 21 eram primogênitos, e os outros dois eram filhos únicos. Todos os astronautas no programa original Mercury eram filhos mais velhos.[2] Até mesmo Christa McAuliffe, a professora que morreu no malfadado acidente com a nave espacial *Challenger*, em 1986, era a primeira de quatro irmãos.

Além disso, um estudo recente anunciou na CNN que "o QI dos primogênitos tende a ser mais alto do que o de seus irmãos mais novos".[3] Por quê? Ninguém tem muita certeza, mas especula-se que os primeiros filhos se beneficiem de receber mais atenção de seus pais, sem ter de dividi-la por um tempo antes de os irmãos chegarem. Ao filho mais velho é dada mais responsabilidade, e assim ele se torna mais aplicado, o que constrói a inteligência. Além disso, o filho mais velho carrega os sonhos dos pais; então, ele tenta fazer mais e ir mais longe que seus irmãos.

O fato é que mais frequentemente você encontrará filhos mais velhos em profissões que exijam precisão, grande poder de concentração e disciplina mental obstinada.[4] Quando fui reitor-assistente para alunos da Universidade do Arizona, enquanto também fazia meu doutorado, sempre gostei de testar as teorias da ordem de nascimento que estava aprendendo. Certa vez, perguntei a um membro do corpo docente da Faculdade de Arquitetura se ele já tinha relacionado a origem dos acadêmicos da faculdade à ordem de nascimento. Ele me lançou um olhar vazio e murmurou: "Kevin, eu realmente preciso ir".

Filhos do meio

São os mais difíceis de especificar entre todas as ordens de nascimento, mas consistem no oposto do filho anterior a eles na família. Se os primogênitos forem muito convencionais, o segundo será anticonvencional. Os filhos do meio caminham na batida de um tambor diferente. São competitivos, leais e grandes amigos. Ser filho do meio significa viver em um tipo de anonimato nebuloso. Mas isso não é de todo mal. Se um filho do meio for anônimo, ele pode se dar bem mesmo com preguiça e indiferença ocasionais. Ele não é tão pressionado, nem se espera dele tantas conquistas quanto do que veio antes. A desvantagem é que, se não for pressionado, pode nunca desenvolver seu potencial completo. O filho do meio de uma família geralmente é o negociador que tenta manter a paz.

Seis meses depois, ele me parou no *campus* e disse: "Você se lembra daquela pergunta maluca que me fez sobre a ordem de nascimento de nossos professores de arquitetura? Bem, eu finalmente decidi fazer uma pesquisa informal. O resultado é que quase todos os nossos

Mais velho, do meio ou caçula

professores são ou filhos mais velhos ou filhos únicos em suas famílias". Meu amigo ficou muito impressionado.

Fiquei satisfeito ao saber que um princípio básico da ordem de nascimento tinha sido comprovado novamente. As pessoas que gostam de estrutura e ordem tendem a escolher profissões exigentes. Arquitetura é uma delas.

COMO A ORDEM DE NASCIMENTO ESTÁ REPRESENTADA EM HOLLYWOOD

Do outro lado da escala da ordem de nascimento, você vai encontrar um monte de caçulas que são comediantes. Os mais novos de suas famílias, conhecidos e amados por milhões de fãs de cinema e TV, incluem Eddie Murphy, Martin Short, Ellen DeGeneres, Whoopi Goldberg, Jay Leno, Stephen Colbert, Steve Carell, Jon Stewart, Billy Crystal, Danny DeVito, Drew Carey, Jim Carrey, Steve Martin e Chevy Chase. Outros caçulas que nos fizeram rir a valer foram os comediantes John Candy e Charlie Chaplin, já falecidos.

É importante notar, porém, que nem todos os piadistas são caçulas. Apesar de Steve Martin ser o mais novo de sua família, ele tem uma irmã mais velha, o que o torna o primeiro filho homem. Bill Cosby, um dos grandes comediantes de todos os tempos, é primogênito. Cosby tem um título de doutorado e é perfeccionista: deu a todos os filhos nomes iniciados por "E" — para lembrá-los de sempre buscar a excelência.

Outros humoristas e atores primogênitos incluem Harrison Ford, Matthew Perry, Jennifer Aniston, Angelina Jolie, Brad Pitt, Chuck Norris, Sylvester Stallone, Reese Witherspoon e Ben Affleck.

Entre unigênitos bastante conhecidos por seus papéis dramáticos, e às vezes cômicos, estão Robert DeNiro, Laurence Fishburne, Anthony Hopkins, James Earl Jones, Tommy Lee Jones, William Shatner e Robin Williams.

> **Caçulas**
>
> Estas criaturas sociáveis e expansivas nunca viram um estranho. São descomplicadas, espontâneas, bem-humoradas e ótimas no trato com as pessoas. Para elas, a vida é uma festa. São as que mais provavelmente fazem o que bem entendem e as menos suscetíveis a punição. Geralmente mantêm seu apelido familiar. Mas também há o outro lado. Apesar de os caçulas serem as pequenas estrelas da constelação familiar, não é divertido ser o menor, porque isso significa passar grande parte do tempo usando coisas reaproveitadas, desajeitadas, incrivelmente fora de moda ou grandes demais. Ser o mais novo também significa ser importunado de vez em quando, e talvez receber apelidos nada lisonjeiros.

Comentaristas de telejornal e apresentadores de *talk shows* geralmente são primogênitos ou filhos únicos. Durante um *tour* por 31 cidades, fiz uma pequena pesquisa e descobri que de um total de 92 apresentadores de *talk shows*, somente cinco não eram filhos mais velhos ou únicos. Apenas para citar alguns dos mais conhecidos apresentadores de *talk show* primogênitos, temos Oprah Winfrey (que também foi indicada ao Oscar em seu primeiro filme, *A cor púrpura*); Bill O'Riley; Charles Gibson (o caçula de sua família, mas, vá por mim, ele age mais como primogênito — explico melhor adiante); Geraldo Rivera; e o comentarista de noticiário por excelência, Rush Limbaugh.

O CLÃ DOS LEMAN

Em muitas famílias, as três posições da ordem de nascimento — filho mais velho, do meio e caçula — são desempenhadas mais ou menos no estilo clássico. Minha família é um bom exemplo. Deixe-me apresentá-la. Meus pais, John e May Leman, tiveram três filhos:

- Sally — primogênita.
- John Jr. (Jack) — filho do meio (menino mais velho), nasceu três anos depois.
- Kevin (Cub) — filho mais novo, nasceu cinco anos depois de Jack.

Sally, oito anos mais velha do que eu, é uma clássica primogênita que mora em uma pequena cidade no oeste de Nova York. Como temos nossa própria casa de veraneio em um lago ali perto, acabamos parando em sua imaculada residência uma vez ou outra nas férias de verão. A primeira coisa que reparamos ao entrar pela porta da frente da casa de Sally é a passadeira de vinil transparente conduzindo a todos os cômodos da casa. Então captamos a mensagem: *não caminharás sobre o carpete azul, exceto quando for absolutamente necessário.*

Dizer que Sally é organizada está longe de ser o começo. Suspeito que de vez em quando ela passe seu capacho de boas-vindas a ferro! Você usa aqueles sacos de lixo que têm um cordão para fechar? Sally também usa, mas dá lacinhos nos dela. Eu já a surpreendi ajeitando os folhetos no saguão do banco enquanto esperava sua vez. (Não estou brincando.)

Para resumir, o que quer que Sally faça, ela o faz bem feito e com classe. Durante toda a sua vida, sempre foi confiante, criativa, artística, culta e respeitada. Ela era líder de torcida no ensino médio e fazia o tipo National Honor Society.[5] Tornou-se professora de economia doméstica, diretora de pré-escola e chegou a escrever dois livros.[6]

Ninguém do clã Leman se esquece da vez em que todos fomos acampar no alto da Sierra Nevada. Depois de um dia incrível em contato com a natureza, estávamos todos prontos para pular direto em nossos sacos de dormir. Como a noite é bem gelada quando se está a cerca de 2,5 mil metros de altitude, mesmo no verão, a maioria de nós planejou dormir de roupa. Sally não. Quando ela saiu de sua barraca para dizer-nos "boa-noite", estava vestida com a tradicional e elegante camisola. Ela não conseguia entender por que aquilo era tão engraçado para o resto de nós. Sally é assim. Por que não usar de um pouco de classe também no acampamento?

Mas ser perfeito no que se faz também tem suas desvantagens. Sally fica uma pilha de nervos pelo menos dois dias antes de oferecer um pequeno jantar. Grandes jantares a deixam nervosa por uma semana ou até mesmo dez dias. Naturalmente, tudo deve ser combinado por cores: os guardanapos combinam com os porta-guardanapos, que combinam com a decoração da sala de jantar formal, que combina... bem, você entendeu.

> Estou convencido de que, se minha irmã tivesse a oportunidade, ela colocaria um jornal embaixo do relógio cuco.

Estou convencido de que, se minha irmã tivesse a oportunidade, ela colocaria um jornal embaixo do relógio cuco — só para garantir que o bichinho não fará nenhum estrago.

Certa vez em que fui o orador principal de uma conferência, Sally estava fazendo um *workshop* no mesmo evento, e tomamos o café da manhã juntos às 9h05.

— Então, Kevin — ela disse — sobre o que você vai falar?

Tomei um golinho do meu café casualmente.

— Não decidi ainda.

Ela engasgou.

— Como assim? Você devia saber sobre o que vai falar. A conferência começa em 55 minutos!

— Bem, vou olhar para as pessoas e então decidir.

Ela estremeceu.

— Você está fazendo meu estômago revirar.

Se você é o filho mais velho, deve ter se identificado com minha irmã na hora, porque não há um primogênito na face da terra que se levante pela manhã e improvise. Primogênitos são preparados, organizados e dispostos a fazer as coisas. Mas você é caçula? Então está dizendo: "É isso aí, dr. Leman. É só saber gingar".

Então, a primeira em nossa família é Sally, a perfeccionista.

Em segundo lugar vem meu irmão, Jack. Como acontece tipicamente a muitos filhos do meio, é um pouco mais difícil apontar seus exatos traços de personalidade. Mas os filhos do meio são conhecidos por tomarem a direção diametralmente oposta à dos filhos mais velhos da família. Normalmente, o filho do meio é o mediador e negociador que evita conflitos. Ele pode ser um verdadeiro paradoxo — independente, mas extremamente leal a seus parceiros. Pode ser rebelde com mui-

> Filhos do meio são conhecidos por tomarem a direção diametralmente oposta à dos filhos mais velhos da família.

tos amigos e, em geral, é aquele que sai de casa primeiro. Ele encontra seus verdadeiros companheiros fora do círculo familiar porque, com frequência, se sente alijado das coisas em casa.

No caso de Jack, ele não seguiu em direção completamente oposta à de Sally. Ele também acabou sendo extremamente consciencioso, sério e erudito. Mas, uma vez que esses traços pertencem aos filhos mais velhos, o que aconteceu com Jack? Bem, ele era um primogênito funcional — o primeiro *homem* da família Leman. (Mais sobre isso no Capítulo 8.)

Um traço clássico de filho do meio apresentado por Jack era o fato de ser o pioneiro que desejava mudar-se para bem longe das raízes da família, assentada no norte do estado de Nova York. Sally foi fiel à costumeira característica do primeiro filho: ela mantém a tradição e ainda mora a poucos quilômetros de onde crescemos. Mas, se Jack não tivesse feito a grande ruptura de independência ao viajar até Tucson para cursar sua graduação na Universidade do Arizona, nem meus pais nem eu teríamos ido morar lá. De qualquer forma, meus pais seguiram Jack até Tucson. Eu fui junto também e moro em Tucson desde então, há mais de 45 anos.

Então veio o pequeno Kevin, cinco anos depois de Jack. Meu princípio básico da ordem de nascimento diz que quando há um intervalo de cinco a seis anos entre os filhos, o filho seguinte começa uma "nova família". E você pode fazer uma suposição (baseada em fatos) de que ele ou ela terão o tipo de personalidade de um primogênito em alguns aspectos. Quando há um intervalo de sete a dez anos (ou até mais), o próximo filho cai na categoria de "quase-filho-único" porque há muita diferença de idade entre ele e o irmão anterior.[7]

Tenha em mente, entretanto, que esses princípios básicos estão sujeitos à maneira como a criança é criada perante outras influências que acontecem na constelação familiar. Em meu caso, por exemplo, o princípio básico foi por água abaixo por uma boa razão. Meu irmão arcou com todas as consequências, porque meus pais tiveram muito mais expectativa com ele do que com seu irmão mais novo. O nome de Jack era John E. Leman Jr. Ele deveria ter sido o médico que meu pai sempre quis ser, mas não pôde porque era muito pobre e só estudou até o nono ano do ensino fundamental. Papai projetou em Jack seus próprios sonhos de uma ótima profissão e seus próprios medos de não ser alguém. Com esse tipo de pressão, você pode ver por que Jack assumiu tantos traços de primogênito. Apesar de não ter se tornado um cirurgião ou anestesista, ele de fato se tornou um doutor muito consciencioso em psicologia clínica, com consultório particular.

Quanto a mim, recebi o apelido de "Ursinho", e a coisa pegou. Mas, em vez de ser ignorado e deixado por conta própria, como acontece com muitos caçulas, eu me tornei o mascote da família, aquele que estava sempre envolvido em tudo.

Os filhos mais novos são muito observadores, e aprendi muito cedo que havia dois *superstars* antes de mim. Rapidamente decidi que não havia muito a fazer para conseguir atrair a atenção. Meu único feito real da pré-escola até o final do ensino médio foi jogar no time de basquete — quer dizer, quando merecia, geralmente nas seis primeiras semanas do primeiro semestre, antes de saírem as notas. (Isso explica logo de cara um pouco do meu histórico escolar.) Jack, um *quarterback* de destaque, nunca se incomodou com o basquete. No oeste de Nova York, o futebol americano do ensino médio era o esporte principal, enquanto o beisebol era para tipos resistentes, os quais se dispunham a aguentar um frio de matar diante de pequenas multidões no clima de primavera, que geralmente incluía tempestades de neve tardias.

> Quando há um intervalo de cinco ou seis anos entre os filhos, o filho seguinte começa uma "nova família".

Mas o Ursinho não ficaria para escanteio. O que me faltava em realizações eu transformei em traquinagens. Tornei-me um pequeno exibicionista manipulador, sedutor, simpático e, às vezes, diabólico. Aos 8 anos, enquanto tentava animar uma torcida para o time de ensino médio de minha irmã, descobri minha verdadeira vocação na vida. Aprendi que artistas atraem a atenção. Então foi o que fiz, especialmente para meus colegas de classe ao longo de todo o ensino fundamental e médio. Desenvolvi uma habilidade incrível para deixar os professores loucos. Sei que devem ter respirado aliviados quando Kevin Leman finalmente se formou.

TUDO VEM DA ÁRVORE DA FAMÍLIA

Ao olhar para trás, para os anos em que se desenvolvia, provavelmente você também deparará com um grupo de personagens parecidos com os garotos

Leman: os bons alunos, os atletas, os artistas, os exibidos, e aqueles que são difíceis de colocar em um determinado escaninho. Depois de todos os meus anos de pesquisa, estudo e ajuda a famílias como a sua, tenho certeza de apenas algumas coisas:

1. *Não há influência maior durante o período de desenvolvimento e crescimento do que a família.* Sim, estou sabendo de todo o tempo que você passou na escola, na liga esportiva infantil, no grupo de escoteiros ou nas aulas de música. Mas todas essas coisas são apenas uma gota no oceano se comparadas ao que acontece em casa. No começo de nossa vida, nossos pais e irmãos (se houver) criam uma marca psicológica indelével, que afeta nossa personalidade. E essa influência familiar tende a persistir ao longo dos anos e dos quilômetros que percorremos ao crescer e sair de casa.[8]

> Os filhos mais novos são muito observadores, e aprendi muito cedo que havia dois *superstars* antes de mim.

2. *As relações mais íntimas na vida são com sua família* — aquela em que você se criou e a que você forma com o casamento. Mas a família que o criou tem posição privilegiada. Se você se casou, pense em quanto tempo está casado. Agora pense em quanto tempo você conhece seus irmãos. Alguns de vocês conhecem os irmãos desde que nasceram. Goste disso ou não, você está unido a seus irmãos com laços mais fortes até do que os de casamento, formados com seu parceiro. E você conhece seus pais desde que nasceu também. Viver em uma família, portanto, é uma experiência única e particular. As relações íntimas que se desenvolvem na família não podem ser encontradas em nenhum outro lugar na terra.[9] E essas relações se devem em grande parte à ordem de nascimento.

3. *A relação entre você e seus pais é fluida, dinâmica e crucial.* Toda vez que uma criança nasce, todo o ambiente familiar muda. A maneira de os pais interagirem com cada filho quando este entra no círculo familiar determina em grande parte o destino da criança.

Já mencionei que meu pai, um homem muito trabalhador, nunca teve a oportunidade de ir além da oitava série. Essa baixa escolaridade foi algo de que ele sempre se arrependeu. Ele queria muito que pelo menos um de seus filhos fosse médico. Não acho que meu pai tinha essa opinião em favor dos médicos por causa de alguma visão quanto a salvar o mundo da doença e da morte. Ele só sabia que os médicos eram cultos e bem pagos, e queria que seus filhos tivessem uma vida melhor e mais fácil do que a dele. Então, a importância da educação se tornou um valor primordial que meu pai transmitiu a todos os seus filhos — até ao ursinho Kevin, que não demonstrava ser tão promissor (ou interessado) quanto os irmãos mais velhos.

Toda vez que uma criança nasce, todo o ambiente familiar muda. A maneira de os pais interagirem com cada filho quando este entra no círculo familiar determina em grande parte o destino da criança.

Será que meus irmãos e eu absorvemos os valores e discursos de meu pai sobre educação? Bem, os resultados dizem por si. Mana Sally só tirou notas A na vida, até o final do mestrado. Mano Jack é psicólogo clínico. E, de certa forma, o ursinho Kevin acabou se tornando psicólogo também. Sally e Jack não surpreenderam. Eles fizeram tudo certo desde o princípio. Mas como foi que Kevin, o rei da palhaçada, obteve um grau de doutor? Uma resposta é: "Com uma boa dose de dificuldade!". Por enquanto, vamos deixar isso em uma categoria de milagre menor. Meus professores do ensino médio poderiam até classificar o feito como um milagre *bem grande*. Na verdade, sei que eles o fariam.

USE A ORDEM DE NASCIMENTO EM SEU FAVOR

Conforme você ler este livro e aprender mais sobre os motivos de ser como é, vai encontrar maneiras práticas de usar sua ordem de nascimento em seu favor nas relações pessoais e até no mundo dos negócios.

Como seu galho se posiciona em sua árvore familiar? Todos nós brotamos em nossa própria e única direção e damos nossas contribuições, também únicas. Mas, à medida que começar a entender a ordem de nascimento e como ela o influencia, você poderá melhorar seus relacionamentos em todas as áreas da vida. Você terá até mesmo algumas pistas dos tipos de trabalho de que gosta (e daqueles de que não gosta), e por quê. E descobrirá como se dar melhor com chefes e colegas de trabalho — tanto nos negócios como em ações comunitárias.

Como seu galho se posiciona em sua árvore familiar? Todos nós brotamos em nossa própria e única direção e damos nossas contribuições, também únicas.

Quando pensamos nisso, tudo na vida não constitui, afinal, relacionamentos? Se você entra em uma loja de veículos e nenhum vendedor o cumprimenta com um sorriso, como você pode comprar um carro e como ele fará a venda? Negócios têm tudo a ver com relacionamentos.

E quanto a relacionamentos com amigos ou conhecidos? Não é interessante que, ao fazermos amigos, encontramos pessoas semelhantes a nós? Nós nos identificamos com amigos que ocupam a mesma ordem de nascimento que a nossa. Se não acredita em mim, faça uma pesquisa com seus amigos e veja a que tipo pertencem. Por exemplo, em todo verão passamos uma temporada no oeste do estado de Nova York, onde cresci. Minha esposa, minha irmã e a esposa de meu velho amigo Moonhead — todas primogênitas — adoram ir juntas a vendas de garagem, lojas de antiguidade e exposições de artes e artesanato. Elas apaixonadamente apreciam procurar os mesmos tipos de tesouros (que eu chamo de "lixo caro" — sem que escutem, é claro).

É verdade que pessoas muito parecidas se dão melhor no casamento? Não, na maioria das vezes parceiros de casamento demasiadamente parecidos não se dão muito bem porque estão sempre invadindo o território um do outro. (É por isso que não se vê muitos casais de contadores.) Casais diferentes entre si e que trabalham para entender e apreciar essas diferenças são os que se dão melhor. A boa e velha variedade é o tempero da vida.

À medida que as pessoas que aconselho entendem melhor a ordem de nascimento, elas são capazes de dar uma reviravolta em suas vidas. Por exemplo, Jan finalmente entendeu por que seu marido, John, é tão cricri. E John compreendeu o jeito "menininha" de Jan, algo que o estava deixando maluco a cada dia. A ordem de nascimento

> A boa e velha variedade é o tempero da vida.

também ajuda mamãe e papai a sacar por que Fletcher, de 10 anos, pode passar a vida andando por aí com a braguilha aberta e tirando média C+, enquanto sua irmã de 13 anos só tira A — e já está começando a desenvolver uma úlcera.

ADIVINHANDO QUEM É O PRIMEIRO FILHO

Onde quer que eu vá, considero um *hobby* divertido adivinhar a ordem de nascimento da garçonete, do motorista de táxi ou dos frequentadores dos seminários sobre casamento e paternidade que ofereço em todo o território norte-americano.

Por exemplo, durante um seminário dou uma olhada rápida a minha volta e identifico dez pessoas que acredito serem primogênitas ou unigênitas. Nessa primeira olhada, vou só pela aparência física. As pessoas que escolho parecem ter saído da capa da revista *Glamour* ou de um anúncio de ternos Brooks Brothers. São fáceis de localizar porque todos os seus fios de cabelo estão no lugar e suas roupas combinam dos pés à cabeça. Bem ali, na frente de todo mundo, assumo o risco e aposto que cada pessoa que escolhi é primogênita ou filha única. Geralmente acerto nove entre dez — e, com certa frequência, dez entre dez.

Essa "predição" dispara uma onda de sussurros nervosos na multidão, que começa a achar que vou fazer algum tipo de truque barato de mágica (ou que sou fugitivo de um serviço mediúnico por telefone). Então, começo a explicar.

O típico primogênito geralmente é fácil de reconhecer. Quase sempre estão vestidos elegante e impecavelmente. Os caçulas? São aqueles que estão confraternizando e batendo papo do lado da vasilha de ponche no fundo da sala, e ainda não perceberam que já comecei a falar. Os filhos do meio são os mais difíceis de identificar, porque aprenderam a transpor esse território intermediário com tanto sucesso que seus traços se tornam difusos, variando de acordo com a ordem de nascimento daqueles com quem se relacionam num dado instante.

> Quando o homem disse que ela era *muito* carinhosa, *muito* preocupada com ele, *muito* intuitiva e uma ótima mãe, eu percebi que tinha um primogênito nas mãos.

Quando termino de explicar, consigo identificar o "ahhh..." na cara dos espectadores do seminário ao se reconhecerem — e compreenderem a verdade sobre a ordem de nascimento — em minhas afirmações.

Às vezes também faço uma demonstração da ordem de nascimento em meus seminários. Quando estive em Phoenix recentemente, escolhi um homem da plateia. Em oito minutos identifiquei com facilidade a ordem de nascimento dele, assim como a de sua esposa, fazendo apenas algumas perguntas. Quando pedi que descrevesse a si mesmo, ele falou que gostava de ficar sozinho, adorava ler e apreciava a organização. (Você já tem algumas dicas?) Então pedi que me descrevesse a mãe dele. Quando o homem disse que ela era *muito* carinhosa, *muito* preocupada com ele, *muito* intuitiva e uma ótima mãe, eu percebi que tinha um primogênito nas mãos.

Minha próxima pergunta foi se ele tinha ou não se casado com alguém de ordem de nascimento oposta (o que supostamente garante mais felicidade), ou se ele poderia ter se "casado com a mãe". Ah, sim, eu já sabia que a mãe dele era perfeccionista, porque tinha sido *muito* carinhosa e preocupada com ele. Meu palpite foi que sua esposa também era muito carinhosa, mas tinha um olho crítico que enxergava tudo em um raio de um quilômetro e era tão poderosa quanto costumam ser os primogênitos. Então eu me arrisquei novamente e especulei que sua esposa era bastante protetora e perfeccionista, que havia uma maneira correta de se aproximar dela e que ela provavelmente gostava de fazer as coisas sozinha.

— Meu palpite é que, quando você está dirigindo, ela o critica a toda hora — eu disse.

— Pior do que isso — ele falou. — Ela não me deixa dirigir.

— Ah, *você* é aquele cara! — comentei. — Eu o vi passar outro dia. Você estava atrás, afivelado ao banco do carro.

Bem nessa hora, a esposa, que estava sentada mais atrás na plateia, bateu a mão na boca e disse muito alto:

— Ah, meu Deus, eu sou exatamente como minha mãe!

Sem dúvida que é. No que diz respeito à ordem de nascimento nas famílias, tudo tem um porquê. Você consegue ver isso em sua família também?

EU ARRASEI NO *THE TODAY SHOW*[10]

E quanto a apontar os caçulas? Eles geralmente são fáceis de identificar. Por exemplo, enquanto estava sendo entrevistado por Katie Couric, ex-apresentadora do programa *The Today Show*, eu disse que ela era a caçula da família, provavelmente com dois irmãos ou duas irmãs mais velhas.

Eu errara por um irmão, mas Katie ficou de boca aberta mesmo assim, e praticamente gaguejou:

— Bem, sim. Mas como você sabia?

Expliquei rapidamente que, apesar de ela estar muito bem vestida e perfeitamente arrumada, sua natureza atrevida e afetuosa a entregara. Quando ela trabalhava com Bryant Gumbel, com frequência o tocava ou segurava-lhe o braço — e sua natureza sedutora emergia escancaradamente. Fora das câmeras, Katie me comunicou que não gostava muito de ser chamada de "atrevida", mas que tinha de admitir que eu estava certo. Todo o conceito de ordem de nascimento ainda se abatia sobre ela como algo muito misterioso. Posso dizer que a equipe que gravou a entrevista também gostou — eles gargalhavam.

> Às vezes, circunstâncias atenuantes desafiam a sequência natural da ordem de nascimento. O resultado é que o último filho pode agir como primeiro, ou o primeiro parece ter características que não condizem com a maneira como os primogênitos "deveriam" agir.

QUANDO OS PAPÉIS SE INVERTEM

Às vezes, circunstâncias atenuantes desafiam a sequência natural da ordem de nascimento. O resultado é que o último filho pode agir como primeiro, ou o primeiro parece ter características que não condizem com a maneira como os primogênitos "deveriam" agir.

Todo mundo tinha certeza de que Alan — um primogênito competente e brilhante — voaria alto no mundo do noticiário de TV. Ele tinha um irmão apenas três anos mais novo, Luke. Curiosamente, ambos acabaram atuando no mesmo ramo, mas Luke foi quem roubou os holofotes.

Por que isso? Veja, às vezes o caçula herda o papel de primogênito por natureza por causa da...

Espere... Estou pondo o carro na frente dos bois. Tudo isso virá a seguir.

_____ CAPÍTULIO 2

Mas, doutor, eu não me encaixo na forma!

Variáveis da ordem de nascimento — Parte 1

Eu estava me preparando para falar em uma conferência sobre ordem de nascimento quando um cara se aproximou com arrogância. Seu rosto estava vermelho e zangado.

— Espere um minuto, Leman — disse ele. — Já li tudo sobre ordem de nascimento. Essas descrições não se encaixam em minha família de modo algum. Sou o caçula da família, e sou o mais responsável de todo o bando. Tem mais: sou o único que lê. O resto não sai da frente da televisão. Como você explica isso?

Ele cruzou os braços e olhou para mim fixamente, esperando minha resposta.

Posso explicar isso, e muito mais. As ditas inconsistências que acontecem quando alguém não parece se encaixar na forma típica da ordem de nascimento são apenas indicações apontando para a parte realmente mais divertida (e informativa) dessa teoria. Para entender tais indicações, você precisa conhecer o termo psicológico *constelação familiar* — ou, como eu prefiro chamar, o *zoológico familiar*. Ao longo dos anos, aconselhei muitas mães desesperadas que tiveram três ou quatro pequerruchos que as faziam subir pelas paredes. Quando eu falava sobre o zoológico familiar, essas mães sabiam *exatamente* o que eu queria dizer.

Mas como é que, em seu próprio zoológico familiar, um pai pode ter dois, três ou mais criaturinhas tão nitidamente diferentes? Essa é uma questão que a ordem de nascimento pode ajudar a responder. Entretanto, é preciso ficar atento às variáveis — os diferentes fatores ou forças que impactam cada pessoa, independentemente de qual seja sua ordem de nascimento.

As variáveis que interferem na ordem de nascimento incluem:

- *Distância ou intervalo* — os anos de diferença entre as crianças.
- *Sexo de cada filho* — e a sequência em que homens e mulheres nasceram.
- *Diferenças físicas, mentais e emocionais* — sim, os genes são importantes.
- *Morte de irmãos* — o que, se aconteceu cedo, faz que a criança seguinte seja "promovida" para a próxima ordem de nascimento.
- *Adoção* — pode ou não ter efeito na ordem de nascimento, dependendo da idade que a criança tem ao ser adotada.
- *Ordem de nascimento dos pais* — pais primogênitos geralmente conduzem seus barcos de forma muito diferente e mais contida do que caçulas.
- *Relação dos pais* — bem como o estilo de paternidade que usam ao passar valores pessoais para os filhos.
- *Olho crítico de um dos pais* — críticas constantes têm seu preço.
- *União de duas famílias em função de morte ou divórcio* — em uma família com filhos adotivos, certas ordens de nascimento geralmente são tripudiadas.

ORDEM DE NASCIMENTO: MAIS COMPLICADA DO QUE PARECE

A ordem de nascimento parece inconsistente para algumas pessoas porque elas acham (como a maioria dos "especialistas") que se trata de um tipo simples de sistema ordinal baseado na linha de nascimento. Crianças que nascem primeiro em uma família são, supostamente, de um jeito, filhos do meio são sempre de outro jeito, e caçulas têm sempre características próprias.

> Algumas crianças agem e se apresentam de maneira muito diferente de sua ordem de nascimento.

Mas algumas crianças agem e se apresentam de maneira muito diferente de sua ordem de nascimento. Até mesmo quando as crianças parecem se encaixar nas descrições típicas da ordem em que nasceram (nº 1, nº 2 etc.), elas podem revelar características de outras ordens de nascimento. É aí que as variáveis entram, podendo fazer que uma criança nascida em determinada ordem funcione, pelo menos em parte, com características de outra ordem.

Por exemplo, meu filho, Kevin II, nasceu bem no meio da linhagem Leman. Ele tem duas irmãs mais velhas e duas mais novas. Isso lhe dá a absoluta posição de "filho do meio" da família. Entretanto, ele também foi o caçula — o fim da linha após as duas irmãs mais velhas — por cinco anos e meio, antes que sua irmã mais nova, Hannah, viesse. E, como único menino da família, ele também é um primogênito funcional. Por isso, Kevin tem o melhor de todos os mundos!

> A chave para entender a ordem de nascimento é identificar e examinar os relacionamentos dinâmicos e fluidos existentes entre os membros da família.

Todas as ordens de nascimento têm certas tendências e características gerais, mas a chave para entender esse conceito é identificar e examinar os relacionamentos dinâmicos e fluidos existentes entre os membros da família. E é nesse ponto que as variáveis podem causar as características funcionais da ordem de nascimento, fazendo uma criança agir como se tivesse nascido em uma posição sequencial diferente de sua ordem natural.

O restante deste capítulo enfocará as variáveis mais óbvias que podem ser vistas em crianças — distância, sexo e diferenças mentais, físicas ou emocionais. Também vamos considerar variáveis menos discutidas, como nascimentos múltiplos, morte de um irmão e filhos adotivos.

A DISTÂNCIA PODE CRIAR MAIS DE UMA "FAMÍLIA"

Em qualquer família, uma variável óbvia e crucial na ordem de nascimento é o intervalo — o momento em que cada filho chega. Sempre que você pensar em intervalo, deve incluir o fenômeno chamado *destronamento* do primogênito, que acontece no minuto em que um irmãozinho ou irmãzinha chega ao mundo. Até aquele momento, o primogênito era o número 1 e a cereja do bolo de todos a sua volta. De repente, surge outra cereja (menor, mais engraçadinha, uma novidade na árvore familiar). O mais velho não é mais o único especial e pode sofrer sérios problemas de autoestima se os pais não tomarem o cuidado de fazê-lo saber que ele ainda é muito amado.

Muitos pais tentam ter filhos com dois anos de diferença (na verdade, o "ideal" são três), mas esses planos muito bem bolados geralmente não saem conforme o previsto. Intervalos de cinco ou seis anos, ou até mais, entre os filhos podem criar outra "família". Digo *podem* porque há outras variáveis passíveis de entrar em ação. Por exemplo, com um intervalo de cinco anos entre mim e meu irmão mais velho, eu poderia ter começado uma segunda família e me tornado um primogênito funcional, mas outros fatores intervieram.

Para mostrar como uma segunda família pode surgir na prática, vejamos o exemplo a seguir:

Família A
Menino — 14
Menina — 13
- - - - - - - - - - - - -
Menino — 7
Menina — 5

A linha tracejada demonstra a divisão óbvia nesse tipo de *ranking* de ordem de nascimento. O intervalo de seis anos entre o segundo e o terceiro filho pode facilmente fazer que este homem desenvolva tendências de primogênito. Isso não significa que ele não terá características de filho do meio (em uma família de quatro filhos, o segundo e o terceiro são filhos do meio). Ele ainda pode se tornar um negociador; pode ter muitos amigos. Mas é possível que seja bem "adulto" — consciencioso, exigente — porque teve muitos modelos mais velhos de comportamento. Não só os pais lhe dão o exemplo de características adultas, mas também seu irmão e irmã bem mais velhos (e competentes). Assim, esse filho pode aprender a agir de várias maneiras como primogênito.

> Intervalos de cinco ou seis anos, ou até mais, entre os filhos podem criar outra "família".

Em outro exemplo, o que você acha que aconteceria se eu removesse da família A o menino de 7 anos e a menina de 5 e incluísse um menino de 3?

Família B
Menino — 14
Menina — 13
- - - - - - - - - - -
Menino — 3

Agora o que temos? Quando o intervalo entre o último filho e o filho imediatamente anterior a ele é de mais de sete anos, há uma chance muito grande de se desenvolver o que chamamos de "quase filho único". O pequeno de 3 anos é o bebê da família, em termos de ordem, e pode assumir características de caçula se os pais e os dois irmãos mais velhos forem loucos por ele. Mas, se for deixado por conta própria e não receber muito o tratamento de "coisinha fofa", ele pode facilmente se tornar bem parecido a um filho único, porque fará um esforço extraordinário para tentar emular todos aqueles modelos de comportamento que vieram antes dele e são muito mais competentes.

Conheça a primeira família Leman

Aqui vai um exemplo real de como o intervalo entre os filhos pode afetar a ordem de nascimento. Minha esposa, Sande, e eu tivemos primeiro nossa filha Holly. Um ano e meio depois, Krissy uniu-se à família. Quatro anos depois, Kevey (Kevin II) nasceu.

Nossas primeiras filhas seguiram os padrões típicos da ordem de nascimento praticamente ao pé da letra. Desde o primeiro dia, Holly se mostrou meticulosa, perfeccionista, estruturada, esforçada e muito inteligente. Ela também defendia as regras e a precisão. Quando queria saber a que horas sairíamos para algum evento, não era suficiente que eu dissesse: "Lá pelo meio-dia". Tinha de ser mais claro e precisar: "Vamos sair da garagem às 11h55".

Não foi surpresa quando Holly começou a adotar o *People's Court*,[1] da juíza Wapner, como um de seus programas de TV favoritos. (Mais tarde, ela se tornou uma verdadeira fã da juíza Judy.) Depois de se formar na faculdade, Holly voltou a Tucson para dar aulas e passou a fazer parte do corpo docente de uma escola pública de ensino médio local, onde lecionava inglês e escrita criativa para adultos. Durante seu primeiro ano de atuação profissional, deparávamos com pais de alunos de Holly que nos diziam duas coisas: eles estavam essencialmente felizes com o fato de ela dar aulas a seus filhos, mas a palavra seguinte que lhes saía da boca era "castigo".

— Puxa — eu respondia —, seu filho não chega sempre preparado para as aulas?

— Não, mas ele está aprendendo! — era a resposta típica.

Claramente, a primogênita Holly se atinha à conduta, ao comportamento adequado e ao hábito de chegar preparado às aulas. Desde então, ela desempenhou vários papéis em diversas escolas: foi professora de inglês, administradora, chefe do departamento de inglês e autora do conteúdo programático.

Krissy, nossa segunda filha, também se tornou professora do ensino médio. Mais tarde, ela foi nomeada responsável pelo programa curricular. Depois de seu primeiro ano de trabalho, o diretor da escola lhe disse que, em 25 anos, ela era a primeira professora de sua equipe a quem ele não tinha sugestões de melhoria. Então, Krissy tomou a difícil decisão de cair fora do sistema escolar e se tornar a melhor professora que poderíamos querer para nossos dois netos.

Quer dizer que Krissy tinha o mesmo tipo de personalidade esforçada, precisa, ligada-às-regras-e-em-entregar-o-trabalho-no-prazo de sua irmã? Na verdade, não. Por outro lado, Krissy tinha pleno domínio de sua classe, porque mantinha ótimas *relações* com as crianças, um sinal característico de uma filha do meio que aprendeu a negociar, mediar e a fazer amigos fora da família. Desde muito cedo, esse era o padrão de Krissy. Até hoje conversamos sobre seu primeiro dia no jardim de infância, quando ela deixou a mãe apavorada e enlouquecida ao ir, depois da aula, para a casa da melhor amiga, em vez de tomar o ônibus para casa.

É importante saber, porém, que Krissy foi nossa caçulinha por pelo menos quatro anos, antes de Kevin chegar. Ou seja, ela foi o bebê da família por grande parte do início de sua vida, quando sua personalidade (a maneira como ela se vê e vê o mundo) estava sendo formada. Talvez isso explique por que ela não parece se abalar com o apelido "Krissy". Já cheguei a sugerir que, em algum momento antes de receber seu cartão de aposentadoria, ela fosse chamada de Kris ou pelo nome de batismo, Kristin!

Então veio o Kevin, nosso terceiro filho, o caçula da primeira família Leman. Ele é um caçula clássico — brincalhão, com grande senso de humor e muito criativo —, mas também tem uma tremenda habilidade para a escrita. Atualmente, Kevin é roteirista de comédias para um dos programas mais engraçados da televisão. Ele ganhou dois prêmios Emmy e, de lambuja, ainda escreveu dois filmes. É um perfeito exemplo de alguém cuja personalidade abrange duas ordens de nascimento: o caçula que está sempre atrás de diversão (note que ele ganha a vida escrevendo comédias) e o escritor criativo, talentoso — qualidade de muitos primogênitos.

Kevin teve o melhor de ambos os mundos. Ele era o caçula de uma família em que as duas irmãs mais velhas costumavam divertir-se fantasiando-o. Certa vez, viajamos em uma grande *van* que tinha uma cama na parte de trás, onde as crianças podiam dormir. Enquanto Kevin dormia, suas irmãs mais velhas pintaram todo o corpo dele com caneta marca-texto. O garoto nem sequer acordou!

Entretanto, apesar de todos esses encantos de caçula, Kevin ainda é o primeiro homem da família e, consequentemente, tem alguns traços de primogênito. É disso que estou falando. Quando Kevin frequentava a escola de arte, muitos gostavam dele. Um dia, uma colega que estava tendo dificuldades para organizar a própria vida lhe perguntou:

— Kevin, por que você está sempre tão feliz?

— Você quer saber mesmo? — disse Kevin.

— Sim, quero!

— Bem, eu amo a Deus e venho de uma família realmente perfeita.

Quando Kevin me contou essa história, fiquei tão cheio de mim que quase estourei todos os botões da roupa. Mas fiquei ainda mais impressionado quando ele acrescentou: "Pai, essa garota continua fumando maconha, mas não tanto. E ainda passa a mão em algumas coisas de vez em quando. Fomos juntos à Disneylândia e, ao sairmos da loja de presentes, ela estava olhando com aquela cara. Fiz que parasse e disse: 'Tá legal, vamos lá'. Ela tirou a coisa do bolso e me entregou. Imediatamente, eu a conduzi de volta à loja, e ela devolveu aquilo".

Veja, Kevin tem o forte senso de responsabilidade dos primogênitos combinado a sua natureza louca por diversão. Sendo um homem hoje na casa dos 30 anos, solidamente estabelecido em sua carreira, e amado por sua família e colegas, Kevin está muito além de onde eu, seu pai, estive nessa idade (e levei ainda um bom tempo para estar).

Como conseguimos nossa "segunda família"

Quando a primeira edição deste livro foi publicada, nossos filhos eram todos crianças:

Família Leman (meados dos anos 1980)
Holly — 12
Krissy — 10
Kevin — 6

Sande e eu achávamos que nossa família estava completa com esse trio. Mal sabíamos que uma segunda família estava a caminho.

Em 1987, mais de nove anos depois do nascimento de Kevin — e quando Sande e eu já estávamos na casa dos 40 anos — um pequeno pacote "surpresa" chegou, a quem demos o nome de Hannah.

Com um intervalo tão grande entre Hannah e Kevey, a menininha definitivamente deu início a um segundo *round* de ordem de nascimento para os Leman. Foi uma alegria criá-la. Seu caráter de "primogênita" sempre fez dela alguém dócil. Por exemplo, aos 2 anos ela estabeleceu, de maneira gentil, que éramos os pais. Quando precisava tirar um cochilo, ela chegava até nós, pegava nossas mãos e dizia: "Agora tô cansada". Aos 11 anos ela já era uma artista em flor. Hannah tem hoje 22 anos e acabou de concluir a faculdade.

Mas nossa segunda família ainda não estava completa com o nascimento de Hannah. Quase cinco anos e meio depois, veio nossa pequena "bombástica", uma princesinha que chamamos de Lauren. Saber que estávamos

40 Mais velho, do meio ou caçula

esperando um bebê pela quinta vez — e com 40 e *muitos* anos — foi um choque tanto para mim como para minha esposa, primogênita e normalmente implacável. Depois de Hannah ter passado pelo jardim de infância, Sande começava a ter alguma liberdade e esperava ansiosamente para ter um tempo para si mesma.

Mas na hora em que Lauren veio, todos — inclusive Sande, eu e os outros filhos — tínhamos nos ajustado a sua chegada, e ela foi tão bem-vinda e amada quanto seus irmãos. Hoje Lauren tem 16 anos, e é a caçula tanto de nossa segunda família quanto da família como um todo, apesar de ela, como Kevin, ter todos os traços de responsabilidade de um primeiro filho, por haver um intervalo de cinco anos e meio entre ela e sua irmã Hannah. Agora somos assim:

Família Leman (2009)
Holly — 36, primogênita clássica, professora de inglês
Krissy — 34, típica filha do meio, educadora, mãe de dois filhos
Kevin — 30, primogênito funcional, vencedor de um prêmio Emmy como roteirista de comédia
Hannah — 22, apresenta muitas características ternas de caçula; professora
Lauren — 16, caçula de toda a família, mas também primogênita funcional, muito precisa e cautelosa

Durante os cinco primeiros anos de sua vida, Hannah foi a princesinha caçula. Devido ao intervalo enorme entre ela e seus irmãos mais velhos, Hannah na verdade teve cinco "pais" que a mimaram muito. Havia pelo menos cinco pessoas muito grandes e capazes com quem ela tentava aprender e a quem tentava imitar. Então Lauren chegou e assumiu o posto de caçula. E, mais uma vez, por causa de um intervalo considerável entre ela e Hannah (mais de cinco anos), Lauren era não só a verdadeira princesa caçula da família, como também uma candidata a traços de primogênita funcional. Gostamos de dizer que Hannah teve cinco pais, e Lauren teve seis!

E as probabilidades de primogenitura realmente se desenvolveram. Com 2 anos e meio, Lauren colocava seu gravador de fitas cassete no chão e arrumava todas as fitas ao lado dele em perfeita ordem. Para um caçula como eu, que mal conseguia andar em linha reta para ir ao banheiro, isso era quase assustador.

Mas Lauren superou as expectativas quando, aos 5 anos, todos nós estávamos reunidos na cozinha para discutir como nossa agenda para a noite seguinte havia se tornado totalmente diferente da normalidade. Sande tinha uma consulta médica, então Krissy tinha de pegar Hannah na escola. Holly tinha uma reunião de professores à qual precisava comparecer, e eu também tinha uma reunião. Todos nós deveríamos nos encontrar para o jantar às 17h30 em determinado restaurante, para uma celebração em família. Conforme digeríamos todos os detalhes juntos, Lauren exclamou: "Puxa vida, isso é muito complexo". Todos praticamente congelaram e olharam para ela na hora.

Não tenho certeza de onde Lauren aprendeu a palavra *complexo* com tão pouca idade, mas obviamente ela sabia o que queria dizer. (Posso garantir que, aos 5 anos, eu não sabia.) Duvido que essa seja uma observação típica de uma criança nessa idade, especialmente uma caçula. Mas é aí que o fator intervalo entrou em ação com Lauren. Sempre que entre um caçula e seu irmão imediatamente anterior há intervalo suficiente para criar um primogênito funcional, não subestime a poderosa marca que você e seus irmãos mais velhos estão deixando no caçula. Evidentemente, seu pequeno caçula não é um primogênito pela ordem, mas pode carregar alguns dos fardos de primeiro filho. (Mais sobre isso no Capítulo 4.)

> Não subestime a poderosa marca que você e seus irmãos mais velhos estão deixando no caçula.

Por que a Southwest é uma companhia aérea divertida

Outro bom exemplo de como a distância temporal pode criar uma personalidade de primogênito em um filho mais novo é Herb Kelleher, ex-presidente e gestor da Southwest Airlines. Certo dia, lendo com interesse uma coluna de negócios publicada em nosso jornal local, fiquei sabendo que Kelleher e sua equipe construíram a Southwest como uma das operações mais lucrativas do mundo. Um dos motivos que ele deu para isso foi: "Definimos nossa personalidade assim como nosso nicho de mercado. [Buscamos] entreter, surpreender e divertir".[2]

Perto dessa citação, rabisquei uma anotação que dizia: "Herbie deve ser caçula". Mais tarde, quando liguei para ele a fim de fazer uma entrevista, ele me disse que, realmente, é o filho mais novo da família (o quarto de quatro), mas que há um intervalo de nove anos entre ele e seu irmão imediatamente mais velho. E que os irmãos mais velhos são treze e catorze anos mais velhos. Com todo esse treinamento e todas essas pessoas competentes em quem se inspirar, não é mistério que Herb Kelleher, filho mais novo, tenha chegado ao topo e se tornado presidente executivo de uma companhia aérea de destaque.

É por isso que Kelleher tem uma bagagem híbrida. Como presidente, ele estava em companhia tipicamente primogênita. Ao mesmo tempo, adora se divertir, e este é seu lado caçula. Você pode ter visto antigos comerciais de TV da Southwest, nos quais Kelleher era apresentado como um juiz que aplicava desnecessárias penalidades duras em carregadores um tanto descuidados com a bagagem. Apesar de não forçar seus funcionários a serem divertidos e engraçados, eles geralmente seguem o *script*. Se você já esteve em um voo da Southwest Airline e ouviu os comissários de bordo cantando suas músicas jocosas para os passageiros, sabe do que estou falando. O legado de Kelleher sobrevive.

Enquanto ainda era presidente, Kelleher disse: "Não forçamos os comissários a serem artistas. Só dizemos a eles que, caso se sintam à vontade para fazer coisas assim, ótimo! E se não se sentirem confortáveis, sem problemas. Na verdade, eles acabam aparecendo com muitas dessas coisas por conta própria".[3]

A VARIÁVEL DO GÊNERO

Quase de mãos dadas com a variável da distância temporal está a óbvia variável do sexo. Já vimos que uma criança caçula pode se tornar um primogênito ou primogênita. E já mencionei que muitos presidentes dos Estados Unidos são primogênitos funcionais porque foram o primeiro homem da família. Sempre acho fascinante o fato de a ordem de nascimento ter seu papel no desenvolvimento de líderes políticos.

Certa vez, eu estava falando a um grupo da Young Presidents[4] em um *resort* em Tucson. Assim que cheguei ao ponto de minha conferência no qual expressei como a ordem de nascimento impacta nossa vida, identifiquei Fife Symington, que na época era governador do Arizona, em um canto, no fundo da sala. Quando pedi que primogênitos, filhos do meio ou caçulas levantassem a mão, um grupo por vez, o governador se identificou como caçula.

Consegui a atenção do governador do outro lado da sala e disse:

— Governador Symington, me desculpe, mas o senhor não é o filho mais novo.

Ele olhou para mim como se dissesse: "O quê? Eu deveria saber a ordem em que nasci em minha própria família — eu *sou* o caçula".

— Vejo que está duvidando um pouco de mim — prossegui. — O senhor poderia me falar um pouco mais sobre sua família?

— Bem — replicou o governador —, tenho três irmãs mais velhas...

— E o senhor é o único homem? — interrompi.

— Sim, é verdade.

— Bingo! Isso é tudo. Governador, o senhor é um primogênito: o primeiro filho *homem* da família Symington.

Curiosamente, Symington continuou em uma carreira tumultuada como governador, o que demonstrou que, ao mesmo tempo que era um primogênito funcional, ele também tinha fraquezas típicas de alguns caçulas.[5]

Para mais um exemplo de como a variável de gênero afeta a ordem de nascimento, vamos considerar o oposto da família Symington e olhar para três garotos seguidos por uma garota.

> Toda vez que o segundo filho tem o mesmo sexo do primeiro, a tendência é haver mais atrito.

Você não precisa ser um psicólogo formado para sacar que haverá algo muito especial em relação a um membro específico da família:

Família C
Menino — 16
Menino — 14
Menino — 12
Menina — 11

A quarta garota definitivamente será uma princesinha caçula especial. E, nesse tipo de combinação, que filho tem a posição *menos* desejável? O terceiro menino — o de 12 anos — deve estar suando um pouco. Quando sua irmã mais nova nasceu, a mamãe já tinha ido ao hospital três vezes e trazido meninos para casa em todas elas. Ela e o papai sempre torceram para vir uma menina, e então aquela bebê chegou, apenas quinze a dezoito meses depois do terceiro menino. Ele certamente era capaz de ouvir os passos dela até mesmo antes de ela começar a andar!

Quem mais nessa família está em posição favorável? Uma boa aposta seria o primeiro homem, que muito quase com toda a certeza será ótimo na escola. É claro, ele provavelmente se envolverá em muita rivalidade com seu irmão mais novo, porque toda vez que o segundo filho tem o mesmo sexo do primeiro, a tendência é haver mais atrito. Se o irmão mais velho é estudioso, o segundo provavelmente será um atleta ou pode preferir entrar na banda da escola (talvez

> Quando as diferenças de sexo criam alguém "especial", a pressão pode recair sobre a criança imediatamente antes ou depois dessa pessoa.

ele forme sua própria banda de *rock*) e deixar o esporte para o terceiro menino. Se o terceiro realmente se tornar um atleta, pode ser um golpe de sorte, porque isso vai ajudá-lo a lidar com as frustrações causadas por ter de competir com a princesinha caçula.

A família C é apenas um exemplo de como o sexo de cada filho pode afetar a família. A regra básica é que quando as diferenças de sexo criam alguém "especial", a pressão pode recair sobre a criança imediatamente antes ou depois dessa pessoa.

NESTE CANTO, BURLY, O GRANDALHÃO

Outra variável que pode virar a ordem de nascimento do avesso, ou pelo menos afetá-la um pouco, é o fato de haver uma marcante diferença de aparência física, tamanho ou habilidade. O pequeno Chester, de 10 anos, é o primogênito, mas ele ainda é chamado de "pequeno" devido a seu irmão, Burly, mais alto e 11 quilos mais gordo. Como se trata de uma família de dois filhos, os dois meninos são rivais naturais; então, é melhor que Chester seja bem mais rápido ou bem mais inteligente, ou vai ter de se preparar para dias muito difíceis — e, muito possivelmente, uma inversão de papéis, pela qual Burly ganhará, por osmose, todos os privilégios e prerrogativas de primogênito enquanto Chester escorrega para a segunda posição. A inversão de papéis é um instante em que duas crianças praticamente viram de ponta-cabeça.

Outro exemplo mais do que frequente desse tipo de variável é a família de duas meninas na qual uma é extremamente bonita e a outra é extremamente normal. Se a normal é a primogênita, sua irmãzinha linda pode prendê-la em uma concha da qual jamais escapará. Se a primeira é a bonita, é melhor que a caçula normalzinha da família encontre um tipo de arma secreta — destacar-se no esporte ou ser o gênio da família —, ou ela precisará se preparar para uma carreira longa e melancólica como a "irmãzinha sem graça".

Nos exemplos de Burly e da bela segunda filha, diferenças marcantes fazem que o segundo filho funcione como primeiro e vice-versa. Outra diferença física que pode virar as coisas de pernas para o ar rapidamente é o fato de um membro da família sofrer de uma doença ou deficiência graves. Por exemplo, vamos imaginar uma família cuja primogênita tenha paralisia cerebral:

Família D
Menina — 14, deficiente física com paralisia cerebral
Menina — 12
Menino — 10

Aqui temos outro caso de inversão de papéis. A pessoa especial nasceu primeiro, mas é quase certo que sua irmã nascida em segundo lugar assumirá o papel de primogênita da família, em razão da extrema incapacidade da irmã mais velha.

E quanto ao pequeno irmão caçula? Evidentemente, ele é o primeiro menino nascido na família, e há chances de que sua irmã com paralisia cerebral lhe tome o *status* de caçula. Esse filho pode ter algumas características de caçula, mas pode agir mais como um primogênito do que qualquer coisa.

> A inversão de papéis é um instante em que duas crianças praticamente viram de ponta-cabeça.

Outra diferença que os terapeutas veem com muito mais frequência nos anos recentes é uma combinação de problemas físicos/mentais hoje chamada de DDA (distúrbio de déficit de atenção) ou TDAH (transtorno do déficit de atenção/hiperatividade). Seja qual for o nome, esse transtorno pode afetar seriamente o fator da ordem de nascimento. Por exemplo, suponha uma família cujo primogênito tenha TDAH e a segunda filha pareça ser perfeitamente "normal". A reação quase clássica dos pais a essa situação é que eles logo verão o primeiro filho um tanto como a ovelha negra da família — sempre um problema — enquanto a segunda filha assume o controle, a ponto de receber os privilégios e recompensas de primogênita.

FILHOS MÚLTIPLOS

Mais uma variável importante na ordem de nascimento são os filhos múltiplos, circunstância que tem acontecido com mais frequência nos últimos anos. O mais usual nascimento de múltiplos que temos visto ao longo dos anos é, obviamente, o de gêmeos. E os gêmeos sempre são especiais. Gêmeos geralmente têm muita consciência de quem nasceu primeiro. Um deles deixará bem claro que é o mais velho, mesmo se tiver nascido menos de um minuto antes do outro!

> Gêmeos geralmente têm muita consciência de quem nasceu primeiro. Um deles deixará bem claro que é o mais velho, mesmo se tiver nascido menos de um minuto antes do outro!

Independentemente da posição que os gêmeos possam ter na ordem de nascimento da família, eles acabam sendo algo como uma combinação de primogênito/segundo filho, e geralmente são concorrentes e parceiros. O primogênito se torna o líder assertivo e o segundo vai atrás. Isso acontece com frequência, mas nem sempre. Alguns gêmeos podem se tornar verdadeiros rivais, especialmente se forem do mesmo sexo.[6] É muito comum também haver uma inversão de papéis.

Quando se trata do zoológico familiar, um nascimento múltiplo costuma gerar pressão a qualquer um que tenha nascido antes ou depois. Vamos dar uma olhada em como isso funciona quando os gêmeos chegam mais tarde, o que geralmente é o caso, porque mulheres na casa dos 40 anos têm muito mais probabilidade de ter gêmeos do que mulheres na casa dos 20.[7]

Família E
Menina — 12
Menino — 10
Meninos gêmeos — 7
Menina — 3

Aqui nós temos gêmeos com uma primogênita mulher e um primogênito homem antes deles. Esses primogênitos provavelmente conseguirão lidar com a atenção especial que os gêmeos tendem a atrair, mas a irmãzinha no final do bando vai ter problemas, mesmo que supostamente seja a princesinha caçula. Pelo menos, porém, ela tem melhores chances do que se fosse um menino. Um menino caçula posterior à "dupla dinâmica" de 7 anos seria ainda menos especial, e poderia se tornar muito desencorajado enquanto tentasse competir por atenção. A menos que os pais se dessem conta do que estivesse acontecendo, os gêmeos poderiam soprar a velinha do irmão menor.

> Se os primeiros filhos se dão muito bem, o próximo da fila pode pensar: "Ué, para que tentar? Eu não chego aos pés deles.".

É um pouco como a experiência que tive certa vez em *The View*.[8] Depois de finalizar minha participação de seis minutos, soube, pela resposta entusiasmada da audiência, que tinha feito um bom trabalho. Caminhei de volta ao camarim, e todos começaram a aplaudir. Jon Stewart, o comediante que deveria entrar em seguida, olhou para mim e disse: "Muito obrigado". Isso provavelmente é o máximo de aprovação que você pode conseguir de Jon Stewart. Em outras palavras, ele estava dizendo: "Ei, é difícil vir logo depois de você".

O mesmo vale também para as crianças na família. Se os primeiros filhos se dão muito bem, o próximo da fila pode pensar: "Ué, para que tentar? Eu não chego aos pés deles".

Mas a pressão pode vir do topo da família quando um nascimento múltiplo acontece abaixo. Um exemplo notório disso aconteceu em novembro de 1997, quando Bobbi e Kenny McCaughey, de Carlisle, Iowa, tiveram sétuplos. A cobertura jornalística revelou que as quatro meninas e os três meninos tinham uma irmã mais velha, Mikayla, que tinha 21 meses de idade quando os sétuplos chegaram. Ela realmente não entendeu muito bem o fato de que aqueles *sete* estavam vindo para casa para ficar. Isso sim é destronamento! Você pode apostar o que quiser que a pequena Mikayla logo começou a ouvir o barulho dos cascos do estouro da boiada quando todos os pequeninos McCaughey abaixo dela começaram a exigir a parte que lhes cabia naquele latifúndio e muito mais.

Logo depois do nascimento dos sétuplos McCaughey, tive o prazer de falar com um casal de avós (os pais de Bobbi) durante um *talk show*. Mais tarde durante o programa, discutimos como esses sétuplos certamente destronariam a irmã mais velha. Sugeri que quando Bobbi e Kenny trouxessem os "Sete Fantásticos" do hospital para casa, eles precisariam constantemente lembrar Mikayla de que "você é a *menina grande*. Você tira só um cochilo por dia, mas os bebês precisam tirar *vários* cochilos por dia". Um dos pais poderia mostrar as duas mãos — os dez dedos — para mostrar a Mikayla que todos os seus pequenos irmãos e irmãs precisavam de dez cochilos por dia — um total de setenta cochilos enquanto ela precisava de um só!

Outra sugestão óbvia era que dissessem a Mikayla que, como ela era uma menina grande, poderia ajudar e pegar as fraldas, o talco e outras coisas para a mamãe, quando esta cuidava de todos os bebês.

Também fiquei intrigado e quis acompanhar o mais velho dos sétuplos McCaughey. Enquanto todos eles estavam no útero, o pequeno Kenneth Jr., o mais próximo da entrada do colo uterino, estava literalmente segurando todos os seus irmãos e irmãs, porque permaneceu na base do triângulo invertido que todos os bebês formavam dentro do ventre materno. Os médicos apelidaram Kenneth de "Hércules", não só porque ele tinha feito um trabalho hercúleo no útero, como porque era o maior dos sétuplos em mais de 1,5 quilo, e também o primogênito. Com tudo isso em cima do pequeno Kenneth mesmo antes de ele aparecer neste mundo, você pode imaginar o tipo de expectativa que pode ser colocada sobre ele e o que ele poderá realizar no futuro.

MORTES

Aqui vão dois exemplos de como a morte pode afetar a ordem de nascimento de uma maneira profunda. Primeiro, suponha que uma família tenha dois filhos e uma filha. Aos 4 anos, o menino morre de meningite, deixando para trás seu irmão de 2 anos e sua irmã de 6 meses. O menino de 2 anos assume o papel de primogênito e cresce dessa forma, enquanto a irmãzinha, que na verdade nasceu como caçula, cresce mais como primogênita.

Segundo, suponha que o filho mais velho da família morra aos 12 anos em um acidente automobilístico. Seu irmão de 10 anos assume o papel de mais velho e de repente começa a receber tarefas e responsabilidades de primogênito. Mas ele realmente é primogênito? Não, por dez anos ele cresceu sendo o segundo, satisfeito por desafiar seu irmão mais velho pela supremacia na família. Agora ele está recebendo pressão demais, algo que ele realmente não quer e com o qual não tem ideia de como lidar porque não tem experiência nessa área.

Antes do acidente, ele estava na posição mais fácil possível, porque seu irmão mais velho tinha sido um quebrador do gelo do lago da vida. Sem mais nem menos, o irmão mais velho se vai, e, como se não bastasse o trauma de perdê-lo, ainda por cima o segundo filho de repente sente como se o mundo estivesse sobre seus ombros. Ele se torna o porta-estandarte da família, e tem de viver não apenas sua própria vida, mas também a do irmão.

Uma imagem clássica desse exato cenário aconteceu quando Joseph Kennedy Jr. morreu no comando de seu bombardeiro na Segunda Guerra Mundial, e seu irmão mais novo, John, teve de se tornar o porta-estandarte da família aos 19 anos. Para o resto da vida, mesmo enquanto esteve na Casa Branca, John Kennedy teve de lidar com o fantasma de seu irmão mais velho, que era a menina dos olhos do pai.

ADOÇÕES

E quanto à adoção? Como isso afeta a ordem de nascimento? De fato, não afeta se acontece quando a criança está em seus primeiros anos de vida. Hoje, porém, muito mais pessoas estão adotando crianças um pouco mais velhas — por volta dos 3, 4, 5 anos e assim por diante. Pais adotivos recentes devem ter em mente que uma criança adotada aos 4 anos atuou em certo nível da ordem de nascimento em qualquer "família" (família de nascimento, família de criação ou instituição) de que tenha feito parte antes da adoção. Só porque pode acabar sendo o mais velho ou o mais novo nessa nova família não a torna necessariamente um primogênito ou caçula. As características da ordem de nascimento da vida anterior da criança a acompanham na nova família.

> Todas as crianças de sua família devem ser aceitas e amadas igualmente. Nenhuma criança quer — ou merece — sentir-se em posição secundária por toda a vida.

Há outra coisa com que os pais adotivos precisam tomar cuidado, especialmente se estão agregando uma criança adotiva a outros filhos da família. O perigo óbvio é o de inconscientemente favorecer a criança ligada a você pelo sangue — a criança que você gerou — em detrimento da criança adotiva. Entretanto, todas as crianças de sua família devem ser aceitas e amadas igualmente. Essa é uma questão que os pais que estiverem pensando em adoção devem pesar com muito cuidado em seu coração antes de trazer uma criança adotiva para casa. Nenhuma criança quer — ou merece — sentir-se em posição secundária por toda a vida.

Também aviso os pais de não adotarem uma criança mais velha do que os filhos biológicos que porventura tiverem. O "intruso" adotivo pode ter um efeito negativo sobre a criança de idade diretamente seguinte à dele. Por exemplo, suponha que um casal tenha um filho de 3 anos e decida adotar uma criança de 5. O que acontece? O filho de 3 acaba de ser chutado do topo de sua montanha de filho único, e agora tem de competir com alguém maior e mais esperto.

> Somos afetados e influenciados principalmente por quem nasceu imediatamente antes de nós na família.

Lembre-se sempre do princípio já citado, que se aplica neste caso: de maneira geral, somos afetados e influenciados principalmente por quem nasceu imediatamente antes de nós na família. Quando uma criança adotiva mais velha chega, ela provavelmente entrará em conflito com o filho biológico diretamente abaixo dela em idade.

Assim, as descrições da ordem de nascimento típicas para filhos únicos, primogênitos, filhos do meio e caçulas podem ser modificadas ou até invertidas por certas variáveis sobre as quais as crianças, e geralmente os pais, não têm controle. Mas há certas coisas sobre as quais os pais têm muito controle. Esse é o assunto do próximo capítulo.

CAPÍTULO 3

O que os pais têm a ver com isso?

Variáveis da ordem de nascimento — Parte 2

O que os pais têm a ver com a alteração das características da ordem de nascimento? Bastante coisa. Até agora, falamos sobre variáveis da ordem de nascimento relacionadas às crianças — distância temporal, sexo, diferenças físicas e mentais, nascimentos múltiplos, morte e adoção. Mas os *pais* também são uma grande variável. Neste capítulo, vamos olhar mais de perto para a ordem de nascimento dos pais, o pai ou mãe com olho crítico, os valores paternos e maternos em geral e o que acontece em famílias compostas. Fatores parentais são variáveis poderosas que afetam cada criança na família, mas especialmente o primogênito ou filho único.

QUAL É A SUA ORDEM DE NASCIMENTO?

Como é que a ordem de nascimento da mãe ou do pai afeta os filhos? Uma força tipicamente em ação é a tendência de um dos pais a se identificar demais com o filho que ocupa a mesma posição que a sua na ordem de nascimento. Isso pode levá-lo a colocar pressão demais sobre a criança ou a mimá-la ou favorecê-la.

Quando eu era professor adjunto na Universidade do Arizona e lecionava uma disciplina de graduação de psicologia infantil, decidi fazer uma "manifestação do zoológico familiar" diante de duzentos alunos, a maioria dos quais trabalhava como professor ou terapeuta. Eu levei uma mãe, um pai e três filhos e passei um tempo interessante interagindo com todos eles diante da classe.

Depois, quando a família foi embora, pedi um *feedback* ao grupo. Como a maioria das pessoas da classe não era neófita, mas profissionais atuantes, fiquei curioso quanto a suas reações. Cada aluno tinha observações diferentes, mas a maioria concordou com uma coisa: "Parece que você prestou demasiada atenção à caçula da família, a garota de 4 anos".

Sem pensar muito, eu disse: "Sim, ela não era uma fofura?". Mas então compreendi. É claro que achei que a caçula era fofa — eu também tinha sido o caçula de minha família! Fiz carreira como alguém fofo e divertido ao longo de toda a vida escolar, e também depois dela.

Quando eu interagia com nossos três primeiros filhos enquanto eles cresciam, de que travessuras eu gostava mais? Das de Kevin II, o caçula, é claro. Por exemplo, quando Holly e Krissy tinham 13 e 11 anos, respectivamente, e vinham reclamar para mim de Kevey, de 7, bem como das importunações dele, eu dizia: "Bem, meninas, lembrem-se de que ele é o caçula. Irmãozinhos pequenos fazem esse tipo de coisa para as irmãs". Eu me identificava com Kevin. Você acha que Holly e Krissy discutiam por isso? Pode apostar que sim.

O OLHO CRÍTICO SOB O QUAL É DIFÍCIL VIVER

No meu caso, identifiquei-me em excesso com meu caçula de uma maneira indulgente porque, sendo também caçula, adorava importunar minha irmã e meu irmão mais velhos quando pequeno. Mas deixe-me esclarecer que identificação em excesso também pode ocorrer de maneira não indulgente, linha dura, especialmente quando ambos os pais são primogênitos. Isso quase garante que os pais terão o que chamo de "olho crítico". Em vez de serem muito indulgentes com o primeiro filho, eles provavelmente serão duros demais e, ao mesmo tempo, manifestarão seus próprios padrões de rigidez e aprenderão a ser pais. Para mostrar a você o que quero dizer, vamos dar uma olhada no seguinte exemplo:

Família F
Marido — primogênito, dentista, perfeccionista
Esposa — primogênita, presidente da Associação de Pais e Mestres, conhecida por sua capacidade de organizar pessoas
Filha — 16
Filha — 14
Filha — 12

Quem está em melhor situação nesta família? Obviamente não é a primeira menina, pelo menos por duas razões: primeiro, é com ela que mamãe e papai vão ter de adquirir prática no tocante à paternidade e maternidade; segundo, ela terá de agir sob o olho crítico e perfeccionista deles.

A melhor posição nesta família pode ser a da segunda menina, porque a irmã mais velha intercedeu por ela em alguma medida e absorveu boa parte da energia perfeccionista que

> Em qualquer família, muita coisa depende da personalidade e do estilo de criação adotado pelos pais.

os pais primogênitos provavelmente instilaram nessa primeira filha. Mas e quanto à caçula, a terceira menina? Ela será capaz de seduzir e manipular o pessoal? É duvidoso, porque os pais tendem a se identificar com o filho mais próximo deles na ordem de nascimento. Há grandes chances de que o primogênito dentista e sua primogênita esposa presidente da APM não se encantem muito com a precocidade ou a manipulação da caçula.

O que espero é tornar bem óbvio para você que, em qualquer família, muita coisa depende da personalidade e do estilo de criação adotado pelos pais. Se os pais são pessoas autoritárias que vão para cima do primogênito com força e em excesso, eles podem transformar o filho em um rebelde que, em vez de ser ótimo na escola como a maioria dos primogênitos, arruma a maior confusão só para frustrar os planos de seus pais "perfeitos".

Lembra-se dos dois irmãos que atuavam na área de jornalismo televisivo cujos papéis se inverteram (v. capítulo 1)? No caso deles, essa variável foi um pai perfeccionista e crítico que fez que Alan desse um passo atrás de modo que Luke prosperou e pulou à frente. Luke ultrapassou seu irmão e se tornou um primogênito funcional.

Quando as pessoas pedem ajuda nos programas de rádio em que me apresento, geralmente me dizem: "Doutor, tenho um primogênito que

> **Para os pais**
>
> Boas perguntas a fazer:
> Qual é sua ordem de nascimento?
> Que filho tem a mesma ordem de nascimento que a sua?
> De que maneiras você tende a se identificar excessivamente com esse filho ou a favorecê-lo?
> De que maneira estar consciente dessa tendência ajuda você a equilibrar suas atitudes e respostas em relação a todos os seus filhos?

não está indo bem na escola. O que posso fazer para motivá-lo?". Em geral, consigo detalhar o problema com base nos erros que os pais cometem com essa criança. Para dar só mais uma olhada na maneira como o estilo de criação pode fazer diferença real, vamos considerar outra família:

Família G
Menina — 10
Menino — 8

A chave aqui é como o papai trata a filha de 10 anos e como a mamãe trata o menino de 8. Por que isso? Porque os relacionamentos entre gêneros na família são os mais importantes — mãe e filho e pai e filha. Se a mamãe dedica muito tempo à filha de 10 anos e não tem muita disponibilidade para o menino de 8, isso vai garantir que ele será muito diferente da irmã mais velha. Também é muito provável que ele assuma o papel de menino primogênito e seja mais agressivo, estando sempre pronto a defender seu território.

Mas, se mamãe presta muita atenção em seu filho mais novo, ele se tornará o caçula da família, amigo da diversão, afetuoso e provavelmente mais compreensivo com as mulheres. Se ele tiver uma relação saudável com a mamãe — o que significa que ela será amorosa, agradável e gentil, mas não tolerará muita conversa fiada da parte dele —, ele apreciará e respeitará as mulheres e se sentirá confortável perto delas. Como regra geral, ele terá excelentes chances de construir um casamento bem-sucedido.

> **Será que há um pai crítico em sua casa?**
>
> Aqui vão alguns sinais a observar:
> Seu filho procrastina em tudo o que faz.
> Seu filho faz um desenho e então o rasga, dizendo que não ficou bom.
> Seu filho refaz a lição várias vezes.
> Uma lição de casa simples, de meia hora, leva quatro horas.
> Nada é bom o suficiente, nunca.
> Você refaz trabalhos de seu filho (por exemplo, arruma a cama que ele já arrumou).

Mas suponha que o pai tenha um olho crítico e seja muito exigente e severo. Há uma boa chance de esse pai "destruir" sua filha mais velha, e então o menino se tornará o verdadeiro primogênito da família. Meninas primogênitas que crescem sob um pai muito perfeccionista e crítico geralmente são duras consigo mesmas e se colocam em situações que não são saudáveis quando procuram pela afirmação amorosa e aceitação que não tiveram de seu próprio pai. Quando uma filha primogênita como esta cresce e se casa, seu marido pagará pelos pecados do pai dela.

O QUE DEU ASAS A LEE IACOCCA?

Os valores dos pais são uma das variáveis que podem atropelar quase tudo o mais na ordem de nascimento. Lee Iacocca, antigo presidente executivo da Ford e celebridade da Chrysler, é um bom exemplo. Lee, segundo filho, tem uma irmã, Delma, dois anos mais velha. Para entendê-lo, porém, você precisa conhecer de perto os valores dos pais de Iacocca — imigrantes italianos que amavam profundamente seus filhos, mas estavam sempre forçando-os a "ser o melhor que pudessem".

Lee era o caçula, mas também o primeiro homem. O resultado é que ele recebeu todo tipo de pressão e estímulo para ter um ótimo desempenho, especialmente por parte do pai. Por exemplo, ele terminou o ensino médio como 12º de uma classe de mais de novecentos, e o que o pai disse? "Por que você não foi o *primeiro*?" Em sua biografia, Lee Iacocca se lembra: "Quem o ouvisse dizer isso pensaria que eu tinha levado bomba!".[1]

Essa pequena anedota soa como se o pai pudesse arruinar o filho por estabelecer padrões muito altos, mas felizmente Iacocca e o pai eram muito próximos. Iacocca relembra:

> Eu adorava agradá-lo, e ele sempre ficava extremamente orgulhoso de minhas conquistas. Se eu vencia o concurso de soletração na escola, ele ficava nas alturas. Anos depois, sempre que eu conseguia uma promoção, ligava na mesma hora para o meu pai, e ele corria para contar aos amigos [...]. Em 1970, quando fui nomeado presidente da Ford Motors Company, não sei qual de nós dois estava mais entusiasmado.[2]

Mais tarde Iacocca foi demitido da Ford, mas prosseguiu até se tornar o mentor da ressurreição da Chrysler. Os valores ensinados por seus pais, particularmente pelo pai, deram-lhe uma resiliência incrível e uma determinação de aço. Iacocca tinha estilo e todas as ferramentas para ser um presidente executivo vencedor — era agressivo, decidido, direto, compassivo, inconstante, divertido e alguém que sempre conseguia dizer as coisas com franqueza. É possível rastrear todos esses traços no passado, na maneira como esse filho primogênito foi criado em um lar italiano amoroso em Allentown, Pensilvânia.

Lee Iacocca é apenas um exemplo do poder dos valores familiares. A influência que a família tem sobre você durante seu desenvolvimento pode ter um alcance que supera o tempo e a distância, tocando-o de maneira profunda, e às vezes perturbadora, até mesmo anos depois, quando você pensa já ter "amadurecido muito além daquilo".

Outro bom exemplo de como os valores dos pais têm muito a dizer sobre a criação de um líder é o treinador Lute Olson. Quando Lute chegou à Universidade do Arizona, notei imediatamente que ele se vestia com elegância e tinha uma bela cabeleira, com cabelos brancos ondulados que nunca estavam fora de lugar. Os sinais mais eloquentes de um perfeccionista primogênito estavam ali.

Então, imagine minha surpresa quando descobri que, apesar de Lute parecer e agir como primogênito ou filho único, ele na verdade era o caçula da família, com três irmãos mais velhos!

Como sou um fã fervoroso do Wildcat e cheguei a ser conselheiro dos times da Universidade do Arizona, eu precisava conhecer Lute e não consegui me segurar. Estava determinado a descobrir por que o treinador não se encaixava no padrão da ordem de nascimento, então perguntei isso diretamente a ele. Acontece que Lute herdou o jeito "mantenha-as-coisas-organizadas" e "tenha-tudo-em-seu-lugar" de seus pais escandinavos. Ele cresceu em uma fazenda onde não se aceitava desculpas se você não fizesse seu trabalho. Como Lute relembra: "Esperava-se que cada um desse o melhor de si".[3]

> A influência que a família tem sobre você durante seu desenvolvimento pode ter um alcance que supera o tempo e a distância, tocando-o de maneira profunda, e às vezes perturbadora, até mesmo anos depois, quando você pensa já ter "amadurecido muito além daquilo".

Foi o que Lute fez. Não é de estranhar que ele seja um dos mais capazes e bem-sucedidos técnicos de basquete universitário de todos os tempos, e que finalmente tenha chegado ao topo quando seus Arizona Wildcats conquistaram a coroa do National Collegiate Athletic Association (NCAA). Fãs de basquete devem se lembrar dos momentos logo depois que o time de Lute venceu o campeonato, quando os jogadores do Wildcat lhe desarrumaram o cabelo em rede nacional. Pelo que sei, foi a primeira vez que alguém, incluindo sua esposa, viu Lute com o cabelo desalinhado. Foi um momento memorável por muitas razões.

FAMÍLIAS COMPOSTAS

O que acontece quando pais se tornam padrastos? Outra maneira de fazer essa pergunta é: o que acontece quando duas famílias se unem porque pais divorciados ou viúvos casam-se novamente? A resposta é: *muita coisa*! A variável da família composta pode levar a ordem de nascimento (e a família) ao caos.

Com a taxa de divórcio oscilando em torno dos 50% atualmente, a sobrevivência de qualquer casamento está em risco. Mas, quando você reúne uma mãe divorciada e seus filhos com um pai divorciado e sua prole, as possibilidades aumentam muito. Sessenta por cento dos segundos casamentos fracassam.

Em outras palavras, o amor raramente é mais agradável da segunda vez. Não é cinismo. São estatísticas da vida real.

Mesmo assim, 1,3 mil novas famílias compostas se formam diariamente — e isso só nos Estados Unidos. Segundo a Stepfamily Association of America, 40% de todos os casamentos representam um novo matrimônio para um ou ambos os cônjuges. Se o novo casamento continuar seguindo essas taxas, 35% de todas as crianças nascidas estarão vivendo em uma família composta ao chegarem aos 18 anos. E hoje uma em cada seis crianças com menos de 18 anos é filha adotiva.[4]

Quando falo de casamento, geralmente cito esta equação: E – R = D (Expectativa menos Realidade é igual a Desilusão). Essa pequena fórmula pode ser aplicada a muitas coisas na vida familiar, mas há outra equação que se adapta de forma mais conveniente a famílias compostas: I × R = C (Inocência vezes Realidade é igual a Caos). Fazer terapia pré-nupcial pode ajudar bastante, mas, até que o casal esteja junto sob o mesmo teto, não se sabe de verdade como tudo vai funcionar.

> Fazer terapia pré-nupcial pode ajudar bastante, mas, até que o casal esteja junto sob o mesmo teto, não se sabe de verdade como tudo vai funcionar.

Lidar com primogênitos, filhos do meio e caçulas em uma família já é desafio suficiente. Mas reúna duas famílias no cenário de programas como *Brady Bunch* ou *Eight Is Enough*[5] e as coisas vão se complicar na mesma hora. Esses programas clássicos de TV, que ainda são exibidos como reprises, criam uma embalagem plástica na qual quaisquer crises e problemas são solucionados harmoniosa e facilmente quando todos se reúnem no "felizes para sempre". Na verdade, porém, uma família composta exige muito trabalho, planejamento, conversa e concessão mútua.

Então, para aqueles que estão considerando casar-se novamente ou que já fazem parte de uma família assim, quais são os prós e os contras?

1. Não imagine que surgirá um "amor instantâneo" entre todos os membros da nova família. A rivalidade entre irmãos remonta a Caim e Abel e é ainda mais provável em uma família composta, especialmente se as crianças têm idades parecidas e, por isso, competem entre si. Então, estabeleça as regras básicas de que não há problema em discordar, mas sempre deve haver respeito entre as pessoas da família para que ninguém se sinta oprimido.

2. Não ache que será mais fácil ter uma família composta com mulher e cinco filhos do que ser pai solteiro de dois. Se você ainda não se casou novamente, pergunte-se: "Nós sucumbimos ao amor ou à necessidade?". É típico

entre pessoas que se divorciaram, ou que de alguma maneira perderam o côn-juge, dizer um ao outro: "Você tem dois filhos, e eu também, então por que não nos casamos? Vai ser mais fácil para todos nós". Claro, pode ser financei-ramente mais fácil ter todos morando na mesma casa, com uma prestação só; mas, emocionalmente e em termos de relação, será mais fácil? Adquirir "crian-ças instantâneas" também pode significar adquirir problemas instantâneos.

3. Mamãe e papai precisam apoiar-se mutuamente — unidos como pais — para que o casamento e a família composta sobrevivam. Pense nisso desta forma: a maioria dos casais namora por apenas dois anos antes de decidir reatar o laço. O relacionamento que cada um desses cônjuges teve com seus respectivos filhos geralmente é muito mais longo. Portanto, é razoável acredi-tar que um relacionamento de dois anos entre um marido e uma esposa que se ca-saram novamente vai prevalecer sobre uma relação entre pai e filho que existe por pelo menos alguns anos, em alguns casos dez a quinze anos, ou até mais? Parafraseando o velho ditado, o sangue nas famílias biológicas é mais espesso do que o ponche servido na festa do novo casamento. Quando há uma briga na família, geralmente a mãe e seus filhos se voltam contra o pai e seus filhos. E, neste tipo de operação de guerra, a probabilidade de um casamento sobre-viver é muito baixa. Mas, se você e seu cônjuge decidirem que estarão juntos em todas as questões, independentemente do que for (o que significa manter qualquer desacordo apenas entre o casal e longe do ouvido das crianças, tra-balhando isso cuidadosamente entre vocês), e que "seus filhos" serão sempre "nossos" filhos, vocês estarão se dando a melhor chance de sucesso.

De qualquer forma, quando as crianças na família composta são muito novas, mamãe e papai têm melhores possibilidades. Suponha que irmãs de criação, com idades de 1 e 3 anos, se unam a irmãos de criação de 2 e 4 anos. Todas essas personalidades ainda estão em estágio de formação, e o tempo está a favor dos pais. Mas pense em crianças um pouco mais velhas — acima dos 5 anos, quando a personalidade está formada — e, em vez de amor imediato, harmonia e companheiros de brincadeira, o que você terá com facilidade é guerra instantânea e competição constante.

A ORDEM DE NASCIMENTO NÃO MUDA

A chave para entender como o atrito pode se desenvolver em uma família composta é saber que tão logo o veio da madeira (a personalidade) se forma, depois dos 5 ou 6 anos, a ordem do nascimento está igualmente estabelecida. Em outras palavras, o primogênito é sempre um primogênito, o filho do meio é sempre filho do meio e assim por diante. Famílias compostas não criam novas posições na ordem de nascimento. O fato de um primogênito de repente ter um irmão mais velho não significa que ele vá deixar de ser tipicamente consciencioso, estruturado, bem organizado ou perfeccionista.

Além disso, um caçula não vai mudar sua personalidade de repente porque um divórcio seguido de novo casamento o tornaram filho do meio. Ele ainda tenderá a ser alguém exibido, louco por atenção, manipulador, sedutor e o palhacinho que gosta de se divertir, mesmo que mamãe e papai agora prefiram que ele assuma mais responsabilidade porque há crianças menores por perto.

Assim, a chave para o jogo da ordem de nascimento composta é esta: quando uma criança que nasceu em uma ordem de nascimento cai em outra posição na árvore familiar composta, não a trate como alguém que ela não é. Ela pode ter de assumir responsabilidades diferentes e desempenhar outros papéis às vezes, mas não a pressione ou force; nunca se esqueça de quem ela realmente é.[6]

> A chave para o jogo da ordem de nascimento composta é esta: quando uma criança que nasceu em uma ordem de nascimento cai em outra posição na árvore familiar composta, não a trate como alguém que ela não é.

Vamos checar as diferentes ordens de nascimento e ver o que acontece quando elas são "reposicionadas" em uma família composta. Primeiro, tomaremos uma família mista que, no fim das contas, acaba formada exclusivamente por primogênitos, sob um ou outro aspecto.

Família H	
Pai — primogênito perfeccionista	**Mãe — joia especial filha única**
Menino — 16	Menino — 15
Menino — 14	Menina — 13
	Menina — 9

De acordo com o que já aprendemos sobre ordem de nascimento e intervalo, eis aqui uma família cujo sobrenome poderia ser Armagedom. Por quê? Porque a família tem cinco pessoas com características de primogênitos. Além disso, no topo da lista, temos um pai primogênito perfeccionista, que será muito exigente e crítico não só com seus próprios filhos, mas também com os enteados. E, só para ver o circo pegar fogo, acrescentamos uma mãe filha única, tratada como joia especial, que provavelmente será extremamente sensível quanto a fazer as coisas de seu jeito.

Você não precisa ir muito fundo nessa família para ver que a tensão pode vir de todas as direções. Há uma tendência natural à rivalidade entre os dois primeiros meninos que têm 15 e 16 anos. O mesmo pode acontecer entre a segunda menina, de 13, e o segundo menino, de 14, que facilmente podem competir pela supremacia de seus papéis de segundos filhos.

Os pais devem ter em mente que esses garotos não têm nada em comum (além do fato de que agora foram empurrados para o mesmo lugar). Encontrarem-se diariamente apenas os faz lembrar-se de algo doloroso — o divórcio e/ou separação de seus pais. Antes que a nova família se formasse, essas crianças estavam acostumadas a dar as cartas. Agora, se houver alguma questão pessoal, elas podem facilmente encontrar motivo para descontar umas nas outras. Depois de um dia ruim na escola, se tudo o mais não funcionar, uma delas sempre tem a alternativa de implicar com aquele chato do irmão de criação.

Os dois meninos mais velhos também podem enroscar seus chifres se a mãe do primogênito for do tipo maníaca por arrumação e mantiver o quarto do filho em ordem (essas coisas acontecem comumente). Ele acaba tendo de dividir o quarto com um irmão de criação de 16 anos que não está nem aí para a arrumação e que, em seu jeito primogênito de ser, não gosta de surpresas. O que acontece quando o irmão arrumadinho decide que está cansado da bagunça do quarto, coloca o lugar em ordem e "joga algumas coisas fora"? Uma palavra: Armagedom!

Então, o que os pais podem fazer em uma família composta quando as tensões e os atritos emergem? Gerir a família como uma pequena empresa e fazer reuniões regulares, nas quais todos se sentam e discutem as seguintes questões:

1. Como meu comportamento afeta os demais membros da família?
2. Se meu comportamento está causando problemas, como posso mudá-lo?

Famílias compostas com vários primogênitos sempre terão problemas? Não necessariamente. Vamos observar a próxima família, por exemplo:

Família I	
Pai — filho do meio afável	Mãe — primogênita exigente
Menino — 14	Menina — 9
Menino — 12	Menino — 7
	Menina — 4

O que os pais têm a ver com isso?   **61**

Esta família pode ter alguns problemas, mas não tantos quanto a família H. O menino mais velho do lado do papai é "o rei do pedaço" na nova família composta, e ele sempre se deu bem com a irmã, dois anos mais nova. Ela é a primeira menina da família e trilhou seu próprio caminho de maneira bastante hábil. Do lado da mamãe, a menina de 9 anos não vai desafiar o irmão de criação de 14, e o menino de 7 (primeiro menino) certamente também não vai fazer isso. No fim das contas, esta família tem uma boa chance de se dar bem. Se a pequena de 4 anos do lado da mamãe souber dar as cartas, ela pode ser capaz de seduzir os irmãos de criação mais velhos fazendo-os tratá-la como uma princesinha.

> Então, o que os pais podem fazer em uma família composta quando as tensões e os atritos emergem? Gerir a família como uma pequena empresa e fazer reuniões regulares.

Isso não significa que não podem surgir alguns problemas. Por exemplo, a menina de 12 anos do lado do papai foi a caçula da família a vida toda e, dependendo de como o pai a mimou, ela pode ou não se ressentir dos três novos "bebês", todos menores do que ela, que chegaram de repente. E, do lado da mamãe, a menina mais velha pode ter mandado no galinheiro de sua família desde que se entende por gente, mas, de súbito, ela fica espremida no território do filho do meio. Essa menina provavelmente não vai nem pensar em enfrentar seu irmão de criação de 14 anos; contudo, se for uma primogênita agressiva, pode decidir tentar fazê-lo com a irmã de criação de 12 anos, especialmente se as garotas tiverem de dividir o quarto.

A família composta dos não primogênitos

Apesar de sempre surgirem problemas em uma família composta, com rixas entre os primeiros filhos, muito atrito pode ocorrer também com os demais. Vamos analisar como duas pessoas não primogênitas se uniram e criaram um clã composto:

Família J	
Pai — filho do meio não confrontador	**Mãe — princesinha caçula**
Menina — 13	Menino — 14
Menina — 10	Menina — 11
Menino — 7	Menino — 8

Por enquanto, vamos deixar de lado o atrito óbvio no topo, entre a menina e o menino mais velhos, que lutariam para ser o rei ou a rainha do pedaço. Se ambos são primogênitos agressivos, cuidado! Um deles ou ambos, porém, podem ser primogênitos complacentes, e isso tornaria as coisas mais fáceis.

Mas, nesse cenário, vamos focar as outras crianças. A que está em pior posição é a menina de 10 anos do lado do papai. Ela sempre ficou espremida entre a irmã mais velha de 13 anos e o principezinho de 7 anos depois dela; portanto, sempre sentiu a típica pressão do filho do meio. Agora, de repente, ela tem três outras pessoas com quem competir, duas das quais são mais velhas. A pressão se torna, assim, ainda mais forte.

Do lado da mamãe, a que está em melhor posição é a segunda menina. Ela sempre foi a única garota em sua família original e, por isso, contribui com uma atitude muito positiva sobre si mesma e sobre a vida em geral. A má notícia, porém, é que ela pode se ressentir das duas outras meninas — suas irmãs de criação —, e pode haver muita tensão aí. A criança com quem essa garota pode se dar melhor, por incrível que pareça, é o irmão de criação de 7 anos. Esse pode ser o caso se ela sempre teve problemas com seus próprios irmãos e ainda tiver uma necessidade não realizada de "ser mãe" de alguém. Esses dois podem formar uma "aliança" e se dar muito bem.

Observe que, na posição mais inferior dessa lista, temos um par de garotinhos rivalizando pela coroa de príncipe (ou talvez pelo nariz de palhaço). Ambos se acostumaram a ser o centro das atenções e a ver as coisas acontecerem do seu jeito. Agora, eles têm de dividir os holofotes, e isso pode ser um problema. Existem indícios de que há espaço para apenas um caçula nesta família. Qual deles será? A escolha óbvia recai sobre o mais jovem de todos — o menininho de 7 anos do lado do papai. Mas essa escolha não parece nada boa para o garotinho de 8 anos do lado da mamãe. Então, os pais terão de trabalhar em conjunto para que ambos os caçulas tenham sua parcela de atenção.

Observe também a ordem de nascimento dos pais. O papai é um filho do meio não confrontador, e a mamãe é, ela própria, uma princesinha caçula. Isso significa que papai tem uma contradição agindo em sua personalidade

> **Regras rápidas para as reuniões de família**
>
> 1. Todo membro do grupo tem a mesma voz.
> 2. Fala uma pessoa de cada vez.
> 3. Ninguém interrompe até que a pessoa que está falando termine.
> 4. O clima da reunião deve ser de respeito mútuo.
> 5. Se um conflito acalorado emergir, termine a reunião para dar a todos tempo de ir para seus lugares e esfriar a cabeça. Mas, antes que todos saiam, marque outro horário de reunião no futuro próximo (no dia seguinte) para voltar a discutir a questão.

de filho do meio. Mesmo que tenha desenvolvido habilidades de mediação e negociação enquanto crescia, ele decidiu não assumir o estilo de vida confrontador porque assim se sente mais confortável. Isso significa que ele não vai querer fazer muita mediação e negociação com as crianças, deixando a tarefa para a mamãe. Esta, por sua vez, é uma caçula que pode ter sido mimada por muito tempo, tendo as coisas sempre do seu jeito. Isso certamente vai refletindo em querer vantagens e tratamento justo para "seus filhos" em vez dos "filhos dele".

> A fim de fazer essa família composta durar muito tempo, papai e mamãe precisam colocar seu relacionamento como casal em primeiro lugar, e os filhos em segundo.

A fim de fazer essa família composta durar muito tempo, papai e mamãe precisam colocar seu relacionamento como casal em primeiro lugar, e os filhos em segundo.

PARTE DE UM QUADRO MAIOR

A ordem de nascimento não é um processo-padrão que garante que os filhos mais velhos marcharão rigidamente de certa maneira, os filhos do meio serão invariavelmente opostos aos primeiros e todos os caçulas se tornarão os comediantes da família. Ao contrário, a ordem de nascimento foi criada para dar pistas sobre como é um indivíduo e como são seus processos de pensamento e sentimentos.

Não se trata de uma ciência exata em que se medem coisas em tubos de ensaio ou em que se fazem cálculos elevados à décima potência com fórmulas matemáticas. Variáveis como o momento em que a criança nasceu ou o sexo do bebê dão um aspecto subjetivo à ordem de nascimento. E outras variáveis, como os valores ensinados à criança pelos pais — que têm suas próprias ordens de nascimento —, também entram no jogo. Todos esses fatores se combinarão e terão um efeito duradouro em quem (ou no que) aquela pessoa vai se tornar. Ele ou ela será um indivíduo único que *provavelmente* terá certas características típicas de sua ordem de nascimento, mas não necessariamente. No fim, o resultado sempre tem a ver com as variáveis que entram no jogo.

Teste de calor

Você, como pai ou mãe, é o termostato emocional de sua família, controlando a temperatura da casa.
1. Está muito quente, muito inconstante? As crianças têm medo de compartilhar suas emoções, sentimentos e pensamentos devido a sua reação quando elas o fazem?
2. Sua casa é muito fria, isto é, sem suficiente interação, afeição etc.?
3. Sua casa muda de quente para frio e, nesse meio tempo, você trava um combate com seus filhos?

Entretanto, assim como nada na vida se encaixa perfeita e consistentemente a um molde, a ordem de nascimento também nem sempre se encaixa perfeita e consistentemente a bancos de dados estatísticos perfeitos. É por isso que alguns colegas e estudiosos profissionais viraram suas pistolas de 16 milímetros para a ordem de nascimento, declarando que essa teoria vale pouco mais do que a desacreditada ciência da frenologia (que determinava a personalidade de uma pessoa segundo os calombos de sua cabeça).[7]

No início dos anos 1980, uma dupla de psicólogos suíços — Cecile Ernst e Jules Angst — reviram os resultados de 2 mil projetos de pesquisa sobre ordem de nascimento e concluíram que a maioria deles tinha sido feita sem o controle suficiente de todos os fatores envolvidos. Os psicólogos publicaram um livro sobre seus estudos e no final afirmaram: "As influências da ordem de nascimento sobre a personalidade e o QI têm sido amplamente supervalorizadas".[8]

Muitos de meus contemporâneos correram atrás do trio elétrico de Ernst e Angst e começaram a dizer que se podia "inventar interpretações demais sobre a importância da ordem de nascimento",[9] e que essa teoria "só é significativa em famílias com mais de sete filhos".[10]

Mas eles não me pegam, porque já vi a teoria da ordem de nascimento funcionar com grande sucesso quando aconselhei milhares de casais e seus filhos ao longo de mais de 25 anos. A ordem de nascimento explica tudo? Não, mas sempre provou ser uma ferramenta útil quando os clientes a entendem e aplicam-na em sua vida.

Nunca vou me esquecer de uma carta que recebi de um homem que administra um belo *resort* no nordeste dos Estados Unidos. Ele convidou minha família inteira para passar um mês ali, por conta da casa, porque tinha lido *Mais velho, do meio ou caçula*. Escreveu: "Passei horas em consultórios de

> **Caro dr. Leman**
>
> Minha filha adulta foi hospitalizada devido a um terrível acidente de carro. Isso a deixou temporariamente cega e desmotivada. Decidi passar parte de nosso tempo no hospital lendo *Mais velho, do meio ou caçula* em voz alta. O livro não só fez minha filha rir, porque foi muito verdadeiro ao descrever nossa família, mas também a ajudou a se sentir especial e singular, e até a auxiliou em sua recuperação. Ela me disse que, pela primeira vez, notou que tinha um lugar único em nosso meio — ela não era só "mais um dos filhos". Obrigada por ajudá-la — e a todos nós — a decifrar nossa família.
>
> Miriam, Virginia

psiquiatras tentando descobrir por que meu irmão e eu somos tão diferentes. Então, peguei seu livro em um aeroporto. Quando o avião pousou, eu já tinha a resposta".

O que esse homem descobriu? Como filho mais velho, ele tinha seguido a típica carreira de primogênito — era um consultor financeiro detalhista, preciso, exato. O segundo filho, caçula, era despreocupado, mudava de emprego à vontade e não conseguia guardar dinheiro porque era um perdulário em grande estilo. As pessoas sempre perguntavam ao mais velho: "Por que seu irmão mais novo não é como você?". *Mais velho, do meio ou caçula* finalmente deu a ele a explicação que fez sentido.

TAMBÉM FUNCIONA PARA EXECUTIVOS

Mike Lorelli, ex-diretor de uma divisão da Pepsi que também assumiu altos postos na Pizza Hut e na Tambrands, é um segundo filho que batia de frente com o irmão mais velho e acabou chegando ao topo em uma espécie de inversão de papéis. Em uma viagem de negócios, ele leu *Mais velho, do meio ou caçula* e passou a acreditar na teoria da ordem de nascimento. Então, Mike me convidou para falar a um grupo de seus executivos mais graduados.

Hoje, como consultor de negócios muito solicitado, Mike ainda encomenda caixas de *Mais velho, do meio ou caçula* e distribui exemplares para funcionários e clientes. Quando perguntei por que considerava o livro uma ferramenta tão útil, ele me disse:

> Todo mundo que é importante para mim nasceu. E se você pensa nisso dessa forma, pode usar a ordem de nascimento para categorizar as pessoas e tentar entender qual a melhor maneira de motivar seus clientes, fornecedores, consumidores, chefes, colegas — quem quer que seja.
>
> Nos negócios não é só o QI que importa; não são necessariamente só as grandes transações que contam, mas há muitos "lados mais suaves" que podem fazer a diferença entre sucesso e fracasso. A ordem de nascimento é um deles. Isso tem me ajudado, por exemplo, a conquistar as pessoas e a torná-las aliadas em minha equipe, ajudando, assim, a manter o barco em movimento.[11]

Acredito que Mike Lorelli esteja correto quando fala sobre a ordem de nascimento como um dos "lados mais suaves" que podem fazer a diferença entre o sucesso e o fracasso de um negócio. É por isso que faço muitas de minhas conferências em instituições como IBM School of Management, Williams Companies, Pepsi, Pizza Hut e Cincinnati Financial Insurance Company.

Também falei na Million Dollar Round Table, Top of the Table e Young President's Organization, nas quais os salários ultrapassam US$ 1 milhão.

Adoro me levantar para ir falar a um grupo de vice-presidentes e gerentes de vendas exaustos, que se sentam ali rígidos, de maneira que sua linguagem corporal diz explicitamente: "Quem será que nos mandaram desta vez?". Alguns minutos depois, porém, com braços e pernas relaxados, o rosto inexpressivo deles se ilumina quando esses homens de negócios superpoderosos compreendem por que é tão importante entender sua própria ordem de nascimento assim como a ordem de nascimento das pessoas com quem têm de lidar.

Michael C. Feiner, que já foi vice-presidente sênior da Pepsi Europa, usou a ordem de nascimento ao preencher vagas em sua empresa. Aqui vai o que ele me disse sobre como usa a ordem de nascimento ao entrevistar um potencial colaborador:

> Geralmente faço uma última pergunta: "Você pode me falar sobre sua origem pessoal — pais, irmãos?". Então, apenas observo, enquanto toneladas de informações começam a jorrar do candidato [...]. Fazer que as coisas aconteçam em uma organização grande e complexa depende muito dos relacionamentos; por isso, sondo de maneira bastante ampla as relações familiares e como o candidato conquistou seu próprio terreno na família.[12]

Falaremos mais sobre como os princípios da ordem de nascimento se aplicam aos negócios no capítulo 10.

VOCAÇÃO: REBELDE

Como você já viu neste livro, não há dúvidas de que a teoria da ordem de nascimento é valiosa no mundo prático, ainda que "especialistas" continuem a criticá-la. Entretanto, em 1996, Frank Sulloway, pesquisador acadêmico do programa de ciência da tecnologia e sociedade do *Massachusetts Institute of Technology* (MIT), publicou *Vocação: rebelde — ordem de nascimento, dinâmica*

Caro dr. Leman

Há cerca de seis anos li *Mais velho, do meio ou caçula* e desde então, por suas instruções e dicas, eu o tenho usado ao observar candidatos para vagas que estou tentando preencher. Não parto do princípio de que as pessoas tenham de ser exatamente como o livro sugere, mas observo as tendências nesse sentido [...]. Obrigado pela sabedoria que você transmite em seus livros.[13]

Bruce Dingman, presidente, Dingman Company

familiar e vidas criativas,[14] um livro que contém evidências estatísticas surpreendentes de que a teoria da ordem do nascimento realmente tem crédito e validade.

Sulloway vem pesquisando a ordem de nascimento há 26 anos. Usando uma abordagem que ele chama de "meta-análise" (essencialmente a combinação de muitas pesquisas com o uso do computador), Sulloway acumulou mais de 1 milhão de pontos biográficos de informação de mais de 6,5 mil pessoas que viveram nos últimos quinhentos anos. Foram incluídos 3.890 cientistas que participaram de 28 revoluções científicas. Sulloway também estudou centenas de pessoas envolvidas na Revolução Francesa e na Reforma Protestante, assim como participantes de 61 movimentos reformistas norte-americanos.[15]

Por exemplo, aqui vão algumas das figuras históricas que ele discute no livro: os primogênitos Mikhail Gorbachev, Boris Yeltsin, Bill Clinton, Jimmy Carter, Saddam Hussein, Jesse Jackson, Winston Churchill, William Shakespeare, George Washington e Franklin D. Roosevelt (filho único); os filhos do meio Yasser Arafat, George Bush, Fidel Castro, Napoleão Bonaparte, Henrique VIII, Patrick Henry e Adolf Hitler; e os caçulas Ho Chi Minh, Ronald Reagan, Mohandas K. Gandhi e Voltaire.

Nos campos da ciência e filosofia, Sulloway menciona os primogênitos Albert Einstein, Galileu e Leonardo da Vinci (filho único); os filhos do meio Louis Pasteur, Albert Schweitzer e Charles Darwin; os caçulas Copérnico, Francis Bacon e René Descartes. Copérnico, como você se lembra, foi o cientista que introduziu a ideia revolucionária de que o mundo não era plano, mas redondo, e girava em torno do Sol — ele era o mais novo de quatro filhos. Charles Darwin, que propôs a teoria da evolução, e seu discípulo, Alfred Russell Wallace, eram ambos o quinto de seis filhos.

Apesar de haver aspectos em que não concordo com Sulloway, ele fez um trabalho de mestre ao opor-se às alegações de que a ordem de nascimento é uma picaretagem e uma especulação sem valor.[16]

O ponto principal de todo o trabalho mental de Sulloway (que deixa os caçulas cansados só de pensar a respeito) é: ao longo da história, os primogênitos têm sido as pessoas mais conservadoras e que gostam de se ater ao *status quo* e à tradição, enquanto os caçulas são aqueles que querem mudar as coisas e até começar revoluções. Segundo Sulloway (um caçula), os mais novos têm a mente mais aberta do que os primogênitos. Eles têm "vocação para rebelde" — são dispostos a assumir riscos e a se livrar de vacas sagradas.

Nenhuma das descobertas de Sulloway concernentes às características dos primogênitos ou dos caçulas são novidade para mim. Elas se encaixam exatamente no que tenho dito há mais de 35 anos. E, à medida que você continuar a ler *Mais velho, do meio ou caçula*, as características das ordens de nascimento lhe farão sentido também. Você terá aqueles momentos "ah..." nos quais diz "Então é *por isso* que faço assim, que ele faz assado... Agora entendi!"

Eu garanto.

CAPÍTULO 4

O primeiro primeiro

O primogênito

É hora de olhar mais de perto para os primogênitos — oficialmente definidos como os mais velhos da família. Mas não se esqueça das variáveis que abordamos nos capítulos 2 e 3. A personalidade dos primogênitos também pode derivar do fato de serem os mais velhos de seu sexo, haver um intervalo de cinco anos (ou mais) entre ele e o filho anterior do mesmo sexo, ou por desenvolver um papel invertido e assumir os privilégios e responsabilidades de um primogênito.

Se você é primogênito (ou filho único),[1] é uma pessoa muito diferente do que teria sido se tivesse nascido depois. Se você é o último filho, note que muitas coisas seriam diferentes — assim como você — se tivesse nascido primeiro.

O EXERCÍCIO DOS QUATRO CANTOS DA ORDEM DE NASCIMENTO

Em meus seminários sobre família e criação de filhos, começo pedindo aos espectadores que se unam a um dos quatro grupos: filhos únicos em um canto, primogênitos em um segundo, filhos do meio no terceiro e caçulas no quarto. Então, digo aos grupos: "Conversem um pouco, mas se mantenham em seu círculo".

Casualmente, vou de um grupo a outro e deixo um pedaço de papel com a face para baixo no centro de cada grupo. Os papéis contêm instruções idênticas:

> Parabéns! Você é o líder deste grupo. Por favor, apresente-se aos demais membros, e então peça que cada um faça o mesmo. Enquanto conversam, faça uma

70   Mais velho, do meio ou caçula

lista de características de personalidade que todos vocês parecem compartilhar. Prepare-se para apresentar seu grupo aos outros participantes do seminário com uma fotomontagem de vocês. Por favor, comece a trabalhar imediatamente.

Volto para a frente da sala, e todos os grupos permanecem esperando que eu dê algum tipo de instrução verbal, mas não digo nada. Em vez disso, finjo estar ocupado enquanto folheio papéis, esperando que a "natureza da ordem de nascimento" siga seu curso. Quem pegará o pedaço de papel primeiro? Quase invariavelmente, uma pessoa no grupo de filhos únicos ou primogênitos pega o papel e lê as instruções. Alguém no grupo dos filhos do meio logo segue o exemplo. E, em pouco tempo, os três grupos na sala estão ocupados com suas tarefas.

Ah, sim, e o quarto grupo? Os caçulas geralmente ainda estão andando a esmo, e seu pedaço de papel continua no chão, sem ser lido.

Espero alguns minutos e faço um novo anúncio: "Vocês têm apenas alguns minutos para concluir sua tarefa. Estejam prontos para apresentar-se ao resto do grupo!".

Os filhos únicos e primogênitos olham para cima como cervos assustados e redobram seus esforços para finalizar a tarefa solicitada. Apesar de não parecerem muito impressionados, os filhos do meio também tentam se apressar para terminar. Os caçulas, porém, geralmente estão se divertindo e nem ouviram o que eu disse. Na verdade, lembro-me de um seminário no qual todos os caçulas andavam a esmo no canto mais distante, e o círculo deles lembrava mais um número 8 do que qualquer outra coisa. Um homem acabou parado sobre o pedaço de papel que coloquei no centro de seu círculo, quase tão ignorante dos procedimentos quanto os demais caçulas de seu grupo.

Eu mesmo sou um caçula, então não estou zombando dos bebês da família. Sem dúvida, se eu fosse submetido ao mesmo exercício, seria o cara sobre o pedaço de papel! Mas, das centenas de vezes que conduzi esse experimento, posso me lembrar apenas de um ou dois casos em que a primeira pessoa a pegar o papel e começar a "obedecer às instruções" não veio dos círculos dos primeiros ou únicos filhos.

Os próprios relatórios dos quatro grupos confirmam os traços clássicos da ordem de nascimento: os primogênitos contam que um verdadeiro líder assumiu o controle. Entre os confiantes filhos únicos, uma batalha pelo poder geralmente acontece sobre quem vai assumir o controle, mas finalmente é aplacada. De todos os grupos, provavelmente os filhos do meio são os que mais gostam do exercício, já que eles têm a chance de se conhecer, têm pouca

FOCADOS NO RESULTADO

Se você se lembrar do pequeno questionário preenchido no capítulo 1, também notará que várias características típicas dos primogênitos ou filhos únicos são confirmadas em meu exercício de laboratório. Primeiros filhos e filhos únicos tendem a ser conscienciosos, bem organizados, sérios, orientados a metas, realizadores, gostam de agradar e acreditam na autoridade.

> Primeiros filhos geralmente são realizadores porque são focados nos resultados e despontam em seus campos de atuação.

E quando você acrescenta outros adjetivos aos primogênitos e filhos únicos, como perfeccionistas, confiáveis, fazedores de listas, críticos, cultos, abnegados, conservadores, cumpridores da lei e da ordem, legalistas e autoconfiantes, pode ver por que os primogênitos geralmente conseguem mais tinta para escrever sua vida. Na verdade, redigi um livro inteiro sobre o tema dos primogênitos: *Born to Win*.[2]

Primeiros filhos geralmente são realizadores porque são focados nos resultados e despontam em seus campos de atuação.

O mundo não pode ignorar os primogênitos. Se você não é um deles, terá de lidar com eles em algum lugar ao longo do caminho. Pode ter começado cedo, quando seu irmão ou irmã mais velhos e primogênitos acabaram tomando conta de você, algo que não necessariamente foi boa coisa para ninguém. Em contrapartida, alguns primogênitos se tornam guardiões e protetores de seus irmãos mais novos. Foi o que aconteceu comigo. Minha irmã primogênita, Sally, oito anos mais velha, geralmente se desdobrava para cuidar de seu irmão caçula.

Por exemplo, quando comecei o jardim de infância, chorei durante as duas primeiras semanas porque eles me colocaram na turma da tarde, e eu tinha de ir à escola sozinho — uma proposta assustadora para um garotinho. Sally não podia me levar porque ela própria estava na escola, e minha mãe não estava disponível porque trabalhava como superintendente de uma casa de repouso para crianças. Não éramos a clássica família de pai trabalhador, mãe dona de casa e respectivos filhos que prevalecia naquele tempo. Parecia que eu era o único garoto da vizinhança cuja mãe trabalhava. (Na verdade, ainda tenho uma cicatriz na articulação do dedo, resultado de um corte feito pelo dente de algum garoto que me provocou sobre o fato de minha mãe trabalhar fora.) Depois de duas semanas ouvindo minhas fungadas, a professora do jardim da infância foi piedosa e me transferiu para o período matutino, de modo que Sally, minha irmã grande, pudesse me levar à escola.

Uma de minhas lembranças mais antigas é a de ter sentado na bicicleta de Sally, quase sem conseguir fazer girar os pedais porque minhas pernas eram muito curtas, enquanto minha irmã e sua amiga Martha caminhavam ao meu lado cerca de 1,5 quilômetro, ajudando-me a pilotar.

> **Qualidades do primogênito**
>
> Perfeccionista, confiável, consciencioso, fazedor de listas, organizado, focado, líder natural, crítico, sério, culto, lógico, não gosta de surpresas, gosta de tecnologia

Sally sempre se sacrificava por mim. Nunca vou me esquecer de uma vez, quando eu tinha uns 8 anos, em que Sally e eu pegamos o ônibus de nossa casa até os limites da cidade de Buffalo, a 13 quilômetros de distância. Nosso destino era a popular loja de departamentos W. T. Grants, que tinha uma lanchonete. Sally se ofereceu para me banquetear com tudo o que eu quisesse e, quando olhei o cardápio, vi hambúrgueres de trinta centavos e sanduíches de peru por oitenta centavos. Nós raramente tínhamos peru fatiado de verdade em casa, e minha boca se encheu de água.

— Posso comer o sanduíche de peru? — perguntei.

— Claro que pode. Estou oferecendo — disse Sally enquanto avançava sobre seu dinheiro arduamente ganho como *baby-sitter*.

Nunca me esqueci de como o gosto daquele sanduíche era bom e de como ela gastou o que na época era "um dinheirão" para me agradar.

Sally também costumava oferecer pequenos chás da tarde nos quais eu era seu convidado de honra. No verão, eles aconteciam em nosso gramado; no inverno, ficávamos dentro de casa. Mas, fosse verão ou inverno, Sally sempre fazia seu irmãozinho ajudar em alguma coisa na festa. Eu tinha de fazer uma viagem de ida e volta por 1,5 quilômetro até a loja Hildebrand's, a pé, para comprar os petiscos da festa, que eram sempre a mesma coisa: Pepsi e batatas *chips*.

Agora que somos adultos, Sally ainda se desdobra pelo irmãozinho. Todo outono, depois de voltarmos a Tucson para o próximo período letivo, ela vai até nossa casa de verão no lago Chautauqua, não muito longe de sua casa em Jamestown, Nova York, e cobre toda a mobília para que fique protegida durante o inverno.

O obediente, protetor e cuidadoso primogênito

Sally, como você viu, sempre foi chamada de "primogênita submissa". Ela quer agradar. Como pintei os primogênitos com algumas pinceladas bastante fortes no sentido de serem organizados, orientados a resultados, realizadores, críticos

O primeiro primeiro **73**

e assim por diante, você pode pensar que eles são basicamente gente mandona que quer controlar as coisas. Muitos deles realmente se encaixam na descrição de pessoas agressivas e com vontade férrea. Mas há muitos primogênitos submissos — eles são crianças-modelo, que cresceram para agradar os outros. Continuam a ter as qualidades de primogênitos, mas elas sempre vêm em uma embalagem muito confiável e consciente do tipo "como posso agradá-lo?".

Primogênitos como esses tendem a ser bons alunos e bons trabalhadores porque desde o início tiveram uma necessidade muito forte da aprovação da mamãe e do papai. Então, é claro, precisam da aprovação de outras figuras de autoridade: professores, treinadores, chefes. Quando lhes pedem para fazer alguma coisa, a resposta é "Sim, mamãe... Sim, papai... Sim, senhor... É um prazer fazer isso". Quem não quer filhos e funcionários assim por perto?

Um exemplo clássico de primogênita submissa é minha esposa, Sande. Certa vez, estávamos em um restaurante cinco estrelas em Tucson, e nossa refeição tinha sido servida da maneira tradicional, impecável e precisa. Enquanto eu comia com gosto, espiei Sande. Ela estava simplesmente puxando as bordas de seu salmão cozido.

— Como está seu prato? — perguntei. — Está tudo bem?

— Ah, sim. Está tudo ótimo. Este não é um dos restaurantes mais incríveis do mundo?

Voltei a comer, mas Sande continuou puxando os pedacinhos sem realmente avançar sobre o salmão. Finalmente expressei minhas suspeitas em voz alta:

— Querida, o salmão está realmente do seu agrado?

— Bem, é que na verdade não está muito bem passado no meio...

Na verdade, o salmão estava tão cru que ainda deveria estar nadando rio acima para desovar. Sendo o caçula da família, descobri que aquele tipo de transigência nunca tinha sido uma de minhas características mais fortes. Rapidamente dei a conhecer a condição do salmão ao garçom, assim como ao *maître*, que ficou horrorizado. Na mesma hora, uma porção totalmente nova de salmão apareceu, cozida à perfeição. E, um pouco depois, o *chef* mandou uma proposta de paz em forma de uma sobremesa gigante de sorvete com bolo e merengue, "cortesia da casa, com nossas desculpas à senhora pelo inconveniente".

A história do salmão malpassado ilustra bem a natureza "eu preferiria não reclamar sobre isso e simplesmente sorrir e aguentar" de Sande. Como minha irmã Sally, Sande é alguém que quer agradar, alguém que nutre e cuida, características clássicas de um primogênito submisso. E se você está pensando que o Ursinho Leman é sortudo por ter duas mulheres como essas em sua vida, está absolutamente certo!

O aspecto negativo de um primogênito submisso é que ele pode atrair os grandes tubarões-brancos da vida. Geralmente atendo primogênitos submissos cujos pedaços estão sendo arrancados por cônjuges, chefes ou amigos. O cenário clássico inclui um primogênito dócil que trabalha em um cargo de gerência intermediária para um superintendente ou gerente que tende a acumular trabalho. Conforme coloca pequenos projetos na mesa do primogênito, o chefe também dá um jeito de mencionar que "as avaliações estão vindo por aí".

> O aspecto negativo de um primogênito submisso é que ele pode atrair os grandes tubarões-brancos da vida.

Se ter uma esposa e quatro filhos em casa para alimentar e vestir é uma motivação óbvia, um estímulo ainda maior para o primogênito submisso é o martelo psicológico colocado sobre ele desde a infância. Ele sempre foi a pessoa responsável, que fazia de tudo — tirar o lixo, aparar a grama, lavar os pratos — porque seus irmãos e irmãs eram muito pequenos ou talvez indignos de confiança. Os pais costumam confiar (e tirar vantagem) de seu filho mais velho. Chamo isso de síndrome do "deixe que Ryan, o mais velho, faz".

Muitos outros cenários podem ser desenhados rapidamente. Junte o primogênito submisso com um chefe ou cônjuge egoísta, narcisista ou insensível e logo você terá os bastidores do Inferno na torre. Primogênitos submissos são muito conhecidos por aceitarem essas coisas e serem conduzidos a um mundo que adora tirar vantagem deles. Também são conhecidos por acalentar seus ressentimentos silenciosamente, e então descarregar com uma grande explosão. E é nesse momento que eles geralmente me procuram.

Primogênitos agressivos: os mandachuvas

Enquanto os primogênitos submissos têm uma forte necessidade de ser conscienciosos e cuidadores dedicados, há uma outra classe de primogênitos que é assertiva, muito teimosa, altamente realizadora e muito focada. Esses primogênitos assertivos estabelecem metas ousadas e têm uma forte necessidade de encabeçar a situação. Ao longo do caminho, geralmente desenvolvem características de texugo — em outras palavras, eles podem arranhar, unhar e morder.

Um exemplo clássico de primogênito focado e assertivo é o executivo que passa cinquenta semanas por ano tenso e imerso em seu trabalho. Então, enquanto está em suas duas semanas de férias, esse mesmo executivo se torna outra pessoa. Já tive esposas que me contaram: "Quando saímos de férias,

Harry é ótimo. Ele relaxa e esquece, e é quase normal com as crianças e comigo. Mas, cerca de dois dias antes de as férias terminarem, ele torna a ter aquela cara invocada. Mesmo antes de voltarmos para casa, sua antiga personalidade exigente entra em ação".

> Primogênitos assertivos estabelecem metas ousadas e têm uma forte necessidade de encabeçar a situação.

Nos últimos anos, uma crescente parte de meu trabalho inclui apresentar seminários para grupos de executivos corporativos. Faço questão de realizar uma pequena pesquisa para ver qual é a representatividade dos primogênitos nesses grupos. Em uma organização de presidentes de empresa, 19 em 20 participantes eram primogênitos. Em uma reunião da *Young President's Organization*, 23 em 26 homens e mulheres empreendedores ali presentes me disseram que eram os primeiros filhos de suas famílias.

EXATOS, PRECISOS E CRICRIS

Enquanto alguns primogênitos se tornam líderes poderosos, outros ficam nos bastidores fazendo trabalhos precisos como edição, contabilidade e auditoria. Ao longo dos anos em que publiquei mais de 35 livros, tive 27 editores, todos primogênitos ou filhos únicos, com uma exceção. No fim, esta exceção era um segundo filho que tinha assumido um papel inverso no lugar de seu irmão mais velho; na verdade, tratava-se de um primogênito funcional.

Sendo o caçula da família, aprecio profundamente os editores e o que eles podem fazer para me salvar de desastres. Mas realmente não sei muito sobre eles, exceto que adoram canetas vermelhas e fazem milhares de perguntas cricris, como "Que sentença é essa que começa na página 33 e termina na página 35?".[3]

Um dos exemplos mais impressionantes que já vi em se tratando de primogênitos e profissões exigentes aconteceu quando falei para a Sociedade de Contadores de Ohio. Depois de ser apresentado, parei e observei os 221 contadores, que ou me fitavam com olhares malignos ou consultavam seu relógio. Decidi que precisava relaxá-los um pouco e disse: "Todos os primogênitos ou filhos únicos se levantem, por favor". Não fiquei muito surpreso quando quase toda a sala se levantou! Então, pedi que quem tivesse permanecido sentado ficasse em pé, e nesse pequeno grupo contei dezenove filhos do meio e caçulas. Antes de deixá-los sentar-se novamente, eu tinha mais uma questão: "O que *você* está fazendo *aqui*?"

76 Mais velho, do meio ou caçula

Todos gargalharam, e, se a noite tivesse terminado exatamente ali, teria sido um sucesso. Não é sempre que se consegue fazer mais de duzentos contadores sorrirem, que dirá gargalhar!

Contadores levam seu trabalho a sério. Na verdade, muitos presidentes de empresa afirmarão que a companhia progride ou regride com base em quanto seu "contador de centavos" é cuidadoso. Harvey Mackay, diretor e presidente executivo da Mackay Envelope Corporation e autor de muitos *best-sellers* sobre negócios, incluindo *Como nadar com os tubarões sem ser comido vivo*, acredita que a primeira pessoa que se deve contratar (depois de si mesmo) é um bom contador.[4]

Quando entrevistei Mackay, sua agressividade poderosa veio à tona imediatamente. Primogênitos são tipicamente analíticos e adoram fazer perguntas. Minha entrevista com Mackay foi pelo telefone, e, mesmo não podendo vê-lo, logo me convenci de que estava falando com um primogênito (ele é o primeiro homem de sua família). Depois de dez minutos, ele ainda estava me fazendo perguntas, e eu era a pessoa que supostamente estaria conduzindo a entrevista.[5]

ADIVINHE QUEM É O MAIS VELHO

É possível encontrar primogênitos como líderes em todos os tipos de situação. Por exemplo, se eu pedisse a você para dizer o nome de uma das irmãs Mandrell,[6] há boas chances de você pensar em Barbara, e há um bom motivo para isso: ela é a mais velha, talentosa, expansiva e, definitivamente, líder. Poucas pessoas mencionam Louise ou "a outra", Irlene.

Entre os atores contemporâneos, há quatro irmãos Baldwin. De que nome você se lembra? Provavelmente de Alec, que é, é claro, o mais velho.

E quanto aos irmãos Smothers?[7] Você pensa em Tommy? Não é surpresa, porque ele é o mais velho, mesmo se comportando como um caçula supersensível no palco. Minha esposa, Sande, e eu jantamos com os irmãos Smothers e posso garantir a você que Tommy é o verdadeiro líder desse dueto. Na verdade, Dick me confidenciou que tinha se mudado para o outro lado do país só para se afastar da "natureza controladora" de Tommy. Olhei para Tommy, e ele simplesmente sorriu.

Aqui vai mais um exemplo de dois irmãos — aqueles que receberam o crédito de ter feito o primeiro voo bem-sucedido em um avião. Se eu perguntasse a você o nome de um dos irmãos Wright, há boas probabilidades de que a resposta seria "Wilbur". Estranho, mas ele era quatro anos mais velho. Pense em como é difícil dizer o nome de atletas profissionais que são irmãos e que se destacam no mesmo esporte. Adoro esportes e só consigo dar nome a um par: Venus e Serena Williams, tenistas profissionais, e os irmãos Manning no futebol americano. Na verdade, irmãos tendem a ir a direções diferentes.

Sessenta e quatro por cento dos presidentes norte-americanos eram primogênitos naturais ou funcionais. Entre eles esteve Jimmy Carter, governador da Georgia, sério, aplicado, muito bem-sucedido, que traçou perfeitamente seu caminho à presidência dos Estados Unidos. Mas, em contraste absoluto, havia o caçula, Billy, que teve sua própria fatia de notoriedade pelos porres de cerveja e observações impensadas, muitas das quais eram ditas para embaraçar o irmão mais velho.

VIVENDO NA LOUCURA DO ESTRESSE

Eles podem ser líderes de destaque e realizadores, mas primogênitos exigentes geralmente pagam um alto preço. Se o corpo deles não se escangalha, as relações com a família ou com os amigos geralmente o fazem. Duvido que seja coincidência que Lee Iacocca, um dos presidentes executivos mais capazes e bem-sucedidos que já existiu, tenha passado por três divórcios. Na verdade, é praticamente uma regra básica da ordem de nascimento, especialmente para primogênitos: os mesmos traços e habilidades que permitem que você seja bem-sucedido no trabalho, na igreja ou em outras organizações geralmente vão trabalhar contra você em suas relações pessoais íntimas.

> Os mesmos traços e habilidades que permitem que você seja bem-sucedido no trabalho, na igreja ou em outras organizações geralmente vão trabalhar contra você em suas relações pessoais íntimas.

Certa vez, em um voo da American Airlines, tive a sorte de me sentar perto (separado apenas pelo corredor) de Robert Crandall, ex-presidente da American Airlines e dirigente do conselho da empresa. Quando fomos apresentados, soube que ele era um primogênito, o que não me surpreendeu de maneira alguma devido a suas conhecidas habilidades como líder exigente e equilibrado.

Mais tarde tive a oportunidade de entrevistar Crandall para um livro de negócios que eu estava escrevendo. Quando pedi que pensasse na máxima "Coloque sua esposa em primeiro lugar", ele respondeu: "Sim, é verdade. Mas, por outro lado, você precisa ter uma esposa que reconheça que o número de vezes que ela pode pedir para estar em primeiro lugar é limitado". Ele continuou dizendo que colocar a esposa em primeiro lugar não tem muito a ver com negócios, e que isso é mais uma questão de "valores pessoais" do que de "valores empresariais".

É aí que mora o problema. Tentar separar negócios e família geralmente faz que a família fique em desvantagem.[8]

Como viajo muito de avião, tomei o hábito de fazer pesquisas informais com pilotos em relação a sua ordem de nascimento. Voar é uma tarefa tão árdua que exige perfeição, então não me surpreende que os pilotos sejam, em geral, primogênitos. Na verdade, em cada 98 homens e duas mulheres, minha pesquisa informal revelou que 88% eram primogênitos ou filhos únicos. Em um voo recente da United Airlines, o capitão saiu da cabine e veio ao corredor para cumprimentar os passageiros, inclusive a mim. Então perguntei-lhe:

— Como vai o capitão primogênito hoje?

Ele me olhou de uma maneira estranha.

— Já nos conhecemos?

— Não, mas você é primogênito, não é?

— Bem, sim, sou — ele disse.

Em menos de cinco minutos estávamos conversando sobre muito mais do que um belo dia com céu de brigadeiro. Conforme as lágrimas rolavam por seu rosto, ele me contou que sua terceira esposa estava lhe mandando os papéis do divórcio. Ele era um dos melhores na tarefa altamente estressante de voar, mas em casa já tinha se acidentado três vezes.

Às vezes, a personalidade exigente do primogênito pode ir além de negligenciar a família ou os amigos e chegar à tragédia derradeira. Você se lembra de Caim, o primeiro assassino registrado na história? Ele achou que cada detalhe de seu sacrifício era tão bom (ou melhor) quanto o de Abel. Mas Deus não achou, e não aceitaria o "fruto da terra". O primogênito Caim, tão focado e agressivo, atraiu seu segundo irmão Abel para os campos e o matou. Quando um primogênito realizador orientado a objetivos começa a pensar "Vencer é tudo", ele é capaz de deixar de lado valores como respeito às leis, lealdade ou abnegação. Em vez disso, pode fazer o que for necessário para vencer.

O QUE PÕE O PRIMOGÊNITO EM AÇÃO?

Seja ele complacente, seja poderoso, seja assertivo, há pelo menos duas boas razões pelas quais um primogênito se apresenta em embalagens totalmente rígidas (e geralmente um tanto quanto tensas). As duas razões são mamãe e papai. Filhos mais velhos servem como "cobaias" para pais que nunca tenham criado alguém. Não é de admirar que as crianças enfrentem uma boa dose de estresse. Pais novatos são tipicamente um monte de ambivalências — de um lado são superprotetores, ansiosos, vacilantes e inconsistentes; de outro, são estritos, disciplinados, exigentes, sempre ativos e encorajadores do melhor desempenho.

> Filhos mais velhos servem como "cobaias" para pais que nunca tenham criado alguém. Não é de admirar que as crianças enfrentem uma boa dose de estresse.

Tudo em relação ao primeiro filho é importante. Enquanto os pequenos Joãozinho ou Aninha ainda estão a caminho, sob vários aspectos o próprio ar fica carregado de esperança. Com grande expectativa, jovens pais comemoram com chás de bebê, escolha dos nomes, seleção do papel de parede para o quarto e compra de brinquedos e roupas de bebê. (E se os pais são primogênitos ou filhos únicos, acrescente a essa lista "começar a guardar moedas no porquinho, apólices de seguro e poupança para a faculdade".)

Poucos vão negar que a família faz coisas demais para o primogênito. Os pais, assim como os avós, gravam com a câmera de vídeo cada choro, olhar, resmungo ou movimento. Eles certamente preenchem o álbum de fotos da família com dúzias (às vezes centenas) de fotos. As pesquisas indicam que os primogênitos caminham e falam antes dos caçulas. Não é surpresa. Com todo treinamento, assistência e estímulo que recebem, eles provavelmente fazem isso em legítima defesa!

Que, em geral, os filhos mais velhos mais tarde se tornarão líderes ou realizadores não é necessariamente ideia deles. Mas, tendo apenas os pais (e talvez avós, tios e tias) como modelo de comportamento, naturalmente assumem mais características de adulto. É por isso que os primogênitos geralmente são sérios e não gostam muito de surpresas. Eles preferem saber o que vai acontecer e quando; prosperam ficando no controle, cumprindo horários e sendo organizados — características úteis para os adultos.

> As pesquisas indicam que os primogênitos caminham e falam antes dos caçulas. Não é surpresa. Com todo treinamento, assistência e estímulo que recebem, eles provavelmente fazem isso em legítima defesa!

Lembre-se também de que a personalidade de uma criança já está praticamente formada aos 5 anos. Quando o filho mais velho é bem jovem — antes dos 12 meses de idade — ele já observa seus pais e percebe a *maneira certa* de fazer as coisas. Quando você pensa nisso, nota que os primogênitos aprendem basicamente com os adultos — aquelas pessoas grandes e perfeitas que fazem tudo certo. Não é de admirar que eles tenham tanta vontade de se sacrificar para serem corretos, pontuais e organizados.

Vantagens e privilégios

Tudo que os filhos mais velhos fazem é grande coisa; portanto, essa atenção os estimula a realizações. Como família e amigos levam o primeiro filho a sério, ele geralmente desenvolve muita confiança. Não é de estranhar que os primogênitos se tornem presidentes do clube, da empresa e até do país. Enquanto mais de 64% dos presidentes norte-americanos foram primogênitos naturais ou funcionais, apenas 5% deles foram caçulas de verdade. Quando ponderei sobre o porquê de tão poucos caçulas terem chegado à Casa Branca, passou-me pela cabeça que talvez seja porque eles simplesmente não conseguiram achá-la!

Com seu forte poder de concentração, paciência, organização e consciência, os filhos mais velhos têm uma vantagem evidente em muitas profissões. Com frequência pergunto em meus seminários: "Se você fosse gerente de um banco e estivesse contratando mais caixas, quem escolheria?". Muitos respondem que contratariam os filhos mais novos, porque estes são muito amistosos e extrovertidos ao trabalhar com o público. Porém, sempre tenho de discordar porque, por mais que seja útil ser amigável com o público, seria muito típico de um caixa de banco caçula virar para a caixa ao lado e dizer: "Helen, você pode assumir minha fila? Tenho de tomar uma Coca-Cola, e ainda há catorze pessoas a serem atendidas".

E ainda tem o problema de o caçula de perder as coisas: "Deixa ver, sei que os US$ 135 mil estão por aqui em algum lugar...".

Antes que eu prossiga com esses exemplos, vamos nos lembrar das variáveis e exceções. Não estou dizendo que todos os caçulas são automaticamente mais descuidados. Estou afirmando que, na média, os primogênitos são muito mais cuidadosos, conscienciosos e perfeccionistas — traços importantes para pessoas a quem se confia muita responsabilidade. Por sua própria natureza, os primogênitos odeiam cometer erros. São cuidadosos e calculistas e se atêm a regras e normas. Em um lugar exigente e preciso como um banco, essas características não são apenas úteis; são quase imperativas.

Pressões e problemas

O outro lado da moeda para o primeiro filho, porém, é que toda a atenção — os "ooohs" e "aaahs", os holofotes e a responsabilidade — se traduz em *pressão*.

Antes de tudo, pergunte a qualquer primogênito as lembranças que ele tem do que ouvia da mamãe e do papai quando era criança e de todos aqueles modelos de comportamento que ele estava sempre tentando imitar. Aposto R$ 100,00 que ele vai se lembrar de coisas como estas:

"Não interessa o que *ele* fez — você é o mais velho!"

"O quê? Você não quer levar seu irmão (ou irmã) com você. Tudo bem — fique em casa!"

"Será que você não consegue manter seu irmão (ou irmã) longe de encrenca?"

"Isso é exemplo que se dê?"

"Será que você pode agir conforme a sua idade?"

"Quando é que você vai crescer?"

"Ele é menor do que você. Você deveria ser mais sensato!"

Muitos primogênitos que se lembram desses comentários conseguem colocá-los em perspectiva. Eles sorriem ironicamente ou apenas balançam a cabeça e dão uma risadinha. Outros não são tão tranquilos em relação a isso, como a mulher primogênita de quem recebi uma carta: "Desculpe-me, eu me lembro de toda a pressão de ser a mais velha, mas cadê os privilégios? Parece que perdi alguma coisa".

> Toda a atenção — os "ooohs" e "aaahs", os holofotes e a responsabilidade — se traduz em *pressão*.

Uma coisa que muitos primogênitos podem dizer é que, enquanto eles tinham de ser o máximo, seus irmãos e irmãs mais novos escapavam tranquilamente, ou, como ouço com frequência, "se davam muito bem". Primeiros filhos realmente suportam o peso da disciplina enquanto os papai e mamãe se entregam ao papel de pais.

Além de serem mais cobrados, os primogênitos também recebem muito mais encargos. Quando você precisa de alguma coisa na família, quem vai chamar? Aquele primogênito confiável provavelmente será incumbido da tarefa, seja ela dar uma corridinha até a esquina para comprar pão, seja recolher o cocô do cachorro.

E, é claro, há a infame tarefa de que a maioria dos adultos primogênitos mais se lembra: ser encarregado de cuidar dos irmãos e irmãs mais novos em vez de poder sair com seus próprios amigos. Invariavelmente, os mais velhos acabam assumindo essa responsabilidade em demasia. Em especial, irmãs mais velhas são, em geral, muito confiáveis e conscientes, e muitas tiram vantagem disso. Garotas mais velhas recebem apelidos como "mamãe ganso" ou até "a carcereira".

Sim, é possível que alguns primogênitos realmente gostem do papel de *baby-sitter*, mas, cedo ou tarde — geralmente cedo —, isso se torna um estorvo. E não é incomum que filhos mais velhos tentem se livrar dos menores que ficam em seus calcanhares. Na dedicatória deste livro, você pode ter notado meu reconhecimento especial ao meu irmão, Jack, que frequentemente tentava fazer que seu irmão caçula (eu) se perdesse na floresta!

Pobre Jack. Às vezes penso que ele ainda está furioso porque mamãe e papai me compraram uma bicicleta Roadmaster completa com pezinho lateral quando eu tinha 6 anos, e ele teve de se virar com seu velho modelo sem para-choque. O que realmente o deixava indignado, porém, é que eu não usava o pezinho da bicicleta nova e reluzente. Eu simplesmente a jogava na entrada da garagem assim que entrava no quintal de casa.

A moral da história é que os pais esperam demais dos primogênitos. Esses filhos frequentemente são forçados a ser os vanguardistas e os porta-estandartes da família, e são encorajados a imitar os passos do pai ou da mãe em certas profissões ou estilos de vida que realmente não querem seguir. Ainda hoje, o bom e velho conflito entre pais e filhos mais velhos está na moda. O pai quer que o filho assuma o negócio da família ou realize algo que ele mesmo nunca realizou. O filho quer começar seu *próprio* negócio de criar minhocas ou talvez se tornar chapeiro de lanchonete, pastor, criador de galinhas ou simplesmente vegetariano.

Filhos mais velhos geralmente são pressionados a ser o "príncipe herdeiro" da família, e as filhas recebem a mesma pressão para ser as "princesas herdeiras". Não é de estranhar, portanto, que você ouça seu primogênito dizer durante a adolescência ou até depois de chegar à idade adulta:

"Todo mundo depende de mim."
"Não consigo me dar bem nunca."
"É difícil ser o mais velho."
"Nunca me deixaram ser criança."

> **Bons princípios básicos**
>
> 1. Não espere que seus filhos mais velhos sejam *baby-sitters* dos pequenos. (Sim, eu entendo que há o problema do dinheiro, emergências imprevistas e agendas lotadas. Às vezes, acontece. Mas não faça disso uma regra. Não é justo com o primogênito.)
>
> 2. Não faça seu filho mais velho fazer mais do que a parte dele no trabalho. Todos na família — mesmo as crianças pequenas — podem ajudar segundo sua idade. Não responsabilize seu filho mais velho pelas tarefas que os outros não terminam.
>
> 3. Lembre-se de que seu filho é uma criança, não um adulto.

"Se eu não fizer, ninguém faz."

"Se eu não fizer, vai sair mal feito."

"Cara, se eu fizesse o que meu irmão mais novo faz..."

"Por que eu tenho de fazer? Ninguém mais faz nada por aqui."

O pior pesadelo de um primogênito

Deixei para o final o pior pesadelo para a maioria dos filhos únicos e mais velhos. Vou mencioná-lo aqui e abordarei o tema mais profundamente nos próximos dois capítulos. Estou falando de perfeccionismo. Ironicamente, muitos primogênitos perfeccionistas desestimulados me desafiam, dizendo que jamais poderiam ser perfeccionistas porque são muito bagunceiros. Essas pequenas cenas geralmente são assim:

> **Frank, o primogênito:** Esse seu sistema de ordem de nascimento não se encaixa na minha família de modo algum — você diz que os primogênitos são organizados. Bem, sou primogênito e sou conhecido por ter a mesa mais bagunçada do escritório. Na verdade, da última vez que alguém viu o tampo da minha mesa foi um dia antes de eu começar a trabalhar para a empresa. O que o senhor me diz, dr. Leman?
>
> **Dr. Leman:** Interessante. O que você faz da vida?
>
> **Frank:** Sou engenheiro elétrico.
>
> **Dr. Leman:** Parece uma área muito estruturada — não exige muita matemática e disciplina mental?
>
> **Frank:** É verdade, mas como você justifica a mesa bagunçada?
>
> **Dr. Leman:** Certo, sua mesa é bagunçada. Você consegue encontrar o que precisa nela?
>
> **Frank:** É claro. Geralmente sei o que existe em cada pilha.
>
> **Dr. Leman:** Então você tem ordem na desordem. Você trabalha em uma profissão muito disciplinada — engenharia. E, porque sua mesa é bagunçada, você ainda sente que é desorganizado. Meu palpite é que você é um perfeccionista, e os perfeccionistas são conhecidos por terem mesas bagunçadas como forma de encobrir seu desânimo pelo fato de nem sempre terem a vida do jeito que gostariam que fosse. Outra coisa sobre perfeccionistas — quando eles descobrem uma coisa errada ou imperfeita, tendem a generalizar aquela inconsistência única e a querer jogar fora o pacote inteiro. Talvez você esteja querendo jogar fora o bebê da ordem de nascimento junto com a água da banheira.
>
> **Frank:** Acredito em ser consistente e fazer as coisas certas. Nunca estou satisfeito — sempre acho que poderia fazer um trabalho um pouco melhor. Estou sempre me esforçando mais.

Exatamente. Frank descreveu um perfeccionista desestimulado (ele mesmo) nos mínimos detalhes. Mas Frank é apenas um exemplo desse tipo de perfeccionista. Sou desafiado por muitos outros:

> Você não conhece meu marido. Ele é o mais velho da família, mas não consegue consertar nada em casa. Toda vez que desmonta alguma coisa, ele perde a metade das peças. A única coisa em que sempre foi perfeito foi em destruir o encanamento, o cortador de grama... Tudo o que ele tenta consertar está condenado.

> Você deveria morar com a minha esposa. Ela é a filha mais velha, mas a única maneira de fazê-la chegar a qualquer lugar na hora é dizer-lhe que temos de chegar trinta ou sessenta minutos antes do horário real do compromisso.

Ainda digo que pessoas como esse marido, essa esposa e, é claro, o primogênito Frank são francos favoritos a perfeccionistas desestimulados. Eu até iria mais longe e diria que todos os primogênitos e filhos únicos são perfeccionistas — muitos dos quais se tornam desestimulados. Em mais de 35 anos de consultório, na maioria, meus clientes eram primogênitos ou filhos únicos que ficavam mascarando seu perfeccionismo com um comportamento que aparentemente não se encaixava. O perfeccionismo é o maior problema para quase todos os primeiros e únicos filhos. No pior dos casos, pode ser uma maldição; e, no melhor, um fardo pesado. É por isso que vou dedicar os dois próximos capítulos àqueles de vocês que nunca se sentiram bons o suficiente.

> Nunca estou satisfeito — sempre acho que poderia fazer um trabalho um pouco melhor. Estou sempre me esforçando mais.

Avaliando seus pontos fortes e fracos

Você é um primogênito? É do tipo obediente ou agressivo? Em que áreas você tem dificuldades? Em que áreas você se dá bem? Ao terminarmos este capítulo, dê uma olhada no quadro a seguir, "Pontos fortes e fracos dos primogênitos".

1. Dedique alguns minutos para considerar cada característica. Decida se cada uma é um ponto forte ou fraco em você.
2. Se a característica é um ponto fraco, que mudanças você poderia fazer para melhorar nessa área?
3. Se é um ponto forte, como você capitalizaria essa força ou a desenvolveria ainda mais?

Pontos fortes e fracos do primogênito

Características típicas	Pontos fortes	Pontos fracos
Hábil na liderança	Toma as rédeas, sabe o que fazer.	Pode minar a iniciativa daqueles que confiam demais em si mesmos, ou acabar se tornando autoritário e agressivo demais.
Agressivo	Impõe respeito; os outros querem seguir sua liderança firme.	Pode ser grosseiro com os outros; pode ser insensível e tende a ser egoísta; focado demais no objetivo, não dá atenção suficiente aos sentimentos dos outros.
Obediente	Cooperativo, fácil de trabalhar em conjunto, bom membro de equipe.	Pode ser explorado, ludibriado, enganado.
Perfeccionista	Sempre faz a coisa certa e não deixa pedra sobre pedra para executar um trabalho completo.	Tende a criticar demais a si mesmo e aos outros; nunca está satisfeito; pode procrastinar por medo de não conseguir fazer um "trabalho bom o suficiente".
Organizado	Tem tudo sob controle; está sempre à frente das coisas; tende a ser pontual e cumprir prazos.	Pode se preocupar demais com ordem, processo e regras, e não ser flexível quando necessário; pode demonstrar impaciência real com qualquer um que seja "desorganizado" ou não tão meticuloso; pode ficar irritado com surpresas.
Controlador	Ambicioso, empreendedor, ativo, enfrenta sacrifícios para ser bem-sucedido.	Coloca muito estresse e pressão sobre si mesmo ou sobre os colegas de trabalho.
Fazedor de listas	Estabelece metas e as cumpre; tende a conseguir fazer mais coisas em um dia do que as outras pessoas; planejar o dia é tudo.	Pode se tornar limitado, muito ocupado com a lista de afazeres para ver o quadro geral e o que precisa ser feito no momento.
Lógico	Conhecido como pensador objetivo; com certeza não é compulsivo ou apressadinho.	Pode acreditar que está sempre certo e deixar de prestar atenção a outras opiniões mais intuitivas.
Culto	Tende a ser leitor voraz e a acumular informações e fatos; bom para resolver problemas depois de refletir muito.	Pode passar muito tempo reunindo informações enquanto há outras coisas que precisam ser feitas; pode ser tão sério que deixa de ver a graça de situações quando o humor é desesperadamente necessário.

Pergunte-se

1. Estou envolvido em atividades demais? De quais eu poderia abrir mão?
2. Sei dizer "não"? Posso pensar em um exemplo recente em que disse "não" de forma cortês, mas com firmeza?
3. Em que medida o perfeccionismo é um problema para mim? Consigo estabelecer a diferença entre insistir no perfeccionismo e buscar a excelência?
4. Sou escravo de minhas listas de afazeres, ou as utilizo para organizar minha vida e mantê-la equilibrada?
5. Perdoei meus pais por quaisquer pressões que eles tenham posto sobre mim na infância e adolescência? Posso dizer honestamente que houve privilégios, assim como pressões, por ser o primeiro filho?
6. Sou um primogênito obediente ou agressivo? Quais são meus melhores atributos? Quais são meus defeitos-chave, e o que preciso fazer para melhorar?
7. Se eu sei que sou um primogênito agressivo, estou disposto a pedir *feedback* a meu cônjuge, filhos ou colegas de trabalho quanto a meus pontos fortes e fracos? O que minha família diria sobre o tempo que passo com ela?
8. Se sinto ciúmes ou ressentimento em relação a algum de meus irmãos, estou disposto a confessar e tentar fazer as pazes? Quando e onde poderia fazer isso?
9. Eu me importo demais com o que os outros pensam de mim? Por que ou por que não? Estive em alguma situação recente na qual esse "importar-se demais" ficou em primeiro plano e me causou problemas?
10. Sou bom em apontar falhas a cada instante? Minha família ou amigos dizem que sou muito crítico?

CAPÍTULO 5

Quão bom é "bom o suficiente"?

Se alguém lhe perguntasse: "Quanto é 'bom o suficiente' para você?", o que você diria?

Você classificaria o perfeccionismo como um problema? Por que ou por que não? Afinal, o mundo não poderia aproveitar um pouco mais os perfeccionistas em vez de ter de aguentar todo trabalho e serviço malfeitos e descuidados que existem por aí?

Então qual das seguintes opções descreve melhor o perfeccionismo para você?

A. Um fardo
B. Uma causa de estresse e até de doença
C. Suicídio lento
D. Um ponto forte

Segundo minha experiência como terapeuta, todas as respostas A, B e C ou qualquer uma delas são corretas. A resposta incorreta é a D. Perfeccionismo não é um ponto forte. Se você pensa que é, espero poder convencê-lo do contrário.

Mas, antes, você precisa ter uma ideia de quão perfeccionista é. Pegue o questionário "Você é um perfeccionista?", adiante neste capítulo, e vá em frente — eu fico aqui esperando até que você termine.

Então, como você se saiu? Sua pontuação o ajuda a entender por que às vezes você não se sente suficientemente bom?

PERFECCIONISMO NOS CLASSIFICADOS

Meu exemplo favorito de uma pessoa que eu classificaria como perfeccionista extrema aparece neste anúncio que recortei certa vez dos classificados de um jornal diário:

> CRISTÃ, loira, olhos azuis, 1,60 m, 45 kg, prof., branca, fem., sem filhos, deseja conhecer cristão protestante, prof., homem cerca 30 a. nível universitário, que goste de animais e pessoas, adore a natureza, pratique exercícios físicos (*não esportes coletivos*), música e dança, vida religiosa e caseira. Que não fume nem beba, esbelto, 1,70 a 1,80 m, muito cabelo na cabeça, *sem pelos no peito*, inteligente, honesto e confiável, senso de humor, ótimo para expressar sentimentos, muito sensível, gentil, afetuoso, atitude andrógina em relação a seus papéis, generoso, prestativo com os outros, sem mau gênio ou *problemas de ego*, seguro de si e financeiramente, atento à saúde, organizado e limpo, extremamente atencioso e confiável. Acredito em moral e valores tradicionais. Se você também acredita e está interessado em um possível compromisso cristão, escreva para a Caixa Postal 82533. Por favor inclua foto colorida recente e endereço.

Muito pode ser lido de um anúncio como este. Em primeiro lugar, deixe-me avançar pela estrada da vida e sugerir que essa mulher continuará solteira por muito, muito tempo. Já imaginou essa pessoa em um encontro com um sósia de Tom Cruise e de repente bate o olho em um pelo do peito esgueirando-se para fora da camisa polo do sujeito? Fim da relação!

Você é perfeccionista?

Se você é perfeccionista, em que nível está? Para descobrir, preencha as lacunas ao lado de cada questão a seguir, indicando 4 para sempre, 3 para com frequência, 2 para às vezes e 1 para raramente. Quando terminar, some seus pontos.

☐ 1. Erros — próprios ou dos outros — irritam você.

☐ 2. Você sente que todo mundo deveria ser tão compelido a fazer o melhor quanto você.

☐ 3. Você usa muito a palavra deveria — como no exemplo "Eu deveria ter cuidado disso" ou "Nós deveríamos resolver isso imediatamente".

☐ 4. Você acha difícil desfrutar do sucesso. Mesmo quando alguma coisa vai bem, é fácil para você achar que as coisas poderiam ter ido um pouquinho melhor.

☐ 5. Um errinho qualquer acaba com seu dia — ou pelo menos com sua manhã.

☐ 6. Termos como *bom o suficiente* e *quase certo* incomodam você, especialmente no trabalho.

☐ 7. Você tende a protelar as coisas porque sente que não está totalmente pronto para fazer o trabalho direito.

☐ 8. Você se vê pedindo desculpas por alguma coisa porque acha que poderia ter feito melhor se tivesse mais tempo.

☐ 9. Em uma reunião, trabalhando em equipe, ou em qualquer situação em grupo no local de trabalho, você prefere estar no controle do que acontece.

☐ 10. Ao se dar conta de sua profunda necessidade de ter todos os patinhos enfileirados, você insiste que as pessoas ao seu redor enfileirem seus próprios patinhos da mesma forma (ou seja, que pensem exatamente como você).

☐ 11. Você tende a ver o copo meio vazio em vez de meio cheio.

Pontuação:
0-22: Afinal, por que você está lendo este capítulo? Você certamente não chega nem perto de ser um perfeccionista.
23-27: perfeccionista leve
28-36: perfeccionista moderado
37-44: perfeccionista extremo (você é duro demais consigo mesmo e com todos os demais)

Meus olhos de terapeuta sugerem que é bem provável, em proporção de pelo menos quinhentas chances para uma, que essa loira de olhos azuis, 1,60 m, 45 kg, profissional feminina é primogênita ou filha única. Com certeza ela é bastante perfeccionista e somaria 30 pontos ou mais no questionário "Você é perfeccionista?". Esse tipo de personalidade anda por aí segurando o que chamo de vara do salto em altura da vida. Essas pessoas estão sempre elevando um pouco mais o limite e são mestres em se frustrar a todo instante.

UMA VERDADEIRA PERFECCIONISTA AOS 18 MESES
Todos desenvolvemos nosso estilo de vida próprio (a forma como agimos, pensamos e sentimos) quando somos muito jovens, e isso inclui os perfeccionistas. Sande e eu prevíamos o desastre inevitável com nossa filha mais velha,

Holly, quando tinha apenas 18 meses de idade. Viajamos de férias para a Califórnia e o litoral, e foi a primeira vez que Holly esteve em uma praia. Ela logo descobriu a areia e veio cambaleante, levantando um dedo com três ou quatro grãos de areia grudados.

"Argh, argh", ela resmungava, muito descontente com toda aquela "bagunça" e perguntando se havia algo que pudéssemos fazer a respeito. Diante de nossos olhos — e na tenra idade de 18 meses —, Holly demonstrava sinais de verdadeiro perfeccionismo. Apesar de nossos melhores esforços para estimular e reforçar Holly em vez de encontrar erros e apontar defeitos, ela cresceu e se tornou uma mulher que busca a perfeição em tudo o que faz. É por isso que, como mencionei, seus alunos de literatura do ensino médio são punidos quando chegam à aula despreparados. Holly sabe que suas tarefas sempre estariam prontas no prazo (ela sempre agiu assim no ensino médio e nos quatro anos de faculdade); então, quer que seus alunos façam o mesmo.

Mas ao mesmo tempo que Holly está longe de ser relaxada, ela dificilmente é a mais organizada da família. A honra cabe a sua irmã Krissy, nossa filha do meio que nasceu em segundo lugar (mais a respeito dela no capítulo 8). Não acho nada estranho que nossa filha primogênita perfeccionista aja um pouco fora do padrão e não esteja sempre preocupada em ter o quarto perfeitamente arrumado. É seu próprio jeito de mascarar sua frustração com as imperfeições e tropeços dessa vida menos que perfeita.

Pessoas que, no questionário anterior, pontuam de médio a extremo perfeccionista geralmente estão na categoria que chamo de "perfeccionistas desestimulados". Elas seguem pela vida contando a si mesmas a mentira "Só tenho importância quando sou perfeito". Isso se torna seu estilo de vida. Não estou falando em estilo de vida no sentido da forma como você se veste, dirige, come ou bebe. *Estilo de vida* é um termo cunhado pelo dr. Alfred Adler, que costumava usá-lo para se referir à maneira como as pessoas funcionarem psicologicamente de modo a atingir suas metas (mais sobre isso no capítulo 12).

CUIDADO COM O PERFECCIONISTA ULTRACRÍTICO

Quando o perfeccionista desestimulado chega a determinado ponto, ele pode se tornar ultracrítico não só consigo mesmo, mas também com os outros. A pessoa do anúncio nos classificados, por exemplo, pode, de alguma maneira, encontrar um homem que acidentalmente preencha todas as suas "exigências" e seja bobo o suficiente para se casar com ela. Mas, depois que a lua de mel terminar, ele certamente vai descobrir que tem uma perfeccionista desestimulada ultracrítica ao seu lado, e vai pagar caro por isso.

Perfeccionistas desestimulados ultracríticos se escondem por trás da máscara de "seres objetivos". Seu lema favorito é: "O bom é inimigo do melhor!". Eles são tão bons em apontar falhas que podem se tornar eternos irritantes para todos. Podem até se tornar tóxicos, deixando os colegas de trabalho tão zangados e preocupados com seu próprio desempenho que não conseguem fazer sequer uma tarefa adequada ou correta.

> Note que você jamais poderá satisfazer o perfeccionista ultracrítico porque nem mesmo ele consegue satisfazer a si mesmo.

Sempre digo aos gerentes e executivos que, se eles têm um perfeccionista desestimulado, ultracrítico e severo entre seus funcionários, o qual trabalha diretamente com outras pessoas, é preciso considerar a tomada de medidas drásticas. Em primeiro lugar, esse severo e desestimulado perfeccionista precisa de um aviso amigável e da chance de modificar seu comportamento. Se o perfeccionismo extremo continuar, a melhor opção é transferir a pessoa para outra área — de preferência onde ela possa trabalhar sozinha na maior parte do tempo. E se isso não for possível, talvez esse perfeccionista ultracrítico deva ser exortado a procurar outro tipo de trabalho.

Por falar em procurar outro tipo de trabalho, se acontecer de você estar sob a supervisão de um perfeccionista extremamente crítico que por acaso seja o gerente do escritório, o presidente, o dono da empresa ou alguém em outra posição de poder supremo, não se martirize devido às críticas constantes. Em vez disso, note que você jamais poderá satisfazer o perfeccionista ultracrítico porque nem mesmo ele consegue satisfazer a si mesmo. Talvez o trabalho pague tão bem que você consiga segurar as pontas e

> Para o perfeccionista, nada é bom o suficiente, nunca. E nenhuma tarefa chega a ser realmente concluída.

ser martelado com desaprovação ao mesmo tempo que obtém muito pouco reforço positivo. Por outro lado, se autorrealização e satisfação lhe são realmente importantes, é melhor considerar a possibilidade de ir embora.

O CICLO DO PERFECCIONISMO

Para o perfeccionista, nada é bom o suficiente, nunca. E nenhuma tarefa chega a ser realmente concluída. O ciclo do perfeccionismo geralmente segue estes passos:

1. O perfeccionista é o inventor do lema "É tudo ou nada". Ele tem certeza de que deve ser perfeito em tudo o que faz. Tende a ser um realizador instável; quando vai bem, é ótimo, e quando não vai, é um horror.

92   Mais velho, do meio ou caçula

2. Isso o leva a dar mordidas maiores do que pode mastigar, o que talvez seja o maior problema do perfeccionista. Por ser obstinado por perfeição, ele sempre pode assumir mais uma coisa, mesmo quando sua agenda está absolutamente cheia e atropelada. Isso o conduz ao próximo passo na espiral rumo ao fracasso.

3. O impacto do obstáculo faz que o perfeccionista entre em pânico. Ele olha adiante no caminho e vê todos aqueles obstáculos lá na frente, e cada obstáculo parece um pouco mais alto do que o último. Os obstáculos não estão necessariamente ali, mas são vislumbrados e parecem avassaladores. "Como é que eu me meti nessa encrenca?" e "Como é que vou sair dessa?" são lamentos típicos do perfeccionista.

4. Conforme os obstáculos parecem se tornar mais e mais altos, o perfeccionista ajusta seus problemas maximizando os fracassos e minimizando os sucessos. Se um perfeccionista comete erros, ele os internaliza, engole e fica repassando mil vezes na cabeça o que deu errado. Se ele consegue fazer alguma coisa certa, ele pensa "Poderia ter sido melhor".

5. Quando a pressão fica forte demais, o perfeccionista pode pular fora, desistindo do projeto ou fazendo mal feito, com a desculpa de que "Não havia tempo suficiente".

6. Quer o perfeccionista consiga terminar seu trabalho, quer simplesmente lhe dê as costas porque se mostrou excessivo, sempre acaba sentindo que podia ter se esforçado mais. Ele é a vítima original do que chamo de "complexo de Avis". Durante anos, a locadora de automóveis Avis se colocou de bom grado em uma posição secundária à Hertz. O lema da Avis? "Sim, estamos em segundo lugar, mas *nos esforçamos mais*". Para mim, essas palavras resumem o dilema do perfeccionista: é claro que está em segundo lugar (ou menos), pois nunca está satisfeito e sempre tenta ser melhor.

O complexo de Avis não assombra apenas pessoas "medianas". Também pode ser a maldição da celebridade, do executivo muito bem-sucedido, do gênio.

O ator Alec Guinness admitiu que era muito inseguro em relação ao seu trabalho e acrescentou: "Nunca fiz nada que não pudesse destruir criticamente".

Abraham Lincoln apresentou seu Discurso de Gettysburg e então o descreveu como "um rotundo fracasso".

Leonardo da Vinci, excelente pintor, escultor, cientista, engenheiro e inventor — na verdade, um dos verdadeiros gênios do mundo —, disse: "Ofendi Deus e a humanidade porque meu trabalho não atingiu a qualidade que deveria".[1]

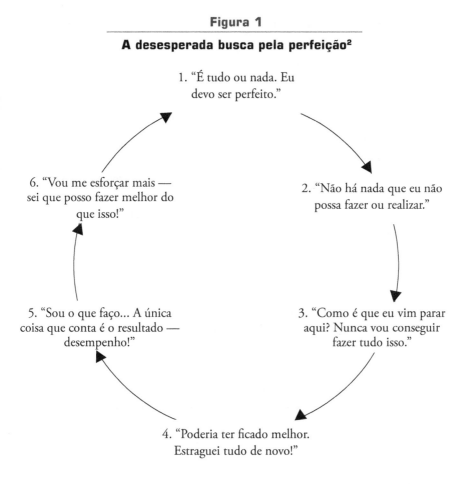

Figura 1
A desesperada busca pela perfeição[2]

Hábeis procrastinadores

Esse ciclo de seis passos (diagrama anterior) pode ser repetido várias vezes por dia, dependendo do que o perfeccionista esteja fazendo. Enquanto atravessa esse ciclo, o perfeccionista geralmente escorrega para o hábito da procrastinação.

Você já conheceu um procrastinador de verdade? (Talvez você conheça um muito bem.) O procrastinador tem um problema sério com tempo, cronogramas e prazos finais. A principal razão por trás da procrastinação é o medo de fracasso do perfeccionista. O perfeccionista procrastinador carrega expectativas tão altas que tem medo de começar um projeto. Ele vai preferir protelar e correr para fazer qualquer coisa na última hora. Então, o procrastinador pode dizer: "Se tivesse mais tempo, eu poderia ter feito um trabalho muito melhor".

Recentemente fiz um programa inteiro de rádio sobre o tópico do perfeccionismo e o sentimento de não ser bom o suficiente, de não conseguir pular alto o bastante e não ser capaz de fazer nada realmente bem. Naquele dia, tivemos muitos ouvintes que lutavam contra o perfeccionismo e a procrastinação e sentiam simplesmente como se não estivessem à altura de nada na vida. Um deles era Michael, que reclamou de nunca conseguir ver suas coisas resolvidas e nunca terminar nada (um sinal claro de perfeccionismo procrastinador). Ele começava projetos com sua esposa e filhos, mas não terminava. Sentia-se comprometido demais e admitiu que definitivamente assumira mais tarefas do que poderia cumprir.

Michael parecia a pessoa exata que eu tinha em mente quando escrevi *When Your Best Isn't Good Enough*,[3] um livro que mira diretamente no perfeccionismo e em como acabar com ele. Enquanto estávamos no ar, afirmei a Michael que podia descrevê-lo e a sua família sem tê-los visto jamais. E lhe disse:

> Às vezes alguém pede a você que faça alguma coisa e você diz "não" porque olha para todo o conjunto e pensa "Isso é impossível, não vou conseguir". E então parte para outro afazer. Ou, como você já admitiu, começa a executar algumas coisas até certo ponto ou nível e perde o interesse ou muda de rumo no último minuto.
>
> Meu palpite é que você cresceu em uma casa onde reinavam as críticas. Em outras palavras, você teve um pai ou mãe com olho crítico; por isso se protegeu das censuras não concluindo as coisas. Seu pensamento era "Se eu não terminar, como alguém pode me criticar?" É aí, evidentemente, que a autodecepção aparece, e assim nos tornamos ótimos em mentir para nós mesmos.

Michael respondeu:

— Isso é quase exatamente quem eu sou e o que faço. Certos dias, olho para o problema e penso: "Sabe, isso tem oito ou nove etapas. Não consigo fazer". Em outros dias, até executo dois ou três passos e então, como você disse, mudo de rumo e me afasto do problema. E esse é um dos maiores estorvos que tenho — me afastar. Preciso parar e dizer: "Eu me comprometi com isso. Trata-se de algo que precisa ser feito".

Como frequentemente acontece, Michael conhecia a resposta para seu problema. Era apenas uma questão de persistir e mudar de comportamento. Perguntei se ele gostava de construir modelos quando criança, e ele disse que realmente gostava — "modelos de carros, coisas assim". Contei a Michael que tinha descoberto que caras que realmente se esforçam para vencer a procrastinação e o perfeccionismo geralmente adoram montar modelos ou quebra-cabeças — qualquer coisa na qual todas as partes se encaixam.

— Aqui está o truque — acrescentei. — Você é uma pessoa muito competente, mais competente do que você jamais acreditou que pudesse ser. Se eu falar com as pessoas que o conhecem bem, creio que elas dirão: "Aí está um cara com enorme potencial. É inacreditável!".

Acontece que Michael era gerente de produção de uma empresa de cerâmica — o tipo de trabalho bem preciso, natural para um perfeccionista. Eu afirmei ter quase certeza de que as pessoas já tinham dito que ele fazia um ótimo trabalho em certas peças de cerâmica, mas que, por dentro, ele retrucava "Se você soubesse daquela falha...".

— Verdade verdadeira — respondeu Michael.

— Sabe, eu reciclo muita cerâmica por causa disso.

De que Michael mais precisava? Da permissão para ser imperfeito! Eu o encorajei a ostentar suas imperfeições diante dos filhos e a ser o primeiro a dizer a eles ou à esposa: "Querida, me desculpe. Eu estava errado. Não devia ter dito isso".

> Muitas pessoas que lutam contra o perfeccionismo dizem coisas como "Não está bom" ou "Ah, não é muito — na verdade não é nada". Esses são sinais reais de um perfeccionista que se defende das críticas.

Quanto a conseguir concluir as coisas, Michael precisava estabelecer alguns limites de tempo para finalizar os projetos. Ele tinha de tornar os limites razoáveis, mas, no final do prazo, parar e aceitar o trabalho do jeito que estava, sem tentar aprimorá-lo.

Muitas pessoas que lutam contra o perfeccionismo dizem coisas como "Não está bom" ou "Ah, não é muito — na verdade não é nada". Esses são sinais reais de um perfeccionista que se defende das críticas. Estimulei Michael a não se colocar para baixo tão rápido. Em vez disso, ele precisa começar a dizer a verdade a si mesmo — que ele realmente recebeu um dom maravilhoso e precisa usá-lo da maneira mais positiva que puder.

George e o leão

Um dos procrastinadores mais exóticos que já atendi foi um homem que vou chamar de George. Ele chegou até mim porque não tinha declarado seu imposto de renda nos quatro anos anteriores. Perguntei a ele o motivo. Veja só, ele tinha um sistema tão elaborado para guardar os extratos e recibos que declarar seu imposto de renda tinha se tornado uma tarefa irrealizável. Sua sala de estar continha várias mesas de piquenique lindamente revestidas de papel de presente. Cada mesa transbordava com

96   Mais velho, do meio ou caçula

pilhas e pilhas organizadas primorosamente com recibos, notas e tíquetes de compra.

George contava o tempo todo a si mesmo a mentira de que ele era detalhista e gostava de fazer tudo certo. Nesse meio-tempo, ele não conseguia dormir por ter todos aqueles impostos não pagos pendendo sobre sua cabeça. (Ou, mais precisamente, o leão do imposto de renda no seu encalço!)

Não me surpreendi ao saber que a esposa de George era do tipo crítica (e perfeccionista) e estava sempre no pé dele para que as coisas fossem consertadas na casa. Quando ela lhe pedia para consertar a torradeira, a porta emperrada ou o que fosse, a resposta dele era uma só: "Não se preocupe, querida. Faço amanhã". É claro que o amanhã chegava e a torradeira e outras coisas continuavam quebradas.

George tinha tantas tarefas inconclusas fazendo-lhe cara feia que tudo o que conseguia realizar era manter a cabeça para fora da piscina da vida. Mas ninguém se mantém com a cabeça para fora para sempre, e finalmente George veio me procurar. Ele sabia que estava em apuros, e queria ajuda. Depois de várias sessões, finalmente consegui que ele atacasse cada um de seus problemas, um por vez. Ele tinha de se comprometer a consertar a torradeira na segunda, a porta emperrada na terça e assim por diante.

Concordamos em uma regra inviolável: ele tinha de terminar uma tarefa antes de começar outra. Essa é a chave para ajudar o perfeccionista desestimulado que procrastina: comprometer-se a terminar uma coisa antes de começar outra.

> Comprometa-se a terminar uma coisa antes de começar outra.

Sei que soa simplista demais, mas é um princípio básico capaz de fazer maravilhas pelo perfeccionista procrastinador que tem um compromisso a cumprir. Como eu disse a George, "Lindas catedrais são construídas tijolo a tijolo".

George deve ter me escutado, porque ele realmente conseguiu mudar e até se comprometeu com um cronograma definido para resolver os impostos, um passo — e uma mesa de piquenique — por vez. A maior ironia desta história é que, depois de pagar as multas necessárias, George soube que o governo *devia* dinheiro a ele!

UM ERRO POR SEGUNDO

Lembra-se da minha irmã mais velha, Sally? Acho que você pôde notar, pela minha descrição, que Sally tinha algo de perfeccionista. Ela tenta manter o mundo constantemente alinhado, limpo e em ordem. Aqui vai apenas um exemplo do que quero dizer.

Há alguns anos, comprei uma embarcação — uma bela lancha de dezenove pés, da qual estava ansioso para desfrutar no lago Chautauqua no verão.

Eu estava orgulhoso como qualquer caçula quando coloquei meu brinquedinho novo na água e depois o guardei em segurança na doca. Mal podia esperar para mostrar a minha irmã mais velha o que tinha comprado, e não tive de esperar muito. Sally veio dirigindo de sua casa, na cidade próxima de Jamestown, e rapidamente desceu à doca para dar uma olhada na nova aquisição de seu irmãozinho.

Eu não disse uma palavra. Só dei um passo para trás e sorri de alegria, esperando seus comentários.

Sally olhou para o barco, e as primeiras palavras que saíram de sua boca não foram "Fantástico!", "Classe A!" ou quaisquer outras coisas que teriam escapado de minha boca se eu estivesse olhando para uma beleza daquelas pela primeira vez. Não. As primeiras palavras de Sally foram "Pegadas!"

Pegadas? Do que ela estava falando?

Então olhei para a parte de baixo da lancha e, sim, ali estavam elas — pegadas de lama no tapete marrom. Ao colocar a lancha na água, devo ter pisado em alguma lama e deixado a marca no tapete e também em algumas almofadas de assento.

Agora, se outra pessoa que não fosse Sally tivesse feito essa observação um tanto quanto crítica ao ver minha lancha pela primeira vez, eu teria ficado irritado. Em vez disso, simplesmente banquei o mr. Rogers e respondi: "Sim, Sally, são pegadas. Você sabe dizer 'pegadas'?".[4] Então me abaixei e tirei a lama seca com a mão.

> Quando você encontra um defeito em seu desempenho ou aparência, iguala isso a um fracasso e se coloca para baixo? Você diz a si mesmo que "fez de novo" ou que nunca faz nada direito?

Minha irmã e eu demos boas risadas, e ainda o fazemos toda vez que nos lembramos da história. Ambos sabemos que é a tendência dela, como primogênita perfeccionista, encontrar defeitos em toda situação. Não que ela seja má ou desrespeitosa. Simplesmente não consegue evitar — e, com seus comentários, ela na verdade estava tentando ajudar.

LIDANDO COM O FRACASSO

Felizmente, o perfeccionismo de Sally de fato tende mais à busca pela excelência (mais sobre isso no próximo capítulo), apesar de ela ter essa característica de encontrar defeitos. Sally não se tornou uma perfeccionista desestimulada, de forma alguma; mas muitos perfeccionistas que encontram defeitos *realmente* se tornam desencorajados e deprimidos, especialmente se falham em todos os aspectos.

E quanto a você? Quando você encontra um defeito em seu desempenho ou aparência, iguala isso a um fracasso e se coloca para baixo? Você diz a si mesmo que "fez de novo" ou que nunca faz nada direito?

O que tento dizer a clientes perfeccionistas (geralmente primogênitos ou filhos únicos) é que todo ser humano na face da terra falhou uma vez ou outra. Não importa quão inteligente, talentoso e feliz você seja, a única maneira de evitar o fracasso é ficar sentado e não fazer nada. Mas essa é uma forma de fracasso também, e é geralmente o que acontece quando um perfeccionista se torna incapacitado pelo medo de fazer tudo errado. O que você faz com o fracasso ocasional diz respeito estritamente a sua pessoa. Você pode ver o fracasso como seu inimigo mortal, algo que o detém e ameaça sua própria existência, ou pode ver o fracasso como um professor e, em alguns casos, uma bênção, pois leva a outro caminho, que o conduz ao sucesso.

> A única maneira de evitar o fracasso é ficar sentado e não fazer nada.

Seja objetivo

A chave para lidar com o fracasso e transformá-lo em professor, e não em destruidor, é olhá-lo de forma imparcial, objetiva. Bem, eu sei que é fácil dizer e fazer quando se é um caçula que não tem sequer uma célula de perfeccionismo em seu corpo. Então, se você é primeiro filho ou filho único e o fracasso realmente o incomoda, terá de atacá-lo sistematicamente com o que chamo de *disciplina cognitiva*: uma abordagem metódica e organizada de solução de problemas.

Rejeite conversas negativas consigo mesmo

Não responda com "Eu sabia que isso ia acontecer! Sempre me acontece!". Se você se ouvir pensando nesse tipo de coisa, pare e olhe a situação de perto. O que causou o fracasso? Qual foi seu primeiro erro, o que levou ao segundo e assim por diante? Você vai contra seu melhor julgamento? O que pode fazer de modo diferente da próxima vez? Quando você analisa seu fracasso ou erro, automaticamente está aprendendo e se preparando para melhorar no futuro.

Não dê ouvidos a pessoas negativas

Evidentemente, é difícil quando você falha e é bombardeado por críticas — de seu cônjuge, de pessoas da família, de seu chefe, amigos ou daquele vizinho bisbilhoteiro que parece saber tudo a seu respeito. Lembre-se de que você não tem nenhuma obrigação de acreditar ou sequer de ouvir as pessoas que o criticam ou condenam.

Se você é primogênito, tenha em mente que passou a vida toda ocupado em viver segundo os padrões dos outros. Você pode nunca ter ao menos parado para pensar no que exatamente quer da vida, ou seja, tem vivido de acordo com expectativas de pais, professores, cônjuge e por aí vai. Quando você tenta viver de acordo com as expectativas de outras pessoas, tende a acreditar em tudo o que dizem a seu respeito.

Nunca teríamos ouvido falar de algumas das pessoas mais famosas do mundo se elas tivessem dado atenção a críticas no início:

> **Você se considera bom o suficiente?**
>
> Pergunte-se:
> 1. Como lido com o fracasso?
> 2. O que digo a mim mesmo quando falho?
> 3. Em que medida deixo a opinião dos outros a meu respeito influenciar minha opinião sobre mim?

Sir Winston Churchill, o primeiro-ministro que manteve a Inglaterra a salvo durante a Segunda Guerra Mundial exclusivamente pela força de sua brilhante oratória, estava entre os piores alunos de sua classe na escola e foi reprovado nos exames de admissão de outra instituição.

Pablo Picasso, o pintor brilhante cujas obras atingiram cifras de cair o queixo, praticamente não conseguia ler nem escrever aos 10 anos, quando seu pai o tirou da escola. Então, um tutor foi chamado para instruí-lo, mas este desistiu e pediu demissão por desgosto, porque Pablo simplesmente não tinha jeito para a coisa.

Louis Pasteur não foi o primeiro aluno de sua turma de química.

Os editores disseram a Zane Grey que ele jamais seria um escritor.

Os professores de Thomas Edison concluíram que ele estava alguns passos atrás de sua turma e o expulsaram da escola. A mãe dele acabou ensinando-o em casa.

Houve um compositor de nome Beethoven cujo professor o chamou de "lerdo sem esperança".

E não vamos esquecer de Albert Einstein, cuja teoria da relatividade mudou o mundo científico. Ele se deu mal em praticamente todas as matérias do ensino médio e até tomou bomba nos exames para entrar na faculdade![5]

Sempre fico imaginando como seria a vida de Einstein quando ele era criança. A professora se inclinaria sobre o pequeno Albert em sua carteira escolar, dizendo: "Albert! O que você está *fazendo*? Você deveria estar praticando a tabuada. Que raios são essa letra *E* maiúscula e esse sinal de igual e o *mc* minúsculo com um *2* em seguida? Você não sabe quanto é 6 × 7?".

Recuse-se a sentir culpa

Mais uma coisa a ser lembrada ao combater o fracasso: você certamente também está lutando contra a culpa. Pergunte-se a si mesmo: "Eu sinto culpa na maior parte do tempo?". Para a maioria dos perfeccionistas, a resposta quase sempre é "sim". Já atendi muitas pessoas que às vezes chamo de "os colecionadores de culpa". Os erros mais comuns que cometem incluem:

- Empilhar um erro sobre o outro.
- Deixar que os filhos os manipulem.
- Levar a culpa quando outros são responsáveis.
- Entregar-se à depressão.
- Acreditar que merecem sofrer.
- Julgar a si mesmos pelo que os outros pensam deles.
- Sofrer em vez de agir para mudar as coisas.

Em outros livros, escrevi extensamente sobre como lidar com a culpa. Para mais informações, leia *Pleasers* e *When Your Best Isn't Good Enough*.[6]

CAPÍTULO 6

Perfeito — ou excelente?

Tudo bem. Ao ler o capítulo anterior você se convenceu de que o perfeccionismo não é uma maneira saudável de viver. Você agora está ciente (se não estava) de que é um perfeccionista em certo grau, e se preocupa por estar em apuros ou mesmo na corda bamba.

Parabéns! Você deu o primeiro passo no sentido de fazer uma mudança que literalmente pode salvar sua saúde ou sua vida. Pode até lhe poupar alguns amigos. Perfeccionistas desestimulados geralmente são sujeitos teimosos, dogmáticos e obstinados que se tornam conhecidos por dizerem o que pensam. E o que acontece quando você diz a todo mundo o que pensa? As pessoas de repente ficam ocupadas demais para almoçar — e para muitas outras coisas. Até mesmo seus inimigos evitam ficar por perto, nem que seja por tempo suficiente para insultá-lo.

> O que acontece quando você diz a todo mundo o que pensa? As pessoas de repente ficam ocupadas demais para almoçar — e para muitas outras coisas. Até mesmo seus inimigos evitam ficar por perto, nem que seja por tempo suficiente para insultá-lo.

E a menos que você mude sua atitude perfeccionista, não lhe fará nenhum bem a simples recomendação para que mantenha a boca fechada e aceite a situação. Experimente fazer isso e você realmente vai acabar com a sua saúde. Seu perfeccionismo vai lhe causar ansiedade, e esse sentimento, consciente ou não, tem de sair por algum lugar. Certas partes de seu corpo vão pagar caro. É por isso que tantos primogênitos e filhos únicos acabam consultando psicólogos, e os primeiros sintomas que notam são enxaquecas, problemas de estômago e dores nas costas. Eles são os tipos preocupados, aqueles que desenvolvem colite, úlcera, tiques faciais e dores de cabeça abundantes.

Agora, bem aqui, você pode estar pensando: "Imagine, dr. Leman, você está pegando um pouco pesado, não está?".

Caro dr. Leman

Não consigo me lembrar de ter rido tanto ao ler um livro de não ficção. Gargalhei — *rolei* de rir em certos parágrafos de *Mais velho, do meio ou caçula*. Você respondeu a várias questões que me assombravam há muito tempo...

Quer dicas sobre minha ordem de nascimento? Comprei seu livro depois de andar a esmo em uma livraria de Nova York no sábado passado, enquanto surtava porque a echarpe que tinha comprado um mês antes era azul-marinho — e não preta como eu pensava — e não combinava com meu novo sobretudo preto. [...].

Como se não bastasse, em meu guarda-roupa, camisas sociais estão em cabides azuis, camisas escuras à esquerda, camisas de cor clara à direita; camisas esportivas estão em cabides marrons. Estou rindo tanto disso que quase não consigo continuar escrevendo.

Com certeza você adivinhou: eu não tenho irmãos. Mas aqui vai uma coisa curiosa que descobri há alguns anos e sobre a qual quero alertá-lo. Praticamente todos os meus amigos mais próximos são primogênitos ou filhos únicos. E, com duas exceções, todos caem em grupos muito mais jovens ou muito mais velhos — algo que sempre foi notório, mas que eu nunca entendi até ler seu livro.

É claro, nunca me achei perfeccionista — longe disso. Prova: minha mesa foi, durante toda a minha carreira, uma bagunça na maior parte do tempo (mas eu posso encontrar qualquer coisa em sessenta segundos). Nunca consegui entender por que perco o controle de minha mesa com tanta frequência. Obrigado por me dar a resposta a algo que me incomodou por anos.

Apesar de tudo, é um tanto assombroso ter um estranho — você — conhecedor de tanta coisa sobre minha vida pessoal. Caramba! Dr. Leman, você não tem ideia da quantidade de esclarecimentos que seu livro me trouxe. Muito obrigado.

Edwin

(Veja que interessante: Edwin foi repórter de jornal e ascendeu até se tornar um dos cinco vice-presidentes de uma companhia de telecomunicações com ações na bolsa. Sua carta é um bom exemplo de um perfeccionista que começou a ver a luz.)

Bem, sim e não. Admito que nem todos os perfeccionistas acabam tendo problemas médicos e psicológicos sérios. Alguns funcionam com muita eficiência, mas, sob o exterior polido, aparentemente sem falhas, geralmente há uma pessoa que se pergunta por quanto tempo vai conseguir se manter à frente do bando. E essa pessoa costuma estar constantemente frustrada, talvez se perguntando: "Por que faço essas coisas compulsivas tantas vezes?". Qualquer que seja seu grau de "não ser bom o suficiente", sei que isso é um fardo e, certamente, uma fonte de estresse. E também sei, por trabalhar com centenas de perfeccionistas, que a resposta está em controlar seu perfeccionismo e encaminhá-lo para uma direção totalmente nova — mesmo que seja um passinho de cada vez.

PERFEITO *VERSUS* EXCELENTE

Muitos perfeccionistas me parariam agora mesmo e diriam: "Sim, então o que eu faço com o meu perfeccionismo? Transformo em mediocridade e fracasso?". É claro que não. A chave é aprender a distinguir entre a desesperada busca pela perfeição e a aspiração satisfatória pela excelência.

Você sabe a diferença? Responda ao questionário "Sobre você". Mais uma vez, vou esperar bem aqui enquanto você responde, antes de continuarmos.

Não é tão difícil ver que, em cada par, a primeira afirmação se refere ao perfeccionista, e a segunda, ao que aspira à excelência. Eis o porquê:

Sobre você
Cada questão tem duas afirmações. Leia cada par de enunciados e classifique um deles com E (de excelência) e o outro com P (de perfeccionismo).
☐ 1. Eu miro no topo.
☐   Eu tento fazer o melhor que posso.
☐ 2. No fim, o que conta é o resultado. Tudo o mais é papo furado.
☐   Fiz o melhor que podia e, independentemente do que acontecer, estou feliz comigo mesmo.
☐ 3. De que adianta? Não consigo fazer o que sei que sou capaz.
☐   Isso dói, mas vou continuar assim mesmo.
☐ 4. Estraguei tudo! Como pude deixar isso acontecer?
☐   Que droga! Mas eu vejo o que deu errado. Da próxima vez...
☐ 5. E se eu vacilar de novo? E se acontecer alguma coisa que eu não puder controlar? Todos vão rir.
☐   Aqui estou eu diante da mesma oportunidade. Desta vez vai ser diferente.

> ☐ 6. Eu jogo para ganhar. Ninguém se lembra de quem chega em segundo.
>
> ☐ Eu me esforço para fazer o melhor possível. E fico feliz com isso.
>
> ☐ 7. Por que as pessoas têm de ser tão negativas? Elas não sabem há quanto tempo estou trabalhando neste projeto?
>
> ☐ Eles podem estar certos. Não gosto de ouvi-los, mas pode haver alguma verdade no que estão dizendo.
>
> ☐ 8. Não vamos nos enganar. Eles adoram que eu esteja por perto porque produzo.
>
> ☐ Todo mundo gosta de ganhar, mas envolver-se no jogo e ser parte do processo é o que conta.

1. Pessoas que perseguem a perfeição ficam sempre aquém de sua ambição — isto é, o topo. Elas estabelecem metas impossíveis. Quem procura a excelência também estabelece metas, segundo seus próprios padrões altos, mas as colocam a seu alcance.

2. Perfeccionistas baseiam seu valor em suas realizações. Eles têm de produzir ou produzir. Quem procura a excelência valoriza a si mesmo simplesmente por ser quem é.

3. Perfeccionistas são facilmente assombrados pela frustração e com frequência jogam as mãos para o alto em derrota total, pois, se não podem ser perfeitos, por que tentar? Quem busca a excelência pode ficar desapontado ou magoado com um contratempo, mas não desiste: continua se movimentando no sentido da meta.

4. Perfeccionistas consideram o fracasso como o grande mal e deixam que isso os devaste. Quem busca a excelência está sempre aprendendo com seus próprios erros e fracassos; por isso, consegue fazer um trabalho melhor no futuro.

5. Perfeccionistas se lembram dos próprios erros e os mastigam como um cachorro rói um osso. Eles têm certeza de que todo mundo também se lembra daquilo e que estão prontos para atacar. Quem busca a excelência corrige seus erros e deixa que se apaguem da memória de modo a não se deprimirem no futuro.

6. Perfeccionistas só concordam em ser o número 1. Quem busca a excelência fica satisfeito consigo mesmo, pois tem certeza de que tentou o melhor que pôde.

7. Perfeccionistas temem e odeiam críticas e as evitam ou ignoram. Quem busca a excelência não gosta de críticas, mas agradece ao recebê-las, pois elas podem ajudá-los a melhorar.

8. Perfeccionistas têm de ganhar, senão sua autoimagem cai a zero. Quem busca a excelência pode terminar em segundo, terceiro, ou até menos, e sua autoimagem permanece forte.

COMO CONTROLAR O PERFECCIONISMO PROCURANDO A EXCELÊNCIA

Vi acontecerem maravilhas na vida de perfeccionistas que acompanhei e que seguiram algumas de minhas sugestões.

Leve o perfeccionismo a sério. Não se trata de um pequeno "defeito psicológico" em seu modo de ser, mas de um inimigo mortal. Eu o chamo de suicídio lento, e isso não é nem um pouco engraçado.

O perfeccionista está sempre tentando evitar críticas ou falhas e encara as duas coisas como totalmente inaceitáveis. Meu conselho é: conscientize-se de que você sempre receberá críticas, e que todos falham uma vez ou outra. Quando você não se der bem, analise a situação. Qual a pior coisa que pode decorrer de seu fracasso em fazer o que esperava? Talvez você precise de uma sintonia fina com suas metas e deixar de mirar tão alto.

> Conscientize-se de que você sempre receberá críticas, e que todos falham uma vez ou outra.

Lembre-se, há muitos grandes jogadores de beisebol na Calçada da Fama que erraram sete vezes em dez. Em outras palavras, eles acertaram 30% e, mesmo assim, alcançaram o estrelato.

Um bom batedor — alguém que bate pelo menos 30% — não se coloca para baixo ao bater para fora ou quando um jogador da defesa intercepta sua batida precisa, privando-o de sua tacada. Em vez disso, ele puxa as calças mais para cima e diz a si mesmo: "Da próxima vez você consegue a tacada". O que quer que esteja fazendo, a moral é clara: faça sua melhor tentativa e, então, *conviva com sua melhor tentativa* e fique satisfeito. Ou, para dizer de outra forma: os verdadeiros vencedores na vida pegam seus atalhos e, mesmo que batam para fora, da próxima vez eles voltam para a base de lançamento da vida e continuam gingando.

Reconheça que você tem uma necessidade quase desesperada de ser perfeito. E, ao mesmo tempo, reconheça a falácia desse tipo de pensamento. Uma vez que você *jamais* será perfeito, por que não se dar a permissão para ser *imperfeito*? Faça isso um dia por vez. Toda manhã, comece dando permissão a si mesmo para ser imperfeito.

É claro que não estou sugerindo que você se contente com a mediocridade. Acredito com toda a firmeza que o mundo precisa de certa quantidade de perfeccionistas que são muito bons no que fazem. Por exemplo, quando meu estômago começou a não funcionar direito e a dor não ia embora, acabei no pronto-socorro para uma operação de vesícula biliar. Pouco antes de me sedarem, eu disse ao anestesista (cujo nome soava como Rumpelstiltskin de trás para diante) que íamos conversar sobre a ordem de nascimento. Ele me disse em um inglês precário:

— Ordem de nascimento? Não estou familiarizado com esse termo.

— Você é o primeiro filho, não é? — questionei.

— Não — ele respondeu.

— Nãoooo??? — fiquei embasbacado.

— Sou o único filho — ele completou firmemente.

— Vamos lá! — concluí.

Como você sabe, gosto de recensear pilotos de avião para ver se eles são primogênitos, e geralmente são. Um dia, porém, tive de pegar um pequeno avião regional para um seminário sobre criação de filhos em Santa Maria, 225 quilômetros acima de Los Angeles, na costa da Califórnia. O avião era tão pequeno que acabei sentando a pouco menos de cinquenta metros dos dois caras que estavam conduzindo o avião, e não pude deixar de notar o relógio digital do piloto principal.

— Você é primogênito, não é? — eu disse.

— Na verdade, não. Sou o caçula — respondeu.

— E quanto a seu companheiro? — perguntei, começando a me sentir um tanto nervoso.

Depois de trocar algumas palavras com seu copiloto, ele se voltou e disse:

— Ele também é o mais novo!

Estávamos taxiando para decolar, e dois caçulas pilotavam o avião! Quase me joguei dali mesmo, mas o dia foi salvo quando soube que havia um intervalo de doze anos entre o piloto e o filho imediatamente mais velho que ele na família. E o copiloto tinha uma diferença de seis anos em relação ao irmão diretamente mais velho, que também era piloto.

Acalmei-me e decidi permanecer em minha poltrona. A lei das probabilidades pode ter colocado dois caçulas na cabine do avião, mas eles na verdade eram um filho único funcional e um primogênito funcional, e isso era suficientemente bom para mim. (Chegamos a Santa Maria sem problemas, e ambos os pilotos fizeram um belo trabalho, mesmo quando enfrentamos um pouco de turbulência.)[1]

Meu objetivo ao contar sobre o anestesista e os dois pilotos é mostrar que alguns tipos de personalidade se encaixam melhor em certas profissões do

Perfeito — ou excelente? **107**

que outros. Então, não me preocupo se o anestesista, os pilotos, os cirurgiões e similares se permitem ser imperfeitos — especialmente em casa, com a esposa e os filhos — pois assim eles estão procurando excelência enquanto estão no trabalho!

Faça um esforço consciente para pegar leve nas críticas a si mesmo e aos outros. Na verdade, comece pegando leve primeiro com os outros. Se você precisa dar algum *feedback*, tente separar a obra do autor, o que não é fácil. Uma boa abordagem é não dizer: "*Você* fez isso" ou "*Você* fez aquilo", mas praticar falando sobre o que aconteceu em vez disso. Diga "Agora você está entendendo. Isso parece ótimo!". Uma coisa estranha vai acontecer: conforme você relaxa com os outros, aprende a relaxar consigo mesmo!

O sentimento destrutivo que muitos perfeccionistas têm é raiva autodirigida. É por isso que são tão autocríticos. Você pode aprender a ser menos crítico se acrescentar uma margem de erro a suas tarefas e lembrar-se de que todos cometem erros.

> Conforme você relaxa com os outros, aprende a relaxar consigo mesmo!

Tenha coragem de admitir alto e bom som: "Eu estava errado". Isso pode ser a frase mais difícil para qualquer perfeccionista articular porque seu código completo vai contra a ideia de estar errado, ser "menos do que" ou imperfeito. E conforme você progredir com o "Eu estava errado", tente também duas outras frases curtas que podem ser ainda mais difíceis: "Me desculpe" e "Você me perdoa?".

Essas três frases têm ao todo oito palavras — as oito palavras mais difíceis para qualquer ordem de nascimento proferir, mas particularmente espinhosas para perfeccionistas primogênitos. Quando o perfeccionismo é sua meta, admitir que errou o alvo é difícil. É uma admissão de fracasso, e fracasso é o anátema do perfeccionista. Mas admitir erros torna você humano e acessível.

Trabalhe para criar uma pele mais grossa. Tenha consciência de que os perfeccionistas são sensíveis, admita que se trata de um padrão enraizado e lide com isso, mas não espere se livrar desse hábito da noite para o dia. Em vez disso, atente para as vezes em que você se pega sendo sensível ou defensivo demais em relação a críticas, vindas de outros ou de si mesmo.

Você vai praticar bastante a dança do "dois para a frente, um para trás". No fim do dia, você pode olhar para trás e dizer: "Eu realmente não precisava ficar tão nervoso porque me esqueci de colocar aquela carta importante no correio ou de dar aquele telefonema". Só o fato de ter consciência de quão nervoso você ficou por alguma coisa que realmente não valia a pena já é fazer progresso. Padrões enraizados não mudam da noite para o dia.

Perfeccionistas sensíveis também precisam fazer coisas agradáveis para si mesmos. Como diz o anúncio da tintura para cabelo: "Você merece". Entretanto, perfeccionistas penam para acreditar nisso. Uma mulher que atendi tinha o hábito de ir à loja de departamentos local, comprar roupas novas e então devolvê-las alguns dias depois. Essa mulher era uma perfeccionista extremamente desestimulada que sempre devolvia tudo o que comprava, dando a desculpa de que algo "não caiu muito bem".

> Admitir erros torna você humano e acessível.

Eu disse a ela que o que não estava bem era que ela pensava não merecer roupas novas porque não atingia seus padrões de perfeccionismo. Nós tivemos de trabalhar dois problemas: ela realmente precisava de roupas novas; ela realmente precisava entender que não havia problema em comprar algo novo e ficar com ele. Achar defeito em tudo o que comprava era, na verdade, uma máscara para sua crença de que não precisava de um vestido novo.

Finalmente tivemos um avanço extraordinário. Ela comprou um vestido novo e de fato ficou com ele. Depois comprou um suéter e não o devolveu. Eu soube que tínhamos saído das trevas quando seu marido finalmente me ligou e reclamou de todas as contas que estava recebendo das roupas novas da mulher!

Dê passos menores do que sua perna. Em outras palavras, não se sobrecarregue. É aí que o quadro maior começa a se tornar avassalador — um apuro típico do perfeccionista. Trabalhe então para fazer uma coisa de cada vez. Termine A antes de começar B. Sim, sempre surgirão coisas — ligações telefônicas ou emergências, maiores ou menores. O que se deve fazer é evitar colocar uma tarefa grande em um cronograma apertado (problema típico do perfeccionista porque está sempre fazendo muitas coisas e pensando que haverá tempo para todas elas). Sempre deixe espaço em sua agenda para interrupções e emergências.

> Perfeccionistas sensíveis também precisam fazer coisas agradáveis para si mesmos.

Espere menos de si mesmo. Perfeccionistas são famosos por terem expectativas irreais e estabelecerem metas fora do alcance humano. O que você pode querer tentar é o que chamo de "motivação negativa". Certa vez trabalhei com um lançador profissional de beisebol que era um perfeccionista extremo. Desde que estivesse à frente do placar, ele conseguia geralmente manter os batedores afastados; mas, quase todas as vezes que ficava para trás — três bolas e um *strike*, por exemplo — ele propositadamente evitava rebater. E se alguém cometesse um erro no campo atrás dele, esse lançador geralmente se descontrolava.

Depois de trabalharmos em várias sessões, ele foi vendido para outro time. Certo dia, tive a sorte de estar na mesma cidade em que o time desse jogador tinha uma partida. Fui ao estádio e consegui descer perto da cabine dos jogadores e atrair sua atenção. Ele ficou agradavelmente surpreso ao me ver, e eu fiquei satisfeito ao saber que ele tinha cinco vitórias e nenhuma derrota até aquele ponto da temporada.

> Trabalhe para fazer uma coisa de cada vez. Termine A antes de começar B.

"Não se preocupe, doutor", ele disse com um sorriso malicioso. "Eu nunca me esqueço do que o senhor me disse. Toda vez que saio do monte de lançamento, digo a mim mesmo: talvez hoje seja o dia em que vou errar.

Isso pode parecer um conselho maluco, mas para esse perfeccionista extremo funcionou. Ajudei-o a reconhecer que haverá dias em que ele pode chegar lá e estragar tudo. Assim que aceitou isso, foi capaz de relaxar e aproveitar todo o seu potencial porque literalmente esperava menos de si mesmo e não ficava paralisado pelo perfeccionismo.

Torne-se especialista em dizer "não". Isso é especialmente importante se você é um primogênito ou filho único que quer e precisa da aprovação dos outros.

Perfeccionistas caem na armadilha de situações nas quais eles dizem "sim" quando na verdade queriam dizer "não". Ser incapaz de dizer "não" eleva o nível de frustração do perfeccionista a ponto de ele literalmente ficar pronto para explodir.

Se você não consegue dizer "não", nunca será capaz de dizer "sim" na vida. Em outras palavras, não terá vida própria porque pessoas demais vão tirar vantagem de você e puxá-lo em dezenas de direções diferentes para conseguirem o que querem. Não estou falando de amigos para todas as horas nem mesmo de inimigos. Essas pessoas que fazem exigências pouco razoáveis de seu tempo geralmente são de sua própria família. E é mais difícil dizer ao marido ou ao filho, ou talvez a sua mãe ou a seu pai: "Não, não posso fazer isso", ou até melhor: "Não, realmente não quero fazer isso — não tem a ver comigo".

> Se você não consegue dizer não, nunca será capaz de dizer sim na vida.

Mas é incrível o que acontece se você aprende a dizer "não" de maneira muito respeitosa e gentil. Você vai parar de dizer "sim" a dores de cabeça e problemas de estômago, e as pessoas vão começar a recuar e parar de tentar tirar tanta vantagem de você.

Trabalhe para se tornar um otimista. Perfeccionistas geralmente veem o proverbial copo meio vazio. Mude a visão pessimista para outra que veja o copo meio cheio. Pensamento positivo não é um clichê que converteu os livros do dr. Norman Vincent Peale[2] em *best-sellers.* Realmente funciona porque pode ser uma das forças psicológicas mais poderosas do mundo. Então comece usando-a de formas simples. Pense e medite sobre coisas das quais você é grato. Mais importante, pense em pessoas a quem você gostaria de agradecer e por quê.

> Quando você se sentir tentado a pensar sobre o que deu errado hoje, lembre-se de que pelo menos três coisas deram certo.

Quando você se sentir tentado a pensar sobre o que deu errado hoje, lembre-se de que pelo menos três coisas deram certo. Se você não consegue pensar em nada que deu certo hoje, volte um dia no tempo. A chave é focar o que é bom, não o ruim. E pense no que pode acontecer de agradável durante os próximos dias e semanas.

Mude seu solilóquio. Mencionei isso no capítulo 5, mas vale a pena repetir porque é uma chave para controlar o perfeccionismo. Aqui vão alguns exemplos de como mudar a conversa negativa consigo mesmo por uma conversa positiva:

> Em vez de dizer "Detesto essas reuniões de equipe", diga "Não gosto muito de reuniões de equipe, mas estou ansioso por esta porque posso aprender alguma coisa".

> Em vez de dizer "Não consigo fazer isso, vou fazer papel de palhaço", diga "Posso fazer isso. Não preciso ter medo porque as outras pessoas não vão me julgar".

> Em vez de dizer "Não consigo falar na frente de um grupo", diga "Falar para grupos não é meu esporte favorito, mas estou preparado, e o que tenho a dizer desta vez é importante".[3]

Conversa positiva consigo mesmo é uma ótima ferramenta para lidar com sentimentos de inadequação e de falta de aceitação. Em vez de insistir em suas fraquezas, faça uma lista de seus pontos fortes e insista neles. Quanto a suas imperfeições, continue dizendo a si mesmo que pessoas imperfeitas podem ser muito acessíveis e apreciadas.

Livre-se dos ressentimentos. Então você foi ofendido, ou seu adorável trabalho não foi tão apreciado quanto deveria ter sido? Um ressentimento é um fardo pesado, e tudo o que faz é sugar suas energias. Note que as pessoas cometem erros e às vezes dizem coisas que não querem dizer ou se arrependem. O mundo continua rodando; então por que perder seu tempo e energia carregando esse ressentimento? Dê um tempo para si mesmo — e para a outra pessoa — e siga adiante.

Não deixe a vida apagar sua velinha. Pare por um minuto e pense em cinco entre dez lembranças de sua infância mais tenra. (Mais sobre por que isso é tão importante em *What Your Childhood Memories Say about You.*[4]) Podem ser vislumbres esmaecidos, cenas que surgem em sua mente, mas esses pequenos vislumbres dizem alguma coisa. Se não, eles não teriam ficado gravados em sua memória

> Faça uma lista de seus pontos fortes e insista neles.

por todos esses anos. Parte da psicologia de Adler diz que as memórias da infância são consistentes com a maneira como a pessoa vê a vida quando adulta. Na verdade, essas lembranças iniciais da vida — o que aconteceu, de bom ou de ruim — geralmente são simbólicos de todo o estilo de vida de uma pessoa.

Quando perguntei a um homem de 20 e poucos anos sobre suas memórias de infância, ele falou de olhar pela janela e observar os outros meninos empinarem pipas em uma brisa forte. Parecia-lhe que, conforme todas as suas lembranças, ele sempre havia estado à margem, observando as pessoas se divertirem. Esse era um dos motivos por que tinha vindo procurar minha ajuda. Basicamente, ele ainda observava a vida passar sem fazer muita coisa com seu potencial, mesmo sendo muito talentoso em várias áreas. Estava sempre desejando ser como os outros com quem se relacionava, ativo e bem-sucedido — pessoas que ele admirava e invejava.

É claro, você já adivinhou a ordem de nascimento desse jovem rapaz. Ele era o mais velho da família. E você provavelmente já adivinhou como eram seus pais — perfeccionistas e extremamente exigentes. A razão por que esse homem sofria de uma falta de autoconfiança em tentar fazer qualquer coisa era óbvia: seus pais tinham apagado sua vela com muito pouca idade.

Nem todos os primeiros e filhos únicos acabam como esse rapaz. Mas ele é um bom exemplo de como primogênitos ou filhos únicos podem se tornar perfeccionistas desestimulados. Eles têm tantas coisas pelas quais se esforçar — ambição, forte poder de concentração, capacidade de organização e planejamento excelentes e pensamento criativo. São precisos, meticulosos e têm ótima memória. Eles geralmente são percebidos como líderes e admirados pelo resto de nós. Para resumir, eles têm tudo na cabeça.

Mas ter tudo na cabeça não é garantia de não sair do equilíbrio e não se tornar vítima de seu próprio perfeccionismo. Constantemente, os perfeccionistas têm de trabalhar para ser abertos, tolerantes e pacientes — com os outros e consigo mesmos. Não acontece da noite para o dia, mas cada passo que se toma no sentido de buscar a excelência, em vez da perfeição, vai resultar em recompensas em cada área de sua vida.

CAPÍTULO 7

Primeiro e único, o superprimogênito

O filho único

Se você é um típico perfeccionista filho único, pode ter chegado a este capítulo resmungando: "Já era hora, estamos no capítulo 7 e o filho único mal foi mencionado; só vimos uma cristalização de coisas sobre primogênitos como algum tipo de órgão vestigial". (Evidentemente, por ser filho único você usa palavras que o resto de nós precisa olhar no dicionário.)

Se é isso o que você está pensando, eu compreendo. Primeiros e únicos tendem a ser críticos — e até mais do que um pouco autocentrados. Afinal, o filho único tem uma vantagem/desvantagem única: nunca teve de competir com irmãos pela atenção, preferência ou recursos dos pais.

Nessa diferença há boas e más notícias. A boa notícia é que isso ajuda a tornar o filho único mais confiante, articulado e aparentemente por cima de tudo. A má notícia é que ele nunca teve de lidar com irmãos e irmãs. O filho único não tem de compartilhar com irmãos nem de ficar em segundo lugar às vezes. Isso o deixa autocentrado logo de saída, e, dependendo de como for criado, a concha externa de confiança pode esconder alguém que se sente inferior, é rebelde e está sempre tentando provar que é bom o suficiente. Isso nos leva exatamente de volta aos sinais clássicos de um perfeccionista desestimulado.

ESTIGMAS

Filhos únicos ainda recebem acusações injustas. Uma pesquisa com estudantes universitários parece ter provado que filhos únicos são percebidos como mais autocentrados, loucos por atenção, infelizes e desagradáveis do que aqueles que cresceram com irmãos.[1] Essa pesquisa parece ter ecoado o rótulo colocado por

Alfred Adler, o psicólogo pioneiro que tornou a ordem de nascimento uma parte muito importante de sua escola de pensamento. Em um dos livros mais importantes de Adler, ele expressou esse julgamento infame: "O filho único tem dificuldades com toda atividade independente e, cedo ou tarde, se torna imprestável na vida".[2]

> O filho único tem uma vantagem/desvantagem única: nunca teve de competir com irmãos pela atenção, preferência ou recursos dos pais.

Com todo o respeito ao santo padroeiro de minha profissão, devo desafiar a afirmação de Adler em dois aspectos. Primeiro, há uma ligeira questão de gramática (o que, para um caçula como eu, não é um grande problema), mas muito mais importante é que sua tese generalista sobre filhos únicos não é verdadeira.

É difícil dizer exatamente como e por que Alfie Adler chegou a essa conclusão. Talvez ele simplesmente tenha tido um longo dia atendendo um filho único — ou, quem sabe, vários? A despeito do que tenha acontecido, ele colocou um rótulo universal incorreto em uma ordem de nascimento que trouxe alguns nomes de destaque para as calçadas da vida.

Se Adler realmente acreditasse que filhos únicos, como regra, enfrentariam problemas para ser independentes e acabariam sendo imprestáveis, ele teria uma grande dificuldade de explicar os presidentes norte-americanos Gerald Ford e Franklin D. Roosevelt, o único homem eleito quatro vezes; o destacado jornalista Ted Koppel; o extraordinário mágico David Copperfield e os ótimos jogadores de futebol americano Roger Staubach e Joe Montana, lendários *quarterbacks* da Liga Nacional de Futebol Americano.

> **Qualidades do "único"**
> Pequeno adulto aos 7 anos, muito perfeitinho, ponderado, grande empreendedor, automotivado, medroso, cauteloso, leitor voraz, pensador em preto e branco, fala demais, não suporta errar, tem expectativas muito altas de si mesmo, sente-se mais à vontade com pessoas mais velhas ou mais novas.

Outros filhos únicos cuja vida foi bastante útil incluem Leonardo da Vinci, a duquesa de Windsor, Charles Lindbergh, Indira Gandhi e Isaac Newton.

Se nos dermos ao trabalho de olhar para o mundo dos negócios, precisamos certamente considerar Robert E. Allen, presidente executivo da AT&T; Carl Icahn, mentor de algumas das maiores aquisições empresariais; e T. Boone Pickens, magnata bilionário do petróleo.

O 44º presidente dos Estados Unidos — Barack Obama — é um filho único funcional porque tem uma irmã com quem cresceu. Entretanto, sua personalidade de filho único já estava formada aos 9 anos, quando a menina, sua meia-irmã, nasceu.

"A ORDEM DE NASCIMENTO FAZ SENTIDO"

Da primeira vez que vi T. Boone Pickens, estávamos no mesmo *talk show* de TV, promovendo livros que tínhamos acabado de escrever. Enquanto esperávamos sentados no camarim para entrar, ele me viu segurando um exemplar de *Mais velho, do meio ou caçula*.

— O que é ordem de nascimento? — perguntou.

Desde que eu tinha entrado, observava Boone; então pensei em tentar adivinhar sua ordem de nascimento:

— Bem, você provavelmente é filho único, não é?

Boone olhou para mim com bastante estranheza e disse:

— Ora, sim! Como você sabia? Nós já nos encontramos?

— Sou psicólogo, e a ordem de nascimento é algo que uso em meu trabalho.

Começamos a conversar sobre ordem de nascimento e, depois de uns dez minutos de explanações, Boone estava sugerindo usos para a ordem de nascimento nos quais eu nunca pensei!

Filho único típico, Boone tem uma mente com aquela proverbial inteligência extremamente aguda.

> A primeira pessoa a quem se quer entender completamente é a si mesmo.

Ele viaja com um séquito de pessoas, mas algo ímpar aconteceu naquele dia. Boone se apresentou primeiro, antes de mim. Depois de sua participação de seis minutos no programa, seu séquito se levantou para ir buscar a limusine que os levaria ao aeroporto. Mas Boone disse: "Sentem-se todos. O dr. Leman é o próximo, e nós vamos aprender alguma coisa sobre ordem de nascimento".

Quando terminei minha fala, Boone disse algo que nunca vou esquecer: "Sabe, isso faz sentido. Grandes empresas e negócios seriam inteligentes se prestassem atenção à ordem de nascimento de todo mundo, eu diria — especialmente ao colocar certos profissionais na organização".

Nem preciso dizer que ganhei o dia com meu encontro com T. Boone Pickens. Em poucos minutos, ele tinha soltado algo que eu tentava dizer às pessoas há anos. Boone conseguiu ver que a primeira pessoa a quem se quer entender completamente é a *si mesmo*.[3] É uma grande pena que T. Boone Pickens e Alfred Adler não puderam se encontrar e bater um papo sobre filhos únicos serem condenados a uma vida imprestável!

O xis da questão aqui é que nunca é boa ideia estereotipar qualquer ordem de nascimento por algum tipo de nicho ou padrão de comportamento, ou devido ao que se ouviu, leu e então observou. É claro, alguns filhos únicos realmente ficam mimados, egoístas, preguiçosos, indiferentes e até dependentes e inúteis. Mas já atendi filhos do meio que estavam nesse barco e também caçulas que se encaixam na mesma descrição.

ALGUNS UNIGÊNITOS QUE ADMIRO

Apesar de ser caçula (e de não ter nada a ver com filhos únicos), certos unigênitos estão entre as pessoas que mais admiro no mundo. Um é Ted Koppel, o sucinto, que faz tudo certo, ex-apresentador do programa *Nightline*. Sei que o cara se aposentou. Mas, quando penso em entrevistadores que estiveram entre os maiorais, ele imediatamente vem a minha mente. É claro, ele parecia um pouco com o Howdy Doody,[4] mas era o melhor dos melhores.

Também tenho a maior consideração pelo humorista e letrista Steve Allen (primeiro apresentador do programa *The Tonight Show*), que emplacou algo como 10 mil músicas. Uma de minhas alegrias na vida foi participar de algumas noites de autógrafo com ele. Para um filho único, ele tinha um ótimo senso de humor.

Um dos maiores psicólogos do desenvolvimento dos Estados Unidos, dr. James Dobson, é uma pessoa que conheço e admiro há anos. Ouça o programa dele e você nunca ouvirá algo errado. Como filho único, ele não aceita isso!

Nem posso esquecer de mencionar Charles Gibson, antigo coapresentador de *Good Morning America*, programa para o qual fui convidado frequente como "psicólogo familiar".[5] Gibson é conhecido como "Charles" ou "Charlie", e é fácil ver por que ele não consegue se decidir. Segundo sua sequência ordinal de nascimento, ele é o caçula da família, e isso é o que explica o "Charlie" despreocupado e sedutor. Mas o irmão logo antes dele é mais de dez anos mais velho, o que automaticamente qualifica Gibson como filho único funcional. E isso explica o "Charles", que tem um jeito tão confiante e responsável.

E bem aqui no Arizona temos Pat McMahon. As pessoas que, como eu, moram no estado do Grand Canyon sabem que ele é uma das melhores personalidades de rádio e televisão em atividade.

O SEGREDO ESTÁ NO PORQUÊ

Posso continuar com minha calçada da fama de filhos únicos, mas talvez precise parar e fazer algumas perguntas óbvias:

1. De onde vieram as críticas aos filhos únicos ao longo dos anos?
2. Quais são os "contras" (ou deveria dizer "o lado sombrio"?) do filho único?

O segredo para compreender o filho único é saber *por que* ele é o único. E há duas razões principais, cada uma delas determinante, em grande medida, do destino do filho único.

A joia especial

Você pode ser um filho único "joia especial", o que significa que seus pais queriam outros filhos, mas só puderam ter um; e toda energia e atenção deles (acompanhadas de uma certa quantidade de idolatria e mimo) recaíram sobre você. Se este é o seu caso, muito provavelmente foi protegido da realidade (incluindo as consequências de seus atos) em seus anos mais iniciais. E pode muito bem ter desenvolvido um traço típico de muitos filhos únicos — sentir-se importante demais. Agora que você é adulto, é possível que se veja obrigado a lidar com o que pode ser um problema pela vida afora — ser autocentrado —, porque é difícil quebrar o padrão moldado há muito tempo por mamãe e papai. Joias especiais geralmente chegam quando os pais são mais velhos — geralmente dos 30 em diante — e fazem de seus filhos únicos o centro de seu universo.

> O segredo para compreender o filho único é saber *por que* ele é único.

Digo às joias especiais para não levarem o rótulo de autocentradas muito a sério. Elas devem ter em mente que nunca tiveram de aprender a compartilhar com irmãos; então, é bastante natural que se sintam importantes demais. Adultos filhos únicos precisam equilibrar dois extremos: evitar acreditar que são realmente mais importantes do que os outros e evitar pensar que estão sendo tratados injustamente quando as coisas não saem do jeito deles.

> Adultos filhos únicos precisam equilibrar dois extremos: evitar acreditar que são realmente mais importantes do que os outros e evitar pensar que estão sendo tratados injustamente quando as coisas não saem do jeito deles.

Plano de paternidade

A outra razão por que você pode ser filho único é que seus pais planejaram um filho só. No final dos anos 1960, quando eu estava começando a atender clientes, o filho único planejado geralmente era vítima de pais muito estruturados e fortemente disciplinados. Eles tratavam seus primeiros e únicos como pequenos adultos, sempre os pressionando para serem crescidos, maduros, responsáveis e confiáveis. Na superfície, esse tipo de filho único pode parecer muito confiante, tranquilo e calmo, mas, logo abaixo, ferve de revolta interior. Você pode ter se ressentido durante a vida toda de ter de ser um pequeno adulto e agora, ao chegar à idade adulta, é possível que esteja pronto para ceder a seus desejos (ou está no meio de um processo de autoindulgência) de uma maneira ou de outra.

Hoje as coisas mudaram. As famílias estão ficando cada vez menores, e muitos pais estão optando por ter apenas um filho. Segundo uma pesquisa do censo norte-americano divulgada em 2009, o número médio de filhos em um ambiente familiar com menos de 18 anos é 1.[6] Esses filhos únicos não são tão pressionados como costumavam ser. Eles são beneficiários de uma paternidade melhor e geralmente se tornam pessoas bem ajustadas e agradáveis, com muita iniciativa e grande autoestima.

Um psicólogo social que leciona na Universidade do Texas, em Austin, diz que "a imagem do filho único como egoísta e solitário é um exagero grosseiro da realidade".[7] A abordagem mais recente acerca do filho único defende que ele ou ela podem ter grande iniciativa e boa autoestima. Geralmente ocorre de os filhos únicos nunca terem se sentido tão solitários como se julgava.[8]

ELES QUEREM FAZER TUDO CERTO

Sejam joias especiais ou planejadas, filhos únicos são excelentes candidatos a se tornar adultos ultraperfeccionistas. Eles querem as coisas exatamente daquele jeito e, quando não conseguem, ficam frustrados, inquietos e até zangados. Eles se tornam muito impacientes ou intolerantes com pessoas que não atingem seus padrões. Silenciosa e frequentemente, filhos únicos desejam entrar, dominar e "fazer do jeito certo" (às vezes isso não é tão silencioso assim).

O tipo de personalidade que mais vejo em meu consultório é o "perfeccionista desestimulado", a pessoa que acha que tem de ser perfeita (v. capítulo 5). Essas pessoas são muito organizadas e têm altas expectativas de si mesmas e dos outros. Filhos únicos sofrem com mais severidade desse problema, mas primogênitos não ficam muito atrás.

Perfeccionistas desestimulados se apresentam em diferentes tipos e modelos, mas um dos mais prevalentes é a mulher que quer ser a salvadora da pátria. Ela sofre com os problemas dos outros e sempre quer entrar, dominar e resolver tudo. Chamo isso de "mentalidade de enfermeira", e não é coincidência que as enfermeiras geralmente sejam filhas únicas, ou pelo menos primeiras filhas da família.

Perfeccionistas desestimulados precisam perceber o intervalo entre seu eu ideal e seu eu real. O eu ideal é a pessoa que você gostaria de acreditar que os outros veem. O eu real é a pessoa que você realmente é. Eis como Kathleen, uma perfeccionista desestimulada de 41 anos, filha única, compara seu eu ideal com seu eu real.

Kathleen ideal	Kathleen real
Organizada e eficiente.	Ineficiente e desorganizada.
Feliz e alegre.	Negativa e nervosa.
Enriquecedora, capaz de trazer o melhor de quem está a minha volta.	Detalhista, desestimuladora de quem está a sua volta.
Tem uma visão realista do tempo e de quanto pode ser realizado.	Começa coisas que não podem ser feitas naquele intervalo de tempo — jamais seriam finalizadas.
Boa dona de casa.	Sempre atrasada.
Capaz de administrar a casa com eficiência.	Não consegue organizar-se ou pedir ajuda aos outros.
Enérgica e impetuosa.	Sente-se cansada na maior parte do tempo e se força a fazer as coisas.
Sexualmente agressiva e expressiva.	Cansada e mecânica.
Expectativas amorosas realistas.	Expectativas amorosas irreais, querendo ser procurada tanto quanto antes do casamento.
Bela por dentro e por isso a beleza flui para o exterior.	Cheia de raiva.
Autoconfiante independentemente do que os outros pensam.	Pergunta-se o que os outros estão pensando.
Progresso contínuo até chegar ao objetivo.	Procrastinadora, adia tudo até o último minuto.
Conclui os projetos.	Tem muitos projetos inacabados.
Mantém os armários limpos em casa.	Uma confusão total, não consegue desfazer-se de nada.
Concisa e objetiva.	É capaz de dar voltas e mais voltas.
Autoconfiante.	Precisa da aprovação dos outros.
Sente-se segura.	Precisa ser necessária.

Mesmo depois de Kathleen ter feito uma lista tão exaustiva, ela me contou que poderia ter continuado — e muito! Para um caçula não perfeccionista como eu, a lista não era só exaustiva, mas entediante! Porém, comprovou minhas suspeitas. Kathleen era, realmente, uma perfeccionista desestimulada clássica. Ela sabia exatamente como deveria ser, mas não conseguia estar à altura.

Seu marido, Russ, descreveu-a como deprimida, cheia de culpa, sensível demais, preocupadíssima, muito pressionada, constantemente em atividade, sempre tentando pôr os projetos em dia, sempre tendo de fazer a coisa certa, sempre dando passos maiores do que a perna — e sempre se sentindo um fracasso.

> Filhos únicos são excelentes candidatos a se tornar adultos ultraperfeccionistas.

Depois de olhar para o exercício de real/ideal de Kathleen, dei a ela uma sugestão para a próxima vez que começasse a ter pensamentos desestimulantes: descer do salto alto e bater com ele na lateral da cabeça algumas vezes. "Tenho certeza de que você ouviu falar do *best-seller Seja você mesmo seu melhor amigo*", disse-lhe. "Kathleen, você facilmente poderia escrever *Seja você mesmo seu pior inimigo!*"

Kathleen estava tão chafurdada em seu perfeccionismo desestimulado que nem sequer via graça no que eu tentava lhe dizer — ou seja, a verdade. Continuei explicando que ela mesma era sua pior rival porque tinha deixado vários inimigos viverem ali dentro de sua cabeça. A primeira coisa que ela precisava entender era que, ao comparar o ideal com o real, poderia chegar ao ponto crucial da personalidade do perfeccionista fracassado. Um dos inimigos de Kathleen era o idealismo que a fazia estabelecer metas extremamente altas. Quando ela não conseguia atingir essas metas, sua *percepção* de si mesma a fazia sentir-se um fracasso em todos os sentidos. Ela realmente não era tão ruim quanto sua coluna "Kathleen real" parecia dizer, mas *pensava* que era, e isso a aprisionou em sua própria cela de perfeccionismo insatisfeito.

Combatendo o buscador de falhas

A prisão de Kathleen foi criada principalmente devido à maneira como ela foi criada. Como filha única, cresceu em uma família com um pai muito desinteressado que nunca a elogiava por nada — mas que era muito bom em apontar-lhe os defeitos. Kathleen sempre sentiu que jamais estaria à altura, por mais que tentasse.

Aos 13 anos, por exemplo, ela construiu sozinha um murinho de tijolos que dava a volta no quintal de sua casa e criava um pequeno pátio. Era uma grande tarefa para qualquer um, e praticamente impossível para alguém de sua idade. Mas ela foi bem-sucedida a sua própria maneira e fez um trabalho excepcionalmente bom. Todos que viram o muro ficaram maravilhados com seu trabalho — exceto seu pai.

Quando seu pai chegou em casa após uma viagem de negócios e descobriu o murinho, ficou enraivecido. Tudo o que Kathleen tinha feito estava errado. Ele não conseguia encontrar uma coisa certa em relação ao muro ou a ela.

As coisas já iam mal o suficiente durante seu processo de desenvolvimento, mas Kathleen fortaleceu sua prisão de perfeccionismo ao escolher se casar com Russ. Ele era elegante, bom em seu trabalho e muito bem-sucedido. Também era primogênito e muito inseguro, porque sempre sentiu que não estaria à altura. Russ era uma combinação interessante, quase um paradoxo — ele era muito crítico e buscador de falhas, mas ao mesmo tempo não queria nenhum conflito. O resultado foi que desaprovava Kathleen, mas nunca disse muita coisa. A comunicação era quase zero.

Dessa forma, Russ era absolutamente inepto para prover Kathleen do que ela realmente precisava na vida: um marido com quem pudesse compartilhar pensamentos e sentimentos íntimos. O forte de Kathleen, porém, era manter as expectativas altas e então fazer que Russ não as atingisse. Mas, em vez de confrontá-lo, ela voltava os indícios contra si mesma e ficava cada vez mais convencida de não ser uma boa pessoa. Sempre que Russ não atingia suas expectativas elevadas como marido, Kathleen não dizia a si mesma que Russ era terrível; em vez disso, afirmava a si mesma que ela era terrível e que, se

> **O que é ideal?**
> **O que é real?**
>
> 1. Do lado esquerdo de um pedaço de papel, faça uma lista das maneiras como você gostaria de ser vista pelos outros. Chame a lista de "Eu ideal".
> 2. Agora, chame a coluna à direita de "Eu real". Para cada item na lista à esquerda, escreva suas reais maneiras, aquelas como se mostra aos outros.
> 3. Avalie as duas listas. Qual a discrepância existente entre o ideal e o real?
> 4. Você se chamaria de perfeccionista desestimulado? Por que sim ou por que não?

fosse uma pessoa melhor, Russ se comportaria de outra forma!

Como parte de seu programa de terapia, trouxemos Russ ao consultório; eu o ajudei a articular seus sentimentos, primeiro sozinho comigo e em seguida diante de Kathleen. Foi uma revelação para ele quando tomou consciência de que estava cheio de sentimentos, mas nunca tinha aprendido a deixá-los sair. Ele sempre "desaprovara" Kathleen em silêncio, e ela sentia isso, o que só a deixava mais afundada em seu perfeccionismo desestimulado. Quando eles finalmente começaram a conversar, muitas coisas se esclareceram rapidamente.

Algo que eles aprenderam juntos foi que Russ era um controlador e que Kathleen era uma pessoa que gostava de agradar (v. capítulo 12). Uma das razões por trás da relutância de Russ em demonstrar seus sentimentos é que ele tinha medo de ser rejeitado pela esposa se lhe contasse como se sentia. Essa é uma característica clássica de alguns controladores que têm dificuldade de compartilhar seus sentimentos, por medo de serem rejeitados.

Em contrapartida, sendo alguém que gosta de agradar, Kathleen tinha certeza de que jamais poderia dizer "não" a alguém, que odeia fazer tudo para todos e precisava se colocar sempre em segundo plano, deixando o mundo inteiro em primeiro. Foi excepcionalmente gratificante ajudar Kathleen e Russ a descobrir que podiam compartilhar seus sentimentos e amar um ao outro da maneira como eram.

Como Kathleen tinha esse jeito superbajulador, parte importante de sua terapia foi fazê-la aprender a dizer a palavra "não". Sua inabilidade de negar a fez desenvolver uma propensão avassaladora a comprometer-se com mais do que conseguia lidar. Tive literalmente de discutir com ela para que concordasse em eliminar coisas de sua vida que eram realmente excessivas. Ela era extremamente ativa em sua comunidade religiosa e no bairro, tinha decidido ensinar dois filhos em casa e estava tentando manter um trabalho de meio-período durante 22 horas por semana.

Não há meios, é claro, de um ser humano fazer tudo isso satisfatoriamente. Kathleen não tinha tempo para si mesma, muito menos para Russ. Mas esse era seu estilo, e ela chegou à beira do abismo. Foi quando veio me procurar.

— Como é que vou conseguir dar conta? — Kathleen me perguntou em uma das sessões.

— Minha prescrição geral, Kathleen, é que você tem de abrir mão de certas coisas, ou vai cair dura.

Kathleen tinha algumas decisões difíceis para tomar, e tudo começou com a prática de tratar melhor a si mesma. De todas as mudanças que ela fez, as mais significativas focavam em recuar e dizer "não" a um mundo que a pressionava constantemente com exigências como "Eu sei que você está ocupada, mas você é realmente a única pessoa que conhecemos que pode resolver isso".

Antes de procurar ajuda, Kathleen corria o risco de corresponder à profecia de Alfred Adler segundo a qual os filhos únicos se sentem imprestáveis e lhes falta independência. Achei irônico que, enquanto Adler era tão negativo com filhos únicos, uma de minhas clientes — filha única — preenchesse outra das alegações dele: não é importante a posição em que você nasce na família. Sua sequência particular de nascimento só significa que você se desenvolveu em um determinado ambiente. Quando adulto, você pode reconhecer suas características e tomar medidas práticas para enfatizar seus pontos fortes e fortalecer os fracos.[9]

Kathleen, a desestimulada buscadora da perfeição, tornou-se uma aspirante à excelência muito mais relaxada. Ela provou que *sempre* há esperança, mesmo para uma filha única cujo pai insensível e crítico a transformara em uma perfeccionista totalmente desanimada. Considero Kathleen uma das vitórias reais em minha carreira de terapeuta.

Como Edwin venceu o obstáculo

Outra história de sucesso, na qual gosto de pensar que fiz parte, foi a de Edwin, o unigênito superperfeccionista que você conheceu no capítulo 6.

Depois de ler *Mais velho, do meio ou caçula* e escrever para me agradecer por explicar por que e como ele era um filho único tão perfeccionista, perguntei se ele se importaria de contribuir com alguns pensamentos sobre os princípios da ordem de nascimento no mundo dos negócios. Passaram-se vários meses sem que ele respondesse, e pensei que talvez tivesse se esquecido. Então lhe enviei outra mensagem para renovar meu pedido.

Duas semanas depois, Edwin escreveu de volta, listando de maneira incansável uma gama incrível de responsabilidades, tarefas e crises que estava enfrentando como vice-presidente. Ele disse que minha primeira carta descansava em segurança em uma de suas pilhas, a que estava perto do sofá. Mas agora os prazos e crises tinham passado, inclusive o fato de sua faxineira ter pendurado suas camisas sociais em cabides *azuis* em vez de *marrons*. Ele tinha mantido a faxineira apesar desse erro evidente e havia se livrado de todos os cabides marrons, de forma que agora todas as suas camisas, sociais ou esporte, ficavam em cabides azuis. Finalmente, ele estava pronto para lidar com as perguntas que lhe fiz, e disse que responderia logo.

Francamente, eu não fiquei tão otimista. Era óbvio que Edwin ainda estava andando em um ritmo frenético e dizendo "sim" para muitas das demandas insaciáveis da vida. E parecia estar gostando de todas essas pressões, o que geralmente é verdade no caso de perfeccionistas, até que começam a sofrer de esgotamento. Mesmo assim, era possível ver que Edwin fazia um pequeno progresso. Trocar todos os cabides de suas camisas para azuis parece engraçado e um tanto excêntrico, mas vi isso como um passinho no sentido de minimizar a rigidez menor.

Acontece que o "logo" durou vários meses, o que sugeria que Edwin ainda estava apegado ao hábito perfeccionista de procrastinar. Finalmente, ele de fato enviou as respostas a minhas questões, incluindo esta: "Você é vice-presidente. Como acha que o perfeccionismo o ajuda ou prejudica no trabalho?".

Eis aqui sua resposta perspicaz:

> Aspirar ao perfeccionismo ajuda porque você rapidamente constrói uma reputação de fazer um trabalho de qualidade. Quando o chefe tem uma tarefa especialmente importante, a quem ele vai designá-la? Isso mesmo, à pessoa que, conforme experiências anteriores, vai fazer o melhor trabalho...

Lembro-me de ter recebido uma série de tarefas no início de minha carreira. Não era capaz de executá-las no horário normal de oito horas de trabalho, e investi uma quantidade considerável de horas extras não remuneradas. Fui criticado por isso por meus colegas. Nem pensava em horas extras — simplesmente queria fazer o melhor trabalho possível. Honestamente, nem sequer pensei que esse trabalho me levaria a uma promoção ou aumento (o que aconteceu). Estava só tentando fazer o melhor trabalho que fosse capaz de executar.

Perfeccionismo atrapalha, porém, porque você exige a mesma perfeição de seus colegas e subordinados. Ocasionalmente, surgem ressentimentos. Costumava ficar desapontado e nervoso com facilidade quando via que ninguém dava 100% de si. Agora percebo que, qualquer que seja a razão, nem todas as pessoas têm a mesma motivação.

Quando perguntei a Edwin se ele achava que estava obtendo algum progresso em relação a sua mesa (e poltrona) bagunçada, ele disse:

> Até ler *Mais velho, do meio ou caçula*, pensava que perdia o controle sobre minha mesa porque mudava de projeto para projeto durante o dia, colocando pastas sobre pastas, em uma tentativa desesperada de manter o fluxo de trabalho em movimento e não interromper o ímpeto perdendo tempo em reordenar as coisas.
>
> Entretanto, agora compreendo que isso é simplesmente meu mecanismo de defesa para tentar convencer o mundo de que não sou de fato um perfeccionista. Dessa forma, tenho menos probabilidade de ser criticado. Filhos únicos, você sabe, não querem ser criticados, nem mesmo por serem perfeccionistas! E eu também não me critico pela bagunça na mesa. A situação melhorou desde que li *Mais velho, do meio ou caçula*.

Edwin sempre lutará contra seu perfeccionismo, mas está fazendo progressos reais que vão além de melhorar sua "mesa bagunçada". Quando respondeu ao questionário "Você é um perfeccionista?" (capítulo 5), Edwin marcou mais de 20 pontos, o que significa que estava perto de ser um perfeccionista extremo, mas, quando preencheu o questionário "Sobre você" (a comparação entre perfeccionismo e excelência, no capítulo 6), claramente demonstrou que sabia a diferença e estava indo para o lado da excelência com muito mais assiduidade do que costumava. Ele me disse:

> Busco a excelência, não a perfeição. Há uma diferença. Eu aspiro à excelência, sabendo que a perfeição significa impecabilidade.

Vamos dizer que estivéssemos considerando uma aquisição, e o tempo fosse curto. Meu "relatório de instruções" para o grupo de aquisições seria extensivo e completo — cobrindo toda a pesquisa e os fatos — mas não seria necessariamente perfeito. Posso incluir meus gráficos feitos à mão (sou péssimo desenhista), e não gráficos brilhantes, feitos no computador; algumas letras T podem não estar cortadas, mas a informação estará correta, completa e pontual. Será um relatório excelente, mas não perfeito.

A última linha dessa nota de Edwin me diz claramente que ele ultrapassou a barreira da perfeição. Ele pode fazer um relatório menos-que-perfeito, com um ou outro erro de digitação e gráficos feitos à mão, e ainda assim chamá-lo de excelente porque cumpre o que deve — fornecer informações. Edwin finalmente entendeu o sentido. Seu objetivo é fazer o melhor trabalho possível com altos padrões, mais do que transformar todo trabalho em um monumento à glorificação de seu perfeccionismo.

> Reduza a altura da barra de saltos de sua vida.

Se um dia eu administrasse um negócio maior que precisasse das habilidades de Edwin, eu o contrataria num piscar de olhos. Qualquer companhia teria sorte ao colocá-lo no cargo de vice-presidente ou até presidente executivo, porque sua luta contra o perfeccionismo — e seus colegas menos-que-perfeitos — fez dele uma pessoa mais compreensiva e versátil que, mesmo assim, quer fazer o melhor trabalho possível.[10]

Mas, é claro, Edwin não é perfeito. Se você quer um nariz sangrando, tente chamá-lo de Eddie. É interessante: em se tratando de primogênitos ou filhos únicos, você pode se lembrar de uma Jennifer, um Robert ou uma Suzanne que odeiam ser chamados de Jenny, Bobby ou Suzie.

UMA ÚLTIMA PALAVRA

Um pequeno conselho que dou a todos os perfeccionistas e especialmente aos filhos únicos é: reduza a altura da barra de saltos de sua vida.

Não foram os outros que colocaram a barra em posição tão alta — *você* colocou, ao buscar a perfeição e tornar o sucesso real impossível. Quando você aprende a contentar-se com a excelência, porém, a vida fica mais satisfatória, feliz e gratificante, e você transpõe a barra e muito mais!

Avaliando seus pontos fortes e fracos

Você é um filho único que luta contra a perfeição? Em que áreas você tem dificuldade? Em que áreas é bem-sucedido? Ao terminarmos este capítulo, dê uma olhada no quadro "Pontos fortes e fracos de filhos únicos", a seguir.

126 Mais velho, do meio ou caçula

1. Invista alguns minutos para avaliar cada característica. Decida se cada uma delas é um ponto forte ou fraco.
2. Se a característica é um ponto fraco, que mudanças você pode fazer para melhorar nessa área?
3. Se é um ponto forte, como você pode capitalizar essa força e desenvolvê-la ainda mais?

Pontos fortes e fracos dos filhos únicos

Características típicas	Pontos fortes	Pontos fracos
Confiante, seguro	Confia na própria opinião, não tem medo de tomar decisões.	Pode ser autocentrado ao ser tratado pelos pais como "centro do Universo"; e também medroso e ambivalente ao tentar coisas novas.
Perfeccionista	Sempre faz a coisa certa e não deixa pedra sobre pedra para concluir um trabalho.	Tende a criticar demais a si mesmo e/ou aos outros; nunca está satisfeito; pode procrastinar por temer não conseguir fazer um "trabalho bom o suficiente".
Organizado	Tem tudo sob controle; sempre está à frente das coisas; tende a cumprir prazos e cronogramas.	Pode se preocupar demais com ordem, processos e regras, e não ser flexível quando necessário; pode demonstrar muita impaciência com qualquer um que seja "desorganizado" ou não tão meticuloso; pode ficar nervoso com surpresas.
Condutor	Ambicioso, empreendedor, enérgico, chega a se sacrificar para ter sucesso.	Coloca a si mesmo sob muito estresse e pressão ou o faz com os colegas de trabalho.
Fazedor de listas	Estabelece metas e as atinge; tende a fazer mais coisas do que os outros em um dia; planejar o dia é tudo.	Pode se tornar rígido demais, ocupado demais com a lista de afazeres para ver o conjunto e o que precisa ser feito na hora.
Lógico	Conhecido como pensador meticuloso; pode ser considerado não compulsivo e alguém que não fala sem pensar.	Pode acreditar que está sempre certo e não presta atenção a opiniões mais intuitivas dos outros.
Erudito	Tende a ser um leitor voraz e acumulador de informações e fatos; bom solucionador de problemas, reflete muito sobre as coisas.	Pode passar muito tempo recolhendo fatos quando há outras coisas a fazer; pode ser tão sério que não consegue ver graça em situações em que o humor é desesperadamente necessário.

Pergunte-se

1. Estou aprendendo a dar passos menores e não esperar muito de mim? Em que exemplos recentes consigo pensar?
2. Estou criando tempo e espaço para mim em minha agenda? Como sei disso?
3. Estou desenvolvendo amigos mais jovens ou mais velhos em vez de pessoas da minha própria idade? (Liste a idade de seus amigos. Quem o trata com carinho? Quem discute com você?)
4. Quanto sou egoísta e autocentrado, de verdade? O que posso fazer para colocar os outros em primeiro lugar, ajudá-los e ser menos crítico?
5. Eu entendo e realmente acredito que ninguém é perfeito?
6. Eu entendo e de fato acredito que meus padrões naturalmente altos precisam ser mais razoáveis e menos excessivos?
7. Eu entendo que realmente não consigo fazer tudo sozinho? Em que exemplos recentes de dependência dos outros consigo pensar?
8. Estou trabalhando em meus solilóquios. Quais são os exemplos recentes de transformação dessas falas negativas comigo mesmo em falas positivas?

CAPÍTULO 8

Ninguém me respeita

O filho do meio

Passamos um bom tempo nos primogênitos e filhos únicos e no castigo deles, o perfeccionismo. Mas, se você nasceu depois e caiu em algum lugar daquela categoria nebulosa dos "filhos do meio", pode estar um tanto irritado agora (mas não surpreso) com a falta de atenção. Você pode até estar dizendo: "Muito provavelmente ele vai me deixar por último. E nisso não há novidade. Essa é a história da minha vida!".

É bastante normal para um filho do meio sentir-se deixado de fora, ignorado ou até insultado. Depois que a primeira edição de *Mais velho, do meio ou caçula* foi publicada, recebi várias cartas de reclamações moderadas de filhos do meio. Aqui vai uma amostra.

Compartilhando a opinião do que sempre pensei ser uma tentativa do filho do meio de zombar um pouco, eu responderia a essas reclamações escrevendo de volta com um tanto de ironia:

> Contei o número de páginas em *Mais velho, do meio ou caçula* e foram dedicadas menos páginas aos filhos do meio do que a qualquer outra ordem de nascimento!
>
> O que está havendo?
>
> Sentindo-me ignorado,
>
> Leitor Filho do Meio

Caro dr. Leman

Caro Filho do Meio:

E daí? Qual é o problema? Além do mais, você já está acostumado com isso! Vá à luta!

Tenha um feliz álbum de fotografias de família,

dr. Leman

UM TANTO MISTERIOSOS

Mas, brincadeiras à parte, o filho do meio realmente tem menos páginas neste livro do que as demais ordens de nascimento.[1] Um motivo para essa ligeira omissão é que nós, psicólogos, não conhecemos muito os filhos do meio. Na verdade, eles são um tanto misteriosos.

Apesar de ter atendido menos filhos do meio do que caçulas, já falei com uma quantidade suficiente deles ao longo dos anos para ver um padrão clássico emergindo: a definição oficial de filho do meio é a pessoa que nasceu em algum lugar entre o primeiro, ou mais velho, da família e o último, o verdadeiro caçula. O resultado disso é que os filhos do meio sentem que nasceram *tarde demais* para conseguir os privilégios e o tratamento especial que o primogênito parece ter herdado por direito, e *cedo demais* para desfrutar da mina de ouro que muitos caçulas desfrutam — com a disciplina mais frouxa dos pais.

Não estou sozinho quando digo que os filhos do meio são um mistério. Muitos artigos e livros foram escritos sobre eles, e um dos melhores é *First Child, Second Child*, de Bradford Wilson e George Edington. Os autores admitem que, de todas as posições na sequência de nascimento, o "'estar no meio' é a mais difícil de definir, e mais ainda de descrever ou generalizar de alguma maneira significativa".[2]

Um motivo para toda essa nebulosidade é que o termo *meio* pode significar muitas coisas. O filho do meio típico pode ser o segundo de três, o terceiro de quatro, ou o quarto de cinco, e por aí vai. Alguns autores entram em muitos detalhes ao categorizar diferentes filhos do meio. Em minha prática de atendimento, porém, descobri que filhos do meio e *segundos filhos* têm muito em comum e são geralmente a mesma coisa, porque muitas famílias param no terceiro filho. Para os propósitos deste capítulo, vamos colocar os segundos filhos e os filhos do meio no mesmo grupo e referir-nos a eles como "filhos do meio". No capítulo 14 discutiremos o segundo filho de dois de uma maneira mais completa quando falarmos sobre criação em famílias de dois filhos.

> Cada filho olha para *cima*, mede seu irmão mais velho e molda sua vida de acordo com o que vê.

O EFEITO RAMIFICAÇÃO

Quando se fala sobre filhos do meio, o fator mais crítico é o efeito ramificação que sempre entra em ação nas famílias. O princípio diz que o segundo filho será influenciado mais diretamente pelo primeiro, o terceiro será influenciado mais diretamente pelo segundo, e assim por diante. Por "influenciado", quero dizer simplesmente que cada filho olha para *cima*, mede seu irmão mais velho e molda sua vida de acordo com o que vê.

O segundo filho tem o primeiro como modelo de comportamento e, conforme assiste ao primeiro em ação, desenvolve seu próprio estilo de vida. Como o irmão mais velho geralmente é mais forte, mais inteligente e obviamente maior, o segundo tipicamente sai correndo para o outro lado. Se, no entanto, ele sente que consegue competir com o irmão mais velho, pode fazer isso. Se competir suficientemente bem, pode haver uma inversão de papéis, algo que já discutimos quando tratamos das variáveis da sequência de nascimento.

> Toda vez que um segundo filho chega à família, seu estilo de vida é determinado pelo modo como percebe seu irmão mais velho.

O segundo filho pode, para todos os efeitos, assumir o prestígio, os privilégios e as responsabilidades do primogênito. Foi o que aconteceu com Richard Nixon, segundo filho de cinco homens. Como seu irmão quatro anos mais velho era doente, a carga de responsabilidade geralmente recaía sobre os ombros de Richard. Mas, em contrapartida, Nixon manteve várias qualidades de "filho do meio" que lhe foram muito úteis mais tarde.[3]

Toda vez que um segundo filho chega à família, seu estilo de vida é determinado pelo modo como percebe seu irmão mais velho. O segundo filho pode ser alguém que quer agradar ou um antagonista. É possível que se torne uma vítima ou um mártir. Pode se tornar manipulador ou controlador. Todo tipo de estilos de vida pode aparecer, mas *sempre há relação com o irmão mais velho*. A conclusão geral de todos os estudos feitos sobre sequência de nascimento é que os segundos filhos provavelmente serão o oposto dos primeiros.

PENSE EM "CONTRADIÇÕES"

Como os filhos mais novos vão no sentido contrário daqueles que nasceram imediatamente antes deles, não há uma maneira infalível de predizer em que direção podem ir ou como sua personalidade se desenvolverá. Observei muitos gráficos que listam características de filhos do meio e descobri neles um exercício do paradoxo. Um exemplo desses gráficos aparece a seguir, contendo duas colunas com palavras e frases que podem ser muito típicas do filho do meio. As colunas da esquerda e da direita foram organizadas para ilustrar algumas das contradições diretas que se pode encontrar nessa posição de nascimento.

Filho do meio: paradoxo inconsistente	
Solitário, calado, tímido	Sociável, amistoso, expansivo
Impaciente, geralmente frustrado	Leva a vida numa boa, despreocupado
Muito competitivo	Fácil de lidar, não competitivo
Rebelde, ovelha negra da família	Pacificador, mediador
Agressivo, um guerreiro	Evita conflitos

A moral da história é que o filho do meio é um "se" ambulante — produto das muitas pressões que vêm de diferentes direções. Mais do que ocorre com qualquer outra ordem de nascimento, você precisa olhar para toda a família para entender um filho do meio específico. O que ele acaba sendo no final é algo quase tão previsível quanto o clima em São Paulo. De muitas maneiras, o filho do meio continua sendo um mistério.

FILHOS DO MEIO SABEM COMO RODNEY SE SENTE

Há uma coisa, porém, que não é tão misteriosa em relação a filhos do meio: eles geralmente se sentem espremidos entre o que vem antes e o que vem depois. Você pode ter notado que o título desta parte parafraseia a famosa citação do comediante Rodney Dangerfield: "Ninguém me respeita!".[4] Muitos filhos do meio diriam que se identificam com isso.

Qualidades de um filho do meio

Mediador, comprometido, diplomático, evita conflitos, independente, leal aos parceiros, tem muitos amigos, revolucionário, reservado, não é mimado

Uma grande quantidade de filhos do meio me disse que não se sentia tão especial enquanto crescia. "Meu irmão mais velho recebeu toda a glória, e minha irmã mais nova toda a atenção, e então havia eu" é uma avaliação bem familiar.

De alguma forma, parece simplesmente não haver muita consciência por parte dos pais acerca da necessidade do filho do meio de um lugar na hierarquia do galinheiro. A seguinte cena vem de um trabalho de ficção, mas é totalmente real para muitos filhos do meio:

Quando Mama apresentava Sylvie [...] ela sempre dizia: "Esta é Sylvie, minha filha mais velha". ...

Quando Mama apresentava Rufus [...] ela dizia: "Este é Rufus, o caçula da família".

E quando Mama apresentava Joey às pessoas, ela dizia: "Este é Joey, meu filho mais velho."...

Mas quando Mama apresentava Jane, ela dizia simplesmente: "Esta é Jane". Porque Mama não tinha se dado conta de que Jane era a Moffat do meio. Ninguém tinha se dado conta disso, exceto Jane.[5]

Se eu quiser provocar a fúria de um filho do meio, tudo o que preciso dizer é "álbum de fotografias de família". Eles riem, mas geralmente é um riso sardônico. O álbum de fotografias de família geralmente contém uma sólida prova de que mamãe e papai relegaram o filho do meio ao pano de fundo. Deve haver umas 2 mil fotos do primogênito e treze do filho do meio. O segundo filho, em particular, parece ser vítima

> Se eu quiser provocar a fúria de um filho do meio, tudo o que preciso dizer é "álbum de fotografias de família".

desse estranho fenômeno. É quase como se mamãe e papai tivessem tido o primeiro filho e tirassem fotos a torto e a direito. Então, quando o segundo filho chega, ou eles estão dependendo do seguro-desemprego e não podem comprar filme, ou a câmera quebrou e não foi consertada até que a "princesinha caçula" chegou.

Imagine a cena. A garota de 13 anos cai de amores pela primeira vez e quer dar ao namorado uma foto sua. Ela chega para a mãe e diz: "Ei, mãe, não existem fotos minhas sem *ela*?". Mamãe parece estar um pouco desgostosa e tem de balançar a cabeça em negativa. Então, o novo namorado consegue a foto — cuidadosamente recortada de modo que mal se vê o sovaco da irmã mais velha!

A IMPORTÂNCIA DOS AMIGOS

Filhos do meio com frequência têm mais relação com seus colegas do que qualquer outro membro da família. Isso realmente não é surpresa porque os do meio geralmente se sentem como uma quinta roda, que está fora de lugar e é mal compreendida em casa, ou como um tipo de resto de comida que sempre é ignorado ou desprezado pelos irmãos mais velhos ou mais novos.

Não é de surpreender, portanto, que os amigos se tornem muito importantes para o filho do meio, porque eles o fazem sentir especial. Em casa, o primogênito é especial porque é o primeiro. O último é especial porque representa o fim da linha. O do meio? É o "bom e velho John" ou "simplesmente a Maria".

Existe uma teoria psicológica que diz que seres humanos funcionam segundo três motivações naturais:

1. Para obter recompensas e reconhecimento.
2. Para evitar a dor e o perigo.
3. Para se igualar.[6]

Toda posição de nascimento tem essas três motivações atuando na vida, mas é especialmente interessante acompanhar seu efeito no comportamento de um filho do meio típico.

Para obter recompensas e reconhecimento, o espremido filho do meio sai da família para criar outro tipo de "família" na qual possa se sentir especial. Primogênitos usualmente têm poucos amigos. Filhos do meio em geral têm muitos.

Que triste, você pode dizer, que o filho do meio tenha de sair da família para ser reconhecido e sentir-se aceito. Mas não derrame suas lágrimas por nossa borboleta social. Todas essas relações vão compensar mais tarde; eu explicarei isso em um instante.

Para evitar a dor e o perigo de ser um estranho na família, o filho do meio sai de casa antes. Não quero dizer que fuja ou se voluntarie a ir para o colégio interno, mas faz amigos mais rapidamente na escola e na vizinhança. Cansado de ouvir "Você é muito pequeno" quando procura os mesmos privilégios do mais velho, e cheio de ouvir "Você é muito grande" quando choraminga por um pouco de amor e carinho como os recebidos pelo mais novo, o filho do meio vai para onde está "a idade certa" — ao grupo de colegas.

> Primogênitos usualmente têm poucos amigos. Filhos do meio em geral têm muitos.

Para se igualar, pelo menos um pouquinho, em razão daqueles sentimentos de falta de raízes, o filho do meio se torna um espírito livre. Ele se dá o direito de rejeitar as regras da família, ao menos em parte, quando escolhe valores de outros grupos como parâmetro. Pode ser um time (filhos do meio são ótimos jogadores em equipe), um clube ou um grupo de colegas com quem ele sai. O importante é que o filho do meio vivencia o grupo como sendo *seu*, algo que sua família não consegue controlar ou segurar de forma alguma.

Devido a essa busca precoce por amigos e reconhecimento fora de casa enquanto se desenvolve, o filho do meio pode ser um desses que se mudam para longe da família depois de adultos. Isso foi graficamente ilustrado durante uma de minhas aparições no programa da Oprah. Três irmãs também estavam no programa como exemplo da forma como a ordem de nascimento age com elas. Quando calhou de eu afirmar que o filho do meio é o que mais provavelmente se muda para longe da família, a mais velha e a mais nova gargalharam de satisfação. Elas sempre tinham morado em Nova Jersey, perto dos pais e do resto da família. A filha do meio, que tinha muitos amigos, havia decolado para fazer sua própria vida na Califórnia.

ELES GERALMENTE SÃO BONS MEDIADORES

É claro, alguns filhos do meio escolhem outras maneiras de fazer frente a suas necessidades de obter reconhecimento, evitar a dor e se igualar. Eles podem preferir se tornar mediadores e até são manipuladores por vezes. Como não podem ter mamãe e papai só para eles e precisam se virar, aprendem a negociar e a se comprometer. E, obviamente, essas não são habilidades ruins para se aproveitar mais tarde na vida. (Se você está entendendo a mensagem de que os filhos do meio podem se tornar os adultos mais bem ajustados da família, está certo, mas falarei mais sobre isso depois.)

Porém, se o filho do meio é muito cordato e não está nem um pouco interessado em confrontos ou conflitos, a propensão à negociação e ao comprometimento pode sair pela culatra. Já deparei com mais de uma supermãe ou superesposa filhas do meio que vieram me procurar em busca de aconselhamento com o mesmo problema: o marido está tendo outro caso (com uma mulher mais jovem e mais atraente, é claro), mas a mulher segunda filha está aguentando firme — outra vez.

Ela tem muitas opções — sair de casa, encaminhar os papéis do divórcio, confrontar a outra mulher — mas não quer realmente fazer nada. Ela cresceu para agradar, sempre evitando balançar o barco. Agora ela se tornou uma vítima e cede aos pensamentos de vítima. Ela vai segurar firme seu maridão até o triste final, e ele sabe disso.

Donald Trump: negócios são sua expressão artística

Em contrapartida, o filho do meio agressivo e competitivo pode usar suas habilidades para negociar e mediar, tornando-se, assim, um empreendedor talentoso. Possivelmente, o exemplo mais notável disso é Donald Trump, um dos mais extravagantes e espertos negociadores do mercado imobiliário nos séculos 20 e 21.

Trump é o quarto filho de cinco, e antes dele havia duas irmãs mais velhas e um irmão primogênito, Freddy Jr. Papai Trump estava preparando Freddy Jr. para assumir seus negócios e seguir seus passos como construtor e administrador ambicioso de enormes prédios de apartamentos em Nova York, mas havia um problema. Freddy Jr. era um primogênito complacente e cordato, que gostava de agradar. Donald, oito anos mais novo que seu irmão mais velho, assumiu a posição de sucessor do pai mais ou menos automaticamente, e sua carreira no mercado imobiliário teve início.

Isso soa como inversão de papéis, mas não é. Para ter realmente um papel inverso, Donald teria de ter dois anos de diferença de Freddy. Em vez disso, como havia um intervalo de oito anos entre Freddy, o primeiro filho, e Donald, o seguinte homem a nascer na família, Donald foi capaz de desenvolver muitas qualidades de primogênito por conta própria, apesar de ter duas irmãs mais velhas. Os Trump são um bom exemplo de como um intervalo grande entre filhos do mesmo sexo pode fazer uma diferença enorme nos papéis que eles eventualmente desempenham na família.

Quando faço seminários, as pessoas às vezes chegam até mim e dizem: "Sou filho do meio, mas tenho um monte de qualidades de primogênito também". Quando começo a sondar um pouco as relações familiares, geralmente descubro uma situação semelhante à de Donald Trump, que se tornou um primogênito funcional devido a certas variáveis atuantes em sua família.

Em sua autobiografia, Trump fala sobre fazer negócios:

> Não os faço por dinheiro. Tenho o suficiente, muito mais do que jamais precisarei. Faço para que sejam feitos. Negócios são minha expressão artística. Outras pessoas pintam telas lindamente ou escrevem poesias maravilhosas. Gosto de fazer negócios, preferencialmente os grandes. É assim que aproveito a vida. [...] A excitação verdadeira é participar do jogo. Não passo muito tempo me preocupando com o que deveria ter feito de outra maneira, ou com o que vai acontecer depois. Se você me perguntar exatamente [...] em que os negócios todos resultam, não tenho certeza de ter uma resposta muito boa. Exceto que sou muito bom em fazê-los.[7]

Nixon e Bush (o pai): tarimbados em diplomacia

Se eu lhe perguntasse o nome de dois presidentes dos Estados Unidos do século 20 considerados talentosos em assuntos internacionais e diplomacia, quem viria a sua cabeça? Muitos observadores políticos diriam Richard Nixon e George Bush. E acontece que ambos eram filhos do meio.

Você pode se lembrar de que mencionei como Nixon assumiu uma inversão de papéis com seu irmão mais velho devido à doença deste. Apesar disso, Nixon também cresceu aprendendo como negociar e mediar. Uma das principais razões para tanto pode se o fato de seu irmão mais novo ter nascido doze meses depois dele, o que significa que o pequeno Richard teve muito pouca experiência em ser o caçula da família. Ao contrário, ele foi logo guinchado ao papel de filho do meio.

SEGREDOS SOBRE O FILHO DO MEIO

Apesar de os filhos do meio não serem tão fáceis de pintar em cores claras e vívidas quanto os primogênitos ou filhos únicos, nós realmente sabemos algumas coisas que podem ajudar adultos filhos do meio a funcionar com melhor compreensão de si mesmos e do modo como se relacionam com os outros.

Você é mais um livro fechado do que aberto. Pesquisas demonstram que filhos do meio são os mais discretos de todas as ordens de nascimento.[8] Se esse é o seu caso, note que você pode estar apresentando a reação da "criança chamuscada". O filho do meio chamuscado entende que o mundo presta menos atenção a ele do que a seus irmãos mais velhos ou mais novos. Isso o leva a usar um colete à prova de balas em seus relacionamentos.

Como regra, você opta por não confiar em muitas pessoas. Isso não é necessariamente negativo; na verdade, em alguns casos pode ser a coisa mais sensata a fazer. Mas também é um tiro que pode sair pela culatra. É interessante notar que o presidente Nixon se envolveu em todos os problemas de Watergate por ser reservado demais. Seu esforço para esconder o que tinha acontecido acabou levando-o ao *impeachment.*

Em uma das vezes que apareci no programa de TV de Leeza Gibbons, o assunto do dia era

> Filhos do meio são os mais discretos de todas as ordens de nascimento.

ordem de nascimento, e o título do episódio foi "Nasci primeiro, nasci por último... Qual é meu destino?". Uma das famílias que apareceu no programa incluía uma mãe e quatro filhas que se encaixavam totalmente nos estereótipos típicos da ordem de nascimento. A terceira filha era tímida, uma pacificadora que não queria que ninguém na família brigasse ou ficasse nervoso um com o outro. Ela era também muito discreta, algo que vi confirmado em tantos filhos do meio ao longo dos anos.

O destino dessa filha muito provavelmente incluirá ser muito reservada em seu casamento, e espero que ela escolha um homem bastante paciente e disposto a ouvi-la e fazê-la se abrir. Ser reservado e fechado não são as melhores qualidades a se levar a um casamento. Atendi inúmeros filhos do meio que simplesmente não se comunicavam com seu cônjuge.

Você tende a ser mentalmente forte e independente. Quando eu estava na pós-graduação, com frequência ouvia que filhos do meio são os últimos a procurar os serviços de profissionais de ajuda como psicólogos, terapeutas e pastores. Depois de sair para o mundo real e começar a atender as pessoas, rapidamente vi que meu próprio conjunto de casos revelava exatamente o que aprendi na escola.

Quem aparecia com mais frequência em meu consultório? Primogênitos engenheiros, médicos e pessoas em profissões exigentes e precisas. Por que primogênitos (e filhos únicos) encabeçavam a lista? Um motivo, é claro, é que primogênitos e filhos únicos têm mais preocupações (geralmente causadas por pais exigentes demais). Ao mesmo tempo, eles são pessoas lógicas, eruditas, organizadas, que têm muito mais probabilidade de analisar sua situação e procurar ajuda. Como primogênitos sempre confiaram em figuras de autoridade, eles não têm problema em buscar ajuda entre psicólogos e terapeutas — pessoas que *sabem*.

O grupo seguinte que mais procura ajuda? Caçulas — os bebês acostumados a receberem cuidados e auxílio.

Meu menor grupo de consultados tem sido os filhos do meio. Mas não me surpreende. O motivo pode ser a manifestação de uma "criança chamuscada" (ou talvez a criança chamuscada queira permanecer escondida). Outra explicação é que os filhos do meio tendem a ser mentalmente fortes e independentes, qualidades que adquirem enquanto aprendem a lidar com sentimentos de rejeição e por serem a "quinta roda" durante seu desenvolvimento.

> Como são espremidos e sentem como se realmente não se encaixassem em casa, filhos do meio têm uma profunda necessidade de pertencimento. A turma preenche essa lacuna.

É bom ser forte e independente. É tolo, porém, recusar-se a procurar a ajuda possivelmente necessária. Encorajo todo filho do meio que esteja em alguma situação passível de ser melhorada pela terapia a sentar e pensar no assunto com cuidado. Você pode estar despindo um santo para vestir o outro porque cultiva um ressentimento contraído lá atrás, naquele dia em que sua irmã mais velha conseguiu ir à praia e você não, e então, algumas horas depois, você ficou de castigo por um mês por ter socado seu irmãozinho, que era uma peste insuportável.

Filhos do meio adolescentes geralmente andam em bando. Se você é um pai filho do meio com filhos adolescentes, pode muito bem entender por que seus próprios filhos estão lá fora com a tribo deles. Possivelmente, você teve entreveros com seus próprios pais por se relacionar com pessoas que eles consideravam a turma errada. (Para mais ajuda como pai, leia *Transforme seu filho até sexta, Faça a cabeça de seu filho sem perder a sua,* e *Running the Rapids.*)

Aconselho muitas famílias em que os pais se preocupam com o filho que parece estar andando com a turma errada. É claro, nem todas essas crianças são filhos do meio, mas os do meio parecem apresentar esse problema com mais frequência do que os de outras ordens de nascimento. Primogênitos parecem ser menos inclinados a andar em bando, principalmente devido a essa característica forte de serem líderes naturais. Caçulas podem andar em bando estritamente porque gostam de explorar e assumir riscos, mas filhos do meio têm razões mais profundas. Como são espremidos e sentem como se realmente não se encaixassem em casa, filhos do meio têm uma profunda necessidade de pertencimento. A turma preenche essa lacuna.

É provável que você seja o parceiro mais fiel no casamento. Estudos também mostram que filhos do meio são a mais monogâmica de todas as ordens de nascimento.[9] Nenhuma surpresa. Filhos do meio crescem sentindo que não se encaixam bem em casa; então, quando começam sua própria família, eles têm uma motivação extra para fazer o casamento funcionar.

> Filhos do meio são leais. Eles são muito mais propensos a manter seus compromissos.

Outra maneira de dizer isso é que os filhos do meio são leais. Eles são muito mais propensos a manter seus compromissos do que pessoas de outras ordens de nascimento. Se por um lado esta é uma excelente qualidade, pode causar muita dor para uma esposa filha do meio da qual o parceiro infiel está tirando vantagem, sendo abusivo ou dominador.

Você provavelmente se constrange facilmente. Mais uma vez, não podemos fazer um julgamento geral de qualquer ordem de nascimento; entretanto, estudos demonstram que filhos do meio têm muito mais tendência ao constrangimento. Mas é claro que jamais vão admitir isso.[10] Por que o filho do meio admitiria o constrangimento? Isso em si já seria embaraçoso!

Esta é uma das áreas em que o paradoxo do filho do meio se torna mais aparente. Enquanto eles tendem a ficar constrangidos, também costumam ser rebeldes no que diz respeito às convenções, algo que obviamente pode

140 Mais velho, do meio ou caçula

colocá-los em situações embaraçosas. Alfred Adler caracterizou o primogênito dizendo que ele gosta "do exercício da autoridade e exagera a importância de regras e leis". Quanto ao segundo filho, "ele se inclina a acreditar [...] que não há poder no mundo que não possa ser subvertido".[11]

TERRENO DO MEIO: UM LUGAR NADA MAL PARA SE ESTAR

Como acontece em qualquer outra ordem de nascimento, ser um filho do meio tem seus prós e contras; mas, tirando uma média, o território do meio não é de maneira alguma um lugar ruim para se estar. Todas as pesquisas mostram que os filhos do meio não têm tantas preocupações ou problemas quanto os primogênitos ou filhos únicos (e obviamente este é um motivo por que eles não dão tanto as caras em consultórios de terapia). Sim, eu percebo que você pode ser um filho do meio que acha que seus irmãos tiveram todos os privilégios, chances ou mimos enquanto você não fazia mais do que a obrigação. Mas isso realmente o magoou tanto? Talvez lhe tenha feito bem!

> Todas as pesquisas mostram que os filhos do meio não têm tantas preocupações ou problemas quanto os primogênitos ou filhos únicos.

Privilégios e oportunidades não são necessariamente tão bons. Quase sempre há limitações envolvidas. É por isso que as pesquisas mostram que os caçulas são menos medrosos e ansiosos que os primogênitos. Ao mesmo tempo que os novos pais estão oferecendo todos aqueles privilégios e oportunidades ao primogênito, eles também estão transmitindo seus medos e ansiedades enquanto se digladiam com problemas e crises que nunca enfrentaram antes. Além disso, eles geralmente têm altas expectativas, o que gera pressão sobre seu primeiro filho.

Então, no momento em que você — filho do meio — chega, seus pais quase certamente estão mais relaxados do que estavam quando seu irmão mais velho chegou. Seu irmão mais velho já lhe abriu caminho — o que eu chamo de "recolher a neve das estradas da vida".

Lógico, nem todos os primeiros filhos simplesmente limpam as estradas da vida para seus irmãos ou irmãs mais novos passar. Eles podem botar o pé na estrada tão forte e tão rápido que deixam o filho do meio comendo poeira. Alfred Adler, o pai da psicologia da ordem de nascimento, era ele próprio um filho do meio. E, ao mesmo tempo que pensava que ser um filho do meio era uma posição relativamente segura, admitia realmente sentir-se, em geral, "colocado à sombra" por seu irmão mais velho, um verdadeiro primogênito que parecia estar se superando a cada instante. A certa altura, Adler disse: "Meu irmão mais velho [...] é um sujeito bastante diligente — ele sempre esteve a minha frente — e, nesse ponto, *ainda* está!".[12]

Mesmo se você tivesse de viver à sombra de um príncipe, ou princesa, herdeiro, não valeria a pena perder tempo com autopiedade. Com a desenvoltura verdadeira dos filhos do meio, fique grato pela experiência. Pelo menos isso lhe deu empatia pelas pessoas que nem sempre conseguem ser estrelas. Kathy Nessel, uma colega psicóloga, é filha do meio. Gosto da forma como ela resume as vantagens de estar no "território intermediário":

> Filhos do meio são adultos tenazes porque se acostumaram com o fato de que a vida é bem injusta. Nossas expectativas são menores; consequentemente, temos mais aceitação em relacionamentos. O filho do meio pode dizer: "Bem, isso não é perfeito, mas é legal". Não somos tão focados quanto os primogênitos, mas igualmente não somos tão compulsivos.[13]

Um cliente filho do meio ecoa as palavras de Kathy Nessel quando diz: "Ser filho do meio de três não foi fácil, mas, como adulto, realmente acredito que consigo lidar melhor com os problemas porque tive um bom treino em concessão mútua enquanto crescia. Fico feliz de não ser o primeiro, e fico feliz de não ser o último. Sou feliz por ser eu!".

Tudo isso sugere que talvez a melhor palavra para o filho do meio seja *equilibrado*. E, neste mundo de pernas para o ar, ser equilibrado não é a pior maneira de ser.

Avaliando seus pontos fortes e fracos

Você é filho do meio? Em que áreas você tem dificuldade? Em que áreas é bem-sucedido? Ao terminar este capítulo, dê uma olhada no quadro a seguir "Pontos fortes e fracos dos filhos do meio". Tenha em mente que muita coisa pode não se aplicar a você, já que os filhos do meio são conhecidos pelos paradoxos e contradições.

1. Reserve alguns minutos para avaliar cada característica. Decida se cada uma delas é um ponto fraco ou forte em você.
2. Se for um ponto fraco, que mudanças você poderia fazer para melhorar nessa área?
3. Se for um ponto forte, como você pode capitalizá-lo ou desenvolvê-lo ainda mais?

Mais velho, do meio ou caçula

Pontos fortes e fracos do filho do meio

Características típicas	Pontos fortes	Pontos fracos
Cresce sentindo-se espremido e sem raízes	Aprende a não ser mimado.	Pode ser rebelde porque sente que não se encaixa.
Expectativas razoáveis	Como a vida nem sempre foi justa, é uma pessoa realista.	Ao ser tratado de maneira injusta, pode ter se tornado desconfiado, cínico e até amargo.
Leão social	Relacionamentos são muito importantes; faz amigos e tende a mantê-los.	Os amigos podem ser importantes demais, e evitar ofendê-los pode nublar o julgamento em decisões-chave.
Pensador independente	Quer fazer as coisas de outra forma, assume riscos por conta própria.	Pode parecer cabeça-dura, teimoso e pouco afeito à cooperação.
Comprometido	Sabe se relacionar bem com os outros; pode ter habilidade para mediar conflitos ou negociar desacordos.	Pode ser visto como alguém que quer ter paz a qualquer preço; outros podem tentar tirar vantagem dele.
Diplomático	Pacificador; quer resolver as coisas; ótimo para ver os dois lados de uma questão.	Pode odiar confrontos; geralmente escolhe não compartilhar suas verdadeiras opiniões e sentimentos.
Discreto	Pode ser digno de confiança para informações críticas; sabe guardar segredo.	Pode não admitir que precisa de ajuda — é constrangedor demais.

Pergunte-se

1. Ser filho do meio é confortável para mim? Como sei disso?
2. Minha família e meus amigos me chamariam de discreto ou aberto?
3. Qual é a minha disposição para procurar ajuda de terapeutas, médicos e outras figuras de autoridade?
4. Quais são as lembranças que tenho de meus irmãos mais velhos ou mais novos? Eles limparam a neve das estradas da vida para mim ou tornaram os caminhos ainda mais difíceis de percorrer? Se foi a última opção, fiz as pazes com isso — e com eles?
5. No processo de "toma lá dá cá" (em casa ou no trabalho), eu me classificaria como A (excelente), B (bom) ou C (razoável a fraco)? Quais são minhas razões para essa classificação?
6. Se, enquanto crescia, eu me sentia espremido e achava que a vida nem sempre era justa, como me ajustei a isso quando adulto? Esse legado é um ponto forte ou fraco hoje?

CAPÍTULO 9

O último, mas raramente o menos importante

O caçula

Em primeiro lugar, quero que todos vocês caçulas da família saibam que estou no mesmo barco. Sei que vocês simplesmente pularam os primeiros oito capítulos e começaram bem aqui. Eu entendo. Como qualquer caçula, eu teria feito a mesma coisa. Espero que depois vocês voltem para o início, para ler umas coisas bem importantes que deixaram passar (e que certamente vão ajudá-los a entender todos os outros membros de sua família, seus amigos e colegas de trabalho). Mas, enquanto isso, vamos começar com uma historinha de como o pequeno Leman descobriu sua verdadeira vocação na vida.

O ano é 1952. O cenário é um ginásio abafado na Williamsville Central High School, no oeste de Nova York. Um jogo de basquete disputadíssimo está em andamento, e um garotinho magrelo, de 8 anos, está ali fora tentando liderar a torcida durante o intervalo. Presa a seu suéter está a imagem do mascote do time — um bode.

O jogo está tão denso quanto o ar. O local está lotado de fãs histéricos, mas eles não estão gritando para os "bodinhos" do time. Estão todos rindo desse garotinho, que fez a coreografia completamente de trás para frente e se esqueceu do que vem depois. Sua irmã mais velha, capitá das animadoras de torcida de Williamsville, parece constrangida, mas também acaba rindo, porque o garotinho é bem engraçado.

Mas o menininho de 8 anos está embaraçado? Ele não parece dar a mínima. Na verdade, ele está olhando para a multidão e adorando o fato de todos estarem rindo!

AMANTE DOS HOLOFOTES

Eu era aquele garotinho — nascido por último em uma tropa de três — apelidado de "Ursinho" aos 11 dias de idade. O nome pegou, e, quando me tornei um bebê e depois um pré-escolar, instintivamente tomei consciência de como ser sempre o "Ursinho fofinho" da família. O mais novo pode ter nascido por último, mas ele tem um sexto sentido que lhe diz que não será o menos importante!

Os filhos mais jovens da família são tipicamente os sedutores extrovertidos, os manipuladores atraentes. Eles também são afetuosos, descomplicados e às vezes um pouco distraídos. Seu estilo de vida "Quê? Preocupado, eu?" colhe sorrisos e meneios de cabeça. Existe uma probabilidade maior de os caçulas se apresentarem no espetáculo da escola elementar ou no piquenique da escola dominical com o zíper aberto ou um botão desabotoado em uma região delicadamente óbvia. Sem dúvida, eles podem ser um pouco exóticos.

> **Qualidades do caçula**
>
> Manipulador, sedutor, culpa os outros, quer atenção, tenaz, ligado em pessoas, vendedor nato, precoce, encantador, afetuoso, adora surpresas

É lógico, portanto, que o palhaço ou o artista da família tenda a ser o caçula. Ninguém me disse isso; eu assumi esse papel naturalmente. Essa era a minha razão de ser: fazer as pessoas rirem, apontarem ou comentarem.

Não é de estranhar, então, que quando fiz 8 anos e minha irmã animadora de torcida, Sally, me convidou para ser o mascote do time do ensino médio, eu tenha pulado de alegria diante da oportunidade. Centenas de pessoas vinham para esses jogos, e elas estariam todas olhando exatamente para mim! Adorei cada minuto, mesmo a cena constrangedora em que esqueci a coreografia e a multidão explodiu em gargalhada. Na verdade, naquele instante no ginásio da Williamsville High School, tomei uma decisão. Pelo menos em minha cabeça de 8 anos, uma estrela tinha nascido. Decidi ser um artista.

Sim, sei que acabei me tornando um psicólogo especializado em terapia familiar. Gosto da profissão que escolhi e dela extraio uma profunda satisfação por ajudar famílias, mas minha vocação de coração é fazer as pessoas rirem, e sempre faço isso quando posso.

O LADO SOMBRIO DE SER UM "PALHAÇO"

Uma característica típica do caçula é ser despreocupado e vivaz — uma pessoa realmente sociável que, em geral, é popular, apesar (ou justamente por causa?) de seus trejeitos de palhaço. Reúna a família toda para a grande foto do Dia de Ação de Graças ou Natal. Dê um duro danado para conseguir colocar cada um em seu lugar e para tirar a foto quando todos parecerem mais ou menos normais e — opa! Quem é aquele vesgo à esquerda tentando alcançar o nariz com a ponta da língua? Sim, é o caçula Joãozinho (que nesta foto deve ter uns 26 anos) se matando para arrancar risadas.

Ou talvez Joãozinho esteja se matando por motivos diferentes. Há outro grupo de características na maioria dos caçulas: além de serem sedutores, extrovertidos, afetuosos e descomplicados, eles também podem ser rebeldes, temperamentais, manipuladores, mimados, impacientes e impetuosos.

Eu posso falar desse lado sombrio dos caçulas. Sem dúvida, uma parte de minha motivação para ser o "príncipe palhaço" da família Leman era que eu não tinha nascido um príncipe herdeiro. Sally e Jack tinham chegado antes. A mim parecia que eles tinham todo o talento, capacidade e inteligência. Cinco anos mais velho, Jack tirava 9,75 em tudo que fazia. Oito anos mais velha, Sally só tirava 10. Em todas as minhas lembranças, pareço ter tirado 1,8 em comparação com as capacidades e realizações deles. Para resumir, eles tinham todo o poder de fogo, e eu era um coitado.

> Eles tinham todo o poder de fogo, e eu era um coitado.

Assim, não é surpresa que eu tenha seguido os passos de Dênis, o Pimentinha, para conseguir minha cota de atenção. Aos 5 anos, fui ao casamento de uma parente e fiquei gravado para sempre em sua memória na hora de jogar o arroz. Todos estavam jogando arroz, exceto Kevin. Eu estava jogando cascalho.

Esses são sentimentos e ações típicos de uma criança caçula. Ela carrega a maldição de não ser levada muito a sério, primeiro por suas famílias e depois pelo mundo. E muitos caçulas têm um "desejo incontido de fazer uma contribuição importante para o mundo".[1] A partir do momento em que alcançam idade suficiente para perceber essas coisas, os caçulas têm uma consciência aguda de que são os mais novos, menores, mais fracos e menos equipados para competir na vida. Afinal, quem confiaria no pequeno Festus para arrumar a mesa ou servir o leite? Ele não é grande o suficiente para isso ainda.

> A partir do momento em que alcançam idade suficiente para perceber essas coisas, os caçulas têm uma consciência aguda de que são os mais novos, menores, mais fracos e menos equipados para competir na vida.

QUEM NASCE PRIMEIRO PROJETA UMA SOMBRA ENORME

Gosto da descrição dos caçulas feita por Mopsy Strange Kennedy, uma famosa terapeuta que escreveu muitas vezes em diversas revistas. A própria Mopsy era caçula, e isso não surpreende. Apenas um caçula pode crescer, tirar um diploma, tornar-se terapeuta e ainda se manter com um título que soa como um apelido ou um nome familiar. Mopsy fala por experiência própria quando observa que os caçulas "vivem, inevitavelmente, sob a potente sombra daqueles que nasceram antes".[2]

> Os pais já "ensinaram tudo" quando o mais novo chega. A tendência é deixar o caçula se movimentar por conta própria.

Entendo quando Mopsy se lembra de como suas conquistas iniciais (amarrar os sapatos, aprender a ler, saber as horas) eram comemoradas com bocejos polidos e murmúrios de "Não é bonitinho?" ou, pior, "Bryan, você se lembra de quando Ralph aprendeu a fazer isso?" Ralph, é claro, é o irmão mais velho que nasceu primeiro.

Caçulas instintivamente sabem e entendem que seu conhecimento e habilidade carregam muito menos peso do que o de seus irmãos e irmãs mais velhos. Não só os pais reagem com uma alegria menos espontânea às realizações do caçula, como podem, na verdade, perguntar-se impacientes: "Por que essa criança não consegue captar as coisas mais rápido? Seu irmão mais velho já fazia isso com 2 anos e meio."

Parte do motivo disso é que os pais já "ensinaram tudo" quando o mais novo chega. A tendência é deixar o caçula se movimentar por conta própria.

> Não é de estranhar que os caçulas cresçam com uma atitude do tipo "Eles vão ver só!".

Em muitas áreas, não é difícil que a maior parte da instrução dos caçulas venha de seus irmãos. Os pais já estão cansados demais para tanta pedagogia.

Obviamente, receber instruções dos irmãos mais velhos não garante que os caçulas aprendam direito os fatos da vida (ou qualquer outra coisa). Os menores costumam ser humilhados ou anulados. Os irmãos mais velhos sempre riem dos pequenos, que ainda acreditam cegamente em fantasias como o Papai Noel ou a Fada do Dente. Não é de estranhar que os caçulas cresçam com uma atitude do tipo "Eles vão ver só!".

OS ALTOS E BAIXOS DA CARREIRA ACADÊMICA DE KEVIN, O PALHAÇO

Em *First Child, Second Child*, Wilson e Edington comentam:

> Alguns caçulas se tornam muito aptos em seduzir o mundo de várias formas, enquanto outros crescem com um sentimento de que a única maneira de atrair

a atenção de alguém é fazendo confusão; ou seja, sendo uma criança problema, uma peste ou um rebelde que gosta de jogar bolas de papel com saliva no prédio da prefeitura. Se você é um caçula típico, tem não apenas uma dose de sedução como uma pitada de rebeldia em seu modo de ser, e outras pessoas frequentemente são pegas desprevenidas pelo fato de você ser terno em um minuto e difícil de lidar no instante seguinte.[3]

Este parágrafo me descreve até o último cadarço desamarrado. "Mostrar a eles que eu era importante" constituía uma de minhas principais motivações enquanto crescia, e eu era realmente sedutor em um momento e atirador de bolas de papel com cuspe no instante seguinte. Preciso dizer que Sally e Jack não zombavam muito de mim. Na verdade, Sally se tornou uma segunda mãe. Mas ambos estavam muito a minha frente na categoria "realizações". Geralmente, descrevo nós três com a mesma terminologia usada em grupos de leitura na escola. Sally, a aluna A+, e Jack, o aluno B+, eram os "pássaros azuis" da família. Bati o olho nisso e decidi me tornar o "corvo". Ler me aborrecia, estudar qualquer coisa era a última coisa que queria fazer — e eu geralmente o fazia no último minuto, ou nem fazia.

Mas eu queria — e precisava desesperadamente — de atenção, e a consegui sendo palhaço, provocando e me exibindo. Eu não era o delinquente juvenil clássico; na verdade, podia ser bem diplomático, o que provavelmente salvou minha vida algumas vezes quando fui longe demais com meu irmão Jack.

> Um tapinha na cabeça ou nas costas e um "Vá lá e acabe com eles — contamos com você" são suficientes para manter o caçula em ação por horas, se não por semanas.

Quando eu percebia que ele estava se preparando para cair sobre mim, eu me saía com um dos meus discursinhos autodepreciativos e dizia coisas como: "Imagina, Jack, você é tão bonitão, você é o rei, você é o maioral. Você não machucaria um carinha como eu, não é?". Minha tática geralmente funcionava — pelo menos reduzia a ira de Jack a um soco preciso no braço em vez de algo mais sério, que poderia ter realocado meus dentes.

Outra coisa que você vai ler nos quadros de características para caçulas: eles são loucos por elogios e estímulos. Um tapinha na cabeça ou nas costas e um "Vá lá e acabe com eles — contamos com você" são suficientes para manter o caçula em ação por horas, se não por semanas.[4]

Esse certamente era o caso quando fui mascote do time do ensino médio. Uma de minhas façanhas mais lendárias envolvia um ataque furtivo ao mascote da outra escola. A Amherst Central High School era nossa inimiga mortal nos esportes; e seu grupo de animadores de torcida dançava ao redor da quadra durante os jogos de basquete e futebol americano e incluía dois caras vestidos de tigre. Certa noite, quando eu assistia de nosso lado do ginásio, uma ideia me ocorreu: e se eu conseguisse me aproximar furtivamente do tigre, puxasse-lhe o rabo e corresse o mais rápido que minhas pernas de 8 anos conseguissem para me trazer de volta ao nosso banco antes que alguém pudesse me deter? Bem, eu fiz exatamente isso, e ganhei o jornal da escola com a manchete Pestinha Leman derrota Tigre da Amherst em ataque no intervalo.

Com esse tipo de recorte de jornal, um caçula mal precisa de comida. Ele vive de glórias.

Mas é difícil para um leopardo (ou para um bode) mudar suas pintas. Tão logo comecei a obter todo esse incentivo quando criança, decidi aprimorar as palhaçadas (e continuar a ser uma criança problema) até se tornarem obras de arte. Quando cheguei ao ensino médio (literalmente), eu era uma espécie de mestre em arrancar risadas ao mesmo tempo que deixava os professores loucos.

Eu fazia todo tipo de truques idiotas: engatinhava para fora da classe, ateava fogo nos cestos de lixo, fazia todo mundo na escola trazer relógios despertadores acertados para as 14 horas e colocá-los nos armários. Hoje, diretores e professores balançariam a cabeça e voltariam a se preocupar com o mais novo puxador de fumo ou membro de gangue visto na escola. Mas, nos anos 1960, incêndio criminoso em cestos de lixo era um problemão, e esse tipo de truque me rendia todo tipo de risadas. Acontecia de os outros meninos aparecerem na classe no primeiro dia do semestre; quando me viam, começavam a se cutucar e sorrir. Sim, aquela turma seria o máximo. Leman estava nela!

> Quando cheguei ao ensino médio (literalmente), eu era uma espécie de mestre em arrancar risadas ao mesmo tempo que deixava os professores loucos.

Nada agradável de se ter em classe

Quando algum quadro de ordem de nascimento fala sobre o encanto do caçula, menciona-se que pode ser "muito agradável de se ter em classe". Não para meus professores. Eu não só interrompia constantemente, como me recusava a aprender qualquer coisa.

No último ano do ensino médio, tive uma disciplina chamada "matemática do consumidor", um termo elaborado para "aritmética para estúpidos".

Eles me colocaram ali porque estávamos no último semestre do ano e não sabiam mais o que fazer comigo.

Nas primeiras seis semanas tirei C, e nas seis seguintes ganhei um D. Durante o terceiro período de seis semanas, estava levando um F e pronto para ser mandado embora, mas não antes de ter feito a professora ir embora também. E não só fiz que saísse da classe: ela parou de lecionar. Desistiu e não voltou mais!

> Não só fiz que a professora saísse da classe: ela parou de lecionar. Desistiu e não voltou mais!

A pobre mulher simplesmente não sabia lidar com pessoas que só querem atenção, como Leman. Ela pensava que eu estava ali para atingi-la. Na verdade, não — eu estava ali para conseguir risadas, a admiração de meus colegas e os holofotes. Bem poucos entre meus professores entendiam isso, mas uma exceção era o professor de inglês, que me mantinha na linha com relativa facilidade. Ele era tão direto e sistemático que eu sabia que minhas palhaçadas jamais funcionariam. Com ele era na base do "componha-se ou você está fora daqui!" Eu me compunha. Como você pode atrair a atenção se não está sequer no local?

Esse professor provavelmente nunca ouviu o termo, mas ele era um especialista em *disciplina da realidade*, que é o que eu realmente queria o tempo todo, até mais do que as risadas e a atenção. Em especial, os caçulas querem e precisam de disciplina da realidade, que lida direta e rapidamente com seu problema e/ou atitude e exige que eles se tornem responsáveis por suas ações.

A sra. Wilson viu além da minha fachada

Eu deveria ter sido um aluno muito melhor — eu tinha capacidade — mas as escolas em que estudei não me tornaram responsável. Simplesmente me empurravam para a frente. Queriam se ver livres de caras como Leman — e quanto antes, melhor. Poucos de meus professores perceberam o verdadeiro significado de minha charada de caçula. Já mencionei o sensato professor de inglês. Havia também uma professora de matemática que não se enganava. Quando cheguei ao último semestre do ensino médio, a sra. Wilson me puxou de lado, olhou bem em meus olhos e perguntou:

— Kevin, quando você vai parar de jogar esse jogo?[5]

— Que jogo, Prô? — perguntei. (Sim, eu realmente a chamei de "Prô". Afinal, estávamos em 1961 e éramos "bacanas".)

— O jogo que você joga melhor — ela sorriu. — Ser o pior!

Ri e tentei agir como se não desse importância, mas ela me pegou. Suas palavras começaram a mudar minha vida da água para o vinho, e ainda me acompanham. Anos depois, conversei com a sra. Wilson e lhe agradeci por ter proferido o desafio que me despertou. Ela sorriu e disse:

— Ah, eu fiz muito pouco, Kevin. Você fez sozinho. Sim, foi um desafio, mas eu sabia que você conseguiria se quisesse!

Que bela e generosa senhora. Bastante modesta também. Ela nunca sequer revelou ter me dado aulas particulares em sua casa durante aquelas semanas finais, quando comecei uma tentativa desesperada de me formar.

"Faculdade? Não consigo uma vaga para você nem no reformatório!"

Quando a sra. Wilson descobriu minha identidade secreta, por assim dizer, procurei o orientador do ensino médio e disse:

— Estive refletindo bastante e quero ir para a faculdade.

O orientador, sr. Masino, olhou para mim por cima de seus óculos e, sem hesitar, respondeu:

— Leman, com sua ficha, não consigo fazer você entrar nem no reformatório![6]

A resposta dele foi, pode-se dizer, um tanto desencorajadora, mas entendo no que ele se baseava. Eu estava em quarto lugar em minha classe — quarto do final para o começo — e entrava em meu semestre final.

— Está bem, vou lhe mostrar — resmunguei enquanto saía do escritório dele. — Vou entrar na faculdade sozinho!

Naquela época não havia faculdades comunitárias;[7] então, ou você ia para uma faculdade de quatro anos ou começava a trabalhar. Eu tinha uma verdadeira aversão à segunda opção, então escolhi estudar — em *qualquer* escola. Mas como eu não sabia muito bem de que forma começar, fui ao centro de inscrições universitárias em Evanston, Illinois, uma empresa que recebia US$ 20 para enviar as "credenciais" de um aluno para 160 diferentes instituições de ensino superior.

Meu formulário seguiu para escolas de todos os tipos — algumas com mensalidades de valores escorchantes, outras de que ninguém tinha ouvido falar. Alguém da secretaria da Upper Iowa University me respondeu dizendo que não podia me deixar entrar na UIU, mas que tinha um cunhado que dirigia uma escola de consertos de geladeira; eu estaria interessado?

O fato aqui é que meu orientador estava certo. Todas as 160 faculdades e universidades me recusaram, mesmo uma ligada a nossa congregação, a North Park University, em Chicago.

Mas eu não desistiria. Decidi me concentrar na North Park, esperando que os laços com a igreja pudessem compensar meu baixíssimo rendimento academico. Continuei escrevendo para a escola e chamei reforços para bombardeá-las com cartas também. Meu irmão, Jack, que fora aluno da North Park por dois anos e depois se formou em outra faculdade, enviou uma carta exaltando minha mudança de atitude e determinação para superar os obstáculos na faculdade se tivesse uma chance. Com a ajuda de minha mãe, persuadi meu pastor a escrever uma carta, e então acrescentei meu argumento final: o versículo bíblico sobre as virtudes de perdoar e dar setenta vezes sete chances a quem agiu errado.

Nove dias antes de o semestre começar, a North Park se compadeceu de mim e me deixou entrar sob observação, mediante um acordo segundo o qual eu cursaria uma pesada carga horária. Meu pai sacou algumas apólices de seguro de vida para pagar meu quarto, refeições e mensalidade, e lá fui eu a caminho da faculdade.

Durante o primeiro ano, o "fator medo" (medo de ter de ir trabalhar) me fez continuar. Apesar do meu preparo desgraçadamente fraco no ensino médio, consegui uma média C. Mas então perdi o ânimo. Acho que pensei que não havia mais nada para provar. Em meu segundo ano, fiquei para trás e comecei a decair rapidamente.

Também fracassei em outras áreas que não a acadêmica. Voltando aos meus hábitos do ensino médio, procurei atenção me associando a meu colega de quarto para surrupiar a "contribuição moral"[8] pelo sorvete (criada devido a uma máquina quebrada que ficava em nosso alojamento e distribuía sorvetes grátis) e comprar *pizza* para o andar inteiro. Víamos nosso crime mais como

> Todas as 160 faculdades e universidades me recusaram. Mas eu não desisti.

uma travessura do que como qualquer outra coisa. Na verdade, fazíamos questão de que todos soubessem que tínhamos sido nós. Como conseguir atenção se não houver publicidade?

Dois dias depois atraí o tipo de atenção que não queria. O reitor me chamou e perguntou se eu sabia alguma coisa sobre o roubo do dinheiro da caixinha. À típica maneira do caçula, manipulei um pouco as coisas e disse: "Sim, senhor, ouvi dizer que infelizmente alguma pessoa desatenta roubou a caixa de contribuição moral".

Bem, o reitor sabia que eu estava mentindo descaradamente, e não teve escolha. Ele sugeriu que eu tivera um ano difícil e que precisava de um descanso — permanente — da North Park. Pensei na oferta dele e me pareceu um momento apropriado para sair. Estava indo mal em todas as disciplinas, e o reitor não tinha visto nenhuma graça na malandragem com a caixinha de

152 Mais velho, do meio ou caçula

contribuição. Além disso, o clima da primavera é sempre horrível em Chicago, e meus pais tinham acabado de se mudar para Tucson, no Arizona, que é agradável e quente.

Encontrei ouro vendendo revistas — por um tempo

Assim, saí da escola e fui para casa, em Tucson, onde passei o verão tentando encontrar um emprego, mas foi em vão. No outono me matriculei em um curso noturno na Universidade do Arizona e continuei tentando encontrar trabalho. Os empregos continuavam escassos; o salário mínimo era de cerca de US$ 1,10 por hora, mas então vi o anúncio em um jornal: GANHE US$ 90 POR SEMANA, GARANTIDO.

Respondi ao anúncio e me vi concorrendo a uma vaga de vendedor de revistas de porta em porta. Consegui o trabalho, mas vender revistas de porta em porta era algo que eu nunca tinha feito; por isso, a empresa me deu um curso de treinamento "intensivo" que durou toda uma tarde. Aprendi um discurso de vendas básico, o qual envolvia fazer o cliente acreditar que estava assinando três revistas e ganhando quatro outras grátis. O cliente tinha de dar um sinal de US$ 7 e depois pagar US$ 2,95 por mês, durante 26 meses.

Mesmo um ignorante em matemática para o consumidor como eu conseguia perceber que no final isso dava um total de US$ 83,70 (incluindo os US$ 7 iniciais). Obviamente, os clientes não estavam pagando por três revistas e "ganhando quatro de graça". Eles estavam pagando uma soma de US$ 12 por ano para cada uma das sete revistas. Mas meus chefes me ensinaram a contar com o desejo humano muito básico de "conseguir uma boa pechincha" e comprar por impulso.

Com o treinamento concluído, voltei na manhã seguinte. Levaram-me até um bairro de classe média de Tucson, deixaram-me em uma esquina e disseram: "Certo, veja o que você consegue fazer e esteja aqui de volta exatamente às 13 horas".

Munido de verdadeiro entusiasmo, comecei a bater nas portas, fazendo o discurso, anotando pedidos e recolhendo os US$ 7 de adiantamento. A manhã voou, e olhei para meu relógio bem na hora para retornar ao ponto de encontro. De volta ao escritório, entreguei meu maço de pedidos a minha supervisora imediata. Eu acreditava que tinha ido bastante bem e estava ansioso para ver o que ela diria. Joyce olhou para todos os papéis em sua mão e disse:

— O que é *isso*?

— Bem, são meus pedidos — gaguejei, pensando que de alguma forma eu tinha estragado tudo e que minha carreira de vendedor tinha se acabado.

— Você está dizendo que conseguiu *todos* esses pedidos esta manhã? — ela perguntou com um tom de descrença.

— Sim — respondi com um sorriso tímido.

— É melhor você vir comigo — Joyce me conduziu, e voltamos à sala do gerente. Ela balançou os pedidos na cara dele e disse:

— Larry, veja! Olhe o que Calvin fez!

Estava me sentindo tão bem que nem fiz questão de corrigi-la sobre meu nome. Ela estava segurando *27 pedidos* de revistas, um novo recorde de uma manhã para Tucson, se não para o país inteiro, no que dizia respeito àquela empresa.

E qual foi meu grande segredo do sucesso na venda de revistas? Bem, não prejudicou em nada eu estar usando uma camiseta da Universidade do Arizona. Todas aquelas mães dedicadas às prendas domésticas ficaram com pena de mim quando me viram acalorado e suado diante de suas portas. Ocasionalmente, eu era convidado a entrar e ganhava uma limonada, e então minha personalidade de caçula simplesmente assumia o comando. Nunca fui insistente ou agressivo. Usava uma abordagem gentil — o que chamo de "trazer os sapatos de dança" — e geralmente saía com um pedido.

> Sempre tive um sentimento incômodo em relação ao que estava fazendo.

Com algum dinheiro entrando, continuei meu curso noturno na Universidade do Arizona e vendia revistas durante o dia. Por mais que eu tivesse as melhores intenções, a dupla jornada se provou excessiva, e comecei a ficar para trás nos trabalhos escolares. Isso me aborreceu, mas algo me importunou ainda mais. Para um jovem, eu realmente estava ganhando bem vendendo revistas, mas sempre tive um sentimento incômodo em relação ao que estava fazendo.

Não estava realmente roubando as pessoas, mas aquilo tudo era um pouco de esperteza demais. Falei com minha supervisora, Joyce, sobre sair, e ela não conseguiu acreditar.

— Por que quer fazer isso? — ela perguntou. — Você é o melhor vendedor que temos. Está indo muito bem e é só um garoto.

Agradeci a Joyce pelo elogio e disse que ainda assim achava melhor sair. Fazer as pessoas gastarem dinheiro em revistas que elas não queriam e das quais não precisavam estava começando a me incomodar.

— Lamento perdê-lo, Kevin — ela disse dando de ombros. — Se existe um vendedor nato, este é você.

Quando deixei o apartamento escuro que servia como escritório de vendas das revistas, estava satisfeito por ter descoberto que era um "vendedor nato" e que Joyce finalmente tinha acertado meu nome. Ao mesmo tempo, pensava: "Estou simplesmente desperdiçando meu talento para jamais ser alguma coisa na vida? Onde encontrarei um trabalho que pague tão bem quanto a venda de revistas?".

No fundo, porém, minha consciência me dizia que eu fizera a coisa certa. Tinha decidido usar minha capacidade para servir às pessoas, não para enganá-las. Nunca me arrependi. No fim das contas, continuei os estudos até obter a formação que me trouxe aqui, uma profissão muito ligada às pessoas — terapia e ensino.

Limpar mictórios me colocou a um nariz da realidade

Eu sabia que abandonar o trabalho de vendedor de revistas era a coisa certa a fazer, mas ainda tinha problemas. Tentei outro curso noturno na Universidade do Arizona e também me dei mal. Meus pais estavam impressionados com meus altos ideais e minha ética, mas me fizeram saber que mesmo assim eu precisava ganhar algum dinheiro para que pudesse me sustentar enquanto morava em casa. Acabei encontrando um emprego como faxineiro do Tucson Medical Center. Continuava pensando em voltar para a escola, mas sempre adiava com uma desculpa ou outra.

> Minhas primeiras palavras foram: — Com licença. Você gostaria de ir à Exposição Universal comigo?

Depois de alguns meses limpando mictórios, porém, a realidade da vida atingiu o pequeno Kevin em cheio. Sim, eu tinha um ano de faculdade nas costas e sabia que conseguiria se quisesse. Em contrapartida, tinha tentado dois cursos em uma "grande escola" e falhei em ambos. Então ali estava eu, um faxineiro que trabalhava em período integral para ganhar US$ 195 por mês. Eu sabia que limpar banheiros não era exatamente o que queria fazer da vida, mas continuava no limbo.

Certo dia, enquanto esvaziava o lixo em meu carrinho na porta do banheiro masculino, eu cogitava a hipótese de acabar sendo faxineiro por minha vida inteira. Então olhei para cima e, virando o corredor, vinha minha esposa. É claro, ela ainda não era minha esposa, mas era uma linda auxiliar de enfermagem que trabalhava naquele prédio. E me pareceu uma boa matéria-prima de esposa.

Minhas primeiras palavras foram:

— Com licença. Você gostaria de ir à Exposição Universal comigo?

Ela riu e disse:

— Como?

— Você gostaria de ir à Exposição Universal comigo?

O último, mas raramente o menos importante **155**

Ela meio que riu novamente e respondeu:

— Bem, eu não sei o que é isso.

Vendo que não tinha recebido um redondo "não" como resposta, continuei:

— Que tal almoçar então?

Sande não sabia muito bem o que pensar daquele cara estranho que estava esvaziando o lixo; mas, como auxiliar de enfermagem, ela achou que eu pudesse precisar de ajuda, então concordou com um encontro para o almoço. Acabamos no McDonald's, onde dividimos um *cheeseburger* de vinte centavos.

Continuamos nos encontrando e logo começamos a namorar firme. Sande percebia que eu estava em busca de algo mais na vida, e compartilhava de minha fé pessoal em Deus. Foi por causa de Sande que assumi alguns compromissos espirituais que finalmente me direcionaram para o rumo que minha professora de matemática tinha apontado lá atrás, no ensino médio. Entrei em outro curso na Universidade do Arizona, o mesmo em que tinha sido reprovado. Desta vez passei com um grande A — a nota mais alta em uma classe de seiscentas pessoas. *Aquilo* sim é que era um milagre!

> Ela concordou com um encontro para o almoço. Acabamos no McDonald's, onde dividimos um *cheeseburger* de vinte centavos.

Dali continuei até conseguir minha graduação em psicologia, seguida dos títulos de mestrado e doutorado. E estive na lista dos melhores na maior parte do tempo. Muitas coisas me motivavam: as lembranças dos meus professores de inglês e matemática, memórias de quando comecei na North Park e estraguei tudo com brincadeiras estúpidas, da ocasião em que conheci Sande e do momento em que minha vida passou a ir de vento em popa depois que encontrei uma fé verdadeira em Deus.

> Daquele dia em diante, fui guiado por um só pensamento: "Vou mostrar a ela!"

Mas também houve uma observação feita pela supervisora de Sande na ala de enfermagem que me motivou. Um dia, essa senhora de meia-idade chamou Sande de lado e disse: "Não ande com esse faxineiro — ele nunca vai ser alguém". Um comentário como esse é suficiente para esporear um caçula a velocidades maiores. Daquele dia em diante, fui guiado por um só pensamento: "Vou *mostrar a ela*!".

Já faz algum tempo que você percebeu que não me acanho de usar exemplos de minha família, ou mesmo de minha própria vida. Mas transformei este capítulo em uma minibiografia por um motivo. Minhas palhaçadas quando criança e durante todo o ensino médio são uma demonstração clássica de muitas características típicas dos caçulas, as quais podem se deteriorar e se tornar destrutivas. Francamente, antes que minha professora de matemática tivesse me exposto aquele dia no corredor no intervalo das aulas, eu estava destinado ao desastre total. Mas a sra. Wilson me fez perceber que ser o centro das atenções não era suficiente. De alguma forma, isto ficou registrado em meu cérebro adolescente: "Os holofotes são divertidos, Leman; mas o que você vai fazer na hora do bis?". Esse pensamento me encaminhou para uma meta sobre a qual eu jamais pensara — uma graduação.

> Eu estava destinado ao desastre total. Mas a sra. Wilson me fez perceber que ser o centro das atenções não era suficiente.

Gosto de me descrever como um dos poucos psicólogos formados que conheço que passaram por todo o trabalho de graduação e pós-graduação — treze anos ao todo — sem o benefício do estudo do ensino médio. Em termos literais, eu não aprendi praticamente nada no ensino médio, fato do qual não me orgulho. Depois de conquistar o doutorado, fui fazer uma palestra em um acampamento de verão e contei aos jovens minha história. Fiz isso por vários anos, enfatizando que meu comportamento de jovem dificilmente seria o que eles gostariam de imitar. Na verdade, fiz que soubessem, exatamente como o fez minha professora de matemática, que ser o melhor em ser o pior é um jogo idiota de se jogar.

POR QUE VENDEDORES DE CARRO GERALMENTE SÃO CAÇULAS

Depois de confessar que usei minhas habilidades de vendedor para enganar pessoas a comprar revistas, preciso esclarecer que não há nada errado em vender se você o fizer com os motivos corretos. Se eu tivesse continuado na profissão de vendedor, facilmente poderia ter acabado vendendo carros. Aprendi ao longo dos anos que essa é uma linha de atividade que atrai caçulas em profusão.

Você já entrou em um pátio de carros usados e foi cumprimentado por um cara grandão, com um sorriso enorme, sapatos e cinto brancos combinando, calça azul-marinho, camisa azul-clara e gravata azul-escura de bolinhas? Talvez ele não fosse assim tão vistoso, mas provavelmente disse:

— Bem, que tal colocarmos *você naquele* carro hoje?

Se já teve um encontro assim, é provável que estivesse lidando com um caçula. Você precisa ter cuidado com esses caras — eles vendem sua própria casa para você mesmo e dão de presente uma pintura feita pelo proprietário!

Estou brincando um pouco, mas é essencialmente verdade. Os bons vendedores geralmente são caçulas.

Faço algumas consultorias para empresas, e uma de minhas paradas favoritas é em lojas de carros. Estava visitando uma agência de automóveis local certo dia, e comecei a falar casualmente com um dos vendedores sobre ordem de nascimento. Acontece que ele era caçula, assim como todos os demais vendedores da loja!

E quanto ao gerente? Apostei nas probabilidades e chutei que ele era um primogênito. Certo novamente. Primogênitos geralmente acabam em posições de liderança. Esse gerente era um excelente vendedor, mas, sendo primogênito, ascendeu ao que realmente queria fazer: cortar todos os tês, pingar todos os is, e registrar todos aqueles ótimos números na última linha do relatório.

Não surpreende que esse gerente primogênito estivesse tendo problemas com alguns de seus vendedores caçulas. Eles simplesmente não se atinham a detalhes como preencher os relatórios no prazo. A estrela das vendas era um caçula, justamente o que estava mais em apuros com o chefe. Sentei-me com o gerente para tomar um café e fiz com que ele analisasse isto: "O que você realmente quer que esse cara faça: vender ou preencher a papelada?".

A resposta do gerente reduziu-se a "ambos".

Recomendei-lhe que parasse de tentar transformar um caçula no paradigma da eficiência bem organizada. Por que não aliviar o problema contratando secretárias ou assistentes para cuidar da papelada e deixar esses vendedores livres para fazer o que faziam melhor — vender!?

O gerente aceitou meu conselho e designou um assistente para preencher a papelada por ele. Naturalmente, as vendas cresceram mais do que nunca, e isso representou mais dinheiro para a loja.

CAÇULAS CONVIVEM COM A AMBIVALÊNCIA

Em *First Child, Second Child*, um livro excelente que já citei antes, os autores observam que o fato de ser o último filho pode transformar uma pessoa em um monte de ambivalência e incerteza. Caçulas vivem em uma gangorra de emoções e experiências que acham difícil explicar ou entender.[9] Minha própria vida de filho menor comprova isso. Nós, caçulas, podemos ser sedutores e afetuosos, mas então nos tornamos rebeldes e difíceis de lidar. Podemos oscilar de usinas de energia a seres incapazes que se sentem impotentes. Podemos estar no topo do mundo na segunda-feira, e embaixo da pilha na terça.

Não tenho certeza dos motivos exatos para essa característica ambivalente que nós, caçulas, carregamos pela vida, mas aqui vão algumas pistas: filhos nascidos por último são tratados com ambivalência — afagados, abraçados e mimados em um minuto, humilhados e ridicularizados no instante seguinte. Em autodefesa, desenvolvemos uma petulância independente que ajuda a mascarar toda a dúvida e confusão. Dizemos para nós mesmos: "Eles me anularam quando eu era pequeno. Não me deixavam brincar. Eu era o último a ser escolhido. Ninguém me levava a sério. Vou mostrar-lhes uma coisa!".

> Caçulas podem se sentir no topo do mundo na segunda-feira, e embaixo da pilha na terça.

Como queremos mostrar ao mundo que somos capazes, um de nossos principais traços é a persistência. Fui recusado por 159 faculdades, mas persisti e finalmente entrei na 160ª. Vários anos mais tarde, depois de ter escrito *Mais velho, do meio ou caçula* e quando esperava que ele fosse divulgado em rede nacional de TV, escrevi para o *The Phil Donahue Show* (sim, antes da Oprah havia o Donahue). Incluí um exemplar de meu livro e perguntei se ele não estaria interessado em ter um psicólogo especializado em ordem de nascimento em seu programa. A primeira recusa veio em uma carta-padrão, dizendo que eles haviam apreciado a sugestão, mas não tinham espaço para minha ideia no momento.

> Um dos principais traços do caçula é a persistência.

Intrépido, escrevi novamente e, é claro, enviei outro exemplar do livro. Mais uma vez, o mesmo tipo de carta-padrão retornou, mas eu não desisti. Continuei tentando. Tentei chegar ao programa de Donahue treze vezes, e, em algum momento, eles desistiram de me mandar cartas-padrão. Em vez disso, partiram para os cartões-postais, uma amostra dos quais aparece a seguir:

> Caro missivista de DONAHUE:
>
> Devido ao grande volume de correspondência recebida em nosso escritório, lamentamos não poder responder pessoalmente a sua carta.
>
> Sua sugestão foi revista. Entretanto, não temos intenção de usá-la para o programa de DONAHUE.
>
> Agradecemos seu interesse no programa.
>
> A EQUIPE DE DONAHUE

O último, mas raramente o menos importante   **159**

Mas por fim, quase milagrosamente, fui aceito. Não tenho certeza se simplesmente queriam me tirar do pé deles ou se sentiram pena de mim, mas consegui aparecer no Donahue. Foi o primeiro grande *talk show* que fiz. Pouco antes de ser agendado para me apresentar, o produtor me ligou e perguntou:

— Você vai ficar nervoso? Afinal, é só você; não há ninguém mais agendado.

— Sem problemas — respondi. — Na verdade, se Phil não se sentir muito bem algum dia, ficarei muito satisfeito em substituí-lo.

Isso é só a egolatria do caçula falando? Em parte. Mas também há uma boa dose do desejo de atenção do caçula, que dá a ele coragem suficiente para fazer coisas que poderiam deixar outras pessoas desanimadas ou até fazê-las correr para se esconder.

O desejo de atenção do caçula dá a ele coragem suficiente para fazer coisas que poderiam deixar outras pessoas desanimadas ou até fazê-las correr para se esconder.

Ah, sim, e o programa foi tão bem que até ficou na lista dos "Melhores de Donahue". Phil ficou impressionado, e eu me senti alucinado quando as vendas do livro chegaram às alturas.

CAÇULAS "JUST DO IT"[10]

Eu não me surpreenderia se descobrisse que foi um caçula quem escreveu esse conhecido *slogan* da Nike. Por baixo de nosso verniz de independência e persistência, há o rebelde interior que consegue sair impune de todas as enrascadas. Nós, caçulas, somos impetuosos e ousados, certos de que vamos atrair a atenção; imprimimos nossa marca. Mostraremos para nossos irmãos e irmãs, nossos pais e o mundo que somos uma força com quem eles têm de acertar contas. Vamos em frente e *fazemos*, e só depois nos preocupamos com as repercussões.

> Eu não podia competir com uma irmã nota 10 e um irmão 9,75, mas podia atrair a atenção deles deixando-os loucos.

Tenho certeza de que foi isso que me levou a ser um pequeno demônio enquanto crescia. Eu não podia competir com uma irmã nota 10 e um irmão 9,75, mas podia atrair a atenção deles deixando-os loucos.

Possivelmente, meu momento supremo foi quando Sally se casou. Ela tinha 20 e poucos anos, e eu era um adolescente. Sally não conseguia imaginar como podia me envolver no casamento. Ela não confiava em mim para ser o guia dos convidados — quem sabe o que eu poderia aprontar bem no meio da cerimônia? Então ela me incumbiu da tarefa de cuidar do livro de convidados.

Na noite anterior ao casamento, todos nós participamos do tradicional jantar de ensaio em um hotel elegante no centro. Até eu apareci vestido para matar, de terno e gravata. Como mandava a tradição, Sally deu um presentinho a cada um dos envolvidos no casamento. Abri o meu e descobri uma bermuda xadrez vistosa. Uma nova fantasia se formou, e Leman, o demônio, não pôde resistir. Escapuli e fiz uma transformação *a la* Clark Kent no banheiro ali perto. Instantes depois, reapareci na sala de jantar do elegante hotel vestido de camisa social, gravata — e bermuda!

> Mais uma vez era o centro das atenções. Pagaria o preço depois, ao encarar meu pai e minha mãe em casa, mas valera a pena.

O rosto de Sally ficou vermelho cor de pimentão ao ver sua noite perfeita se dissolver entre as gargalhadas dos convidados e os olhares ameaçadores do *maître*. Mas eu estava feliz. Mais uma vez era o centro das atenções. Pagaria o preço depois, ao encarar meu pai e minha mãe em casa, mas valera a pena. Tinha aprontado uma em nome de todos os caçulas que uma vez prometeram: "Vou mostrar a eles!".

E quanto a você? Alguma das histórias que contei neste capítulo ressoam como parte de *sua* história? Você entendeu um pouco por que faz o que faz? Por que adora e busca atenção? Ou meus relatos ajudaram você a entender um pouco mais o caçula de sua família? Caso a resposta seja "sim", atingi meu objetivo.

Abordando seus pontos fortes e fracos

Você é um caçula? Em que áreas enfrenta dificuldade? Em que áreas se dá bem? Ao terminarmos este capítulo, dê uma olhada no quadro "Pontos fortes e fracos dos caçulas".

1. Reserve alguns minutos para avaliar cada característica. Decida se cada traço é um ponto forte ou fraco em você.

2. Se o traço é um ponto fraco, que mudanças você pode fazer para melhorar nessa área?

3. Se é um ponto forte, como você pode capitalizá-lo ou desenvolvê-lo ainda mais?

Pontos fortes e fracos do caçula

Caraterísticas típicas	Pontos fortes	Pontos fracos
Sedutor	Adorável, divertido, fácil de conversar.	Manipulador, até um pouco excêntrico; parece ser um pouco espertinho e mesmo inverossímil.
Orientado às pessoas	Entende bem os outros e sabe como se relacionar e trabalhar bem com cada um e em pequenos grupos; ambientes sociais e eventos são sua especialidade.	Pode ser visto como indisciplinado, tendendo a falar demais, o tipo que gosta de uma boa conversa mas nem sempre produz.
Tenaz	Continua agindo com persistência incansável e não aceita não como resposta.	Pode insistir demais porque vê as coisas apenas de seu jeito.
Afetuoso e encantador	Carinhoso, adorável, quer ajudar; gosta de dar e receber afagos.	Pode ser crédulo, fácil de se tirar vantagem; ao tomar decisões baseia-se muito mais na emoção do que na razão.
Descomplicado	Parece relaxado, genuíno e confiável, sem intenções veladas.	Pode parecer distraído, um pouco fora de foco, um cabeça de vento.
Procura atenção	Divertido e engraçado, sabe como se fazer notar.	Pode parecer autocentrdo, alguém que não quer dar crédito aos outros, com ego enorme, temperamental, mimado e impaciente.

Pergunte-se

1. Sou um adulto maduro? Ou as pessoas ainda falam e pensam: "Por que você não cresce?".
2. Parte do desenvolvimento está em aprender a observar a si mesmo. Tenho dificuldade para isso?
3. Gosto de trabalhar com pessoas, dados ou coisas? Preciso considerar uma mudança em meu tipo de trabalho?
4. Se tenho uma queda pelos holofotes (procuro atenção), demonstro isso sendo autocentrado, pensando sempre em mim, não nos outros? Como sei disso? O que meus amigos me diriam?
5. Uso minha habilidade para fazer as pessoas rirem simplesmente para conseguir atenção, ou uso isso para fazer as pessoas se sentirem bem e apreciarem a vida?

6. Comando minha tenacidade e persistência, sem deixar isso sair do controle? Ou me torno autoritário?

7. As pessoas diriam que sou bom ouvinte? Ou eu só tento "sacar" as pessoas e não ouço realmente o que têm a dizer? Preciso melhorar minha habilidade para ouvir e reservar um tempo para ouvir os outros, sem pensar no que vou dizer em seguida?

_____ CAPÍTULO 10

A situação vencedora nos negócios

Olhando pelos olhos dos outros

Meu pai estudou apenas até a oitava série, mas foi bem-sucedido em criar uma família e tocar seu próprio pequeno negócio de lavagem a seco. É engraçado, mas quanto mais velho fico, mais inteligente meu pai se torna. Infelizmente tive de ficar um pouco mais velho — quase chegando aos 30 anos — para entender a mensagem dele sobre se preocupar com as vendas.

No início de minha carreira como terapeuta, meu pai me perguntou:

— Kevin, você tem algum consumidor atualmente?

— Pai! — protestei. — Não são consumidores; são *clientes*!

— Eles pagam a você? — ele quis saber.

— Sim, claro que pagam.

— Então são consumidores.

E é claro que ele estava certo. Meu pai tinha um conhecimento simples e intuitivo da natureza humana. Nossas breves conversas práticas finalmente me ajudaram a perceber que meus clientes eram na verdade meus consumidores. E, uma vez que entendi isso direito, não levou muito tempo até ver que o que eu tinha aprendido em meus cursos de psicologia, especialmente quanto à ordem de nascimento, podia ser inestimável.

Como terapeuta, eu basicamente vendia ajuda para as pessoas — ajuda com seus problemas, dúvidas e ansiedades. Mas, quanto mais atendia, mais compreendia que não se pode ajudar pessoas a menos que você realmente as conheça — sobretudo sua maneira de ver a vida.

Felizmente, devido ao produto que eu estava tentando vender — aconselhamento —, fui forçado a conhecer meus consumidores cada vez melhor a fim de ajudá-los mais e mais. Na verdade, logo aprendi que depois de conquistar um cliente (ou seja, um consumidor) eu não tinha finalizado a venda; ela apenas começara. O verdadeiro trabalho ia além — vender às pessoas ideias e sugestões que promovessem verdadeiras mudanças na vida delas.

> Conheça seus consumidores, e a venda de seu produto acontecerá por si só.

Então, como psicólogo, permaneço no ramo de vendas. E é por isso que posso afirmar com segurança o seguinte: conheça seus consumidores, e a venda de seu produto acontecerá por si só.

Estou convencido de que um pouco de conhecimento básico sobre ordem de nascimento pode ser de grande valia no mundo dos negócios, especialmente no tocante a vendas.[1] Mas o conhecimento básico da ordem de nascimento literalmente aumenta a efetividade de um representante de vendas? Vou deixar Harvey Mackay, um dos maiores presidentes executivos dos Estados Unidos e escritor de muitos *best-sellers* sobre negócios, responder: "Para ir bem direto ao ponto, o vendedor que atinge o topo do gráfico é aquele que entende melhor a natureza humana".[2]

Obviamente, acredito que um conhecimento prático da ordem de nascimento é uma das maneiras mais efetivas de conhecer seus consumidores. Estou dizendo que a ordem de nascimento *sempre* vai funcionar e garantir uma venda a você? É claro que não. Nenhum método funciona *sempre*. Quando atendo, nem sempre "fecho a venda" ao tentar fazer que as pessoas mudem seus jeitos disfuncionais e destrutivos. Mas isso não me impede de aprender tudo o que posso sobre elas — o que chamo de "olhar por seus olhos" para ver

> Cada um de nós é um vendedor em alguma área da vida. Todos podemos nos beneficiar ao olhar pelos olhos dos outros.

o mundo como elas veem. Se conseguir fazer isso, poderei vender-lhes as ideias que tenho a oferecer, o que pode fazer a diferença em seu comportamento e em sua vida.

Cada um de nós é um vendedor em alguma área da vida. Todos podemos nos beneficiar ao olhar pelos olhos dos outros.

Parte do aprendizado sobre as pessoas inclui saber sua ordem de nascimento. Quando um cliente se senta a minha frente pela primeira vez, posso perguntar sobre sua ordem de nascimento assim como lançar um monte de outras questões "psicológicas" para ter noção de sua personalidade individual.

A pessoa comum, porém, não pode se dar a esse luxo e, francamente, não é recomendável que se faça perguntas diretas aos consumidores sobre sua ordem de nascimento. Por exemplo, não diga algo como "Você está sempre tão bem vestido e arrumado. É o primeiro filho da família, ou pelo menos o primeiro homem (ou mulher)?" Esse tipo de pergunta vai fazê-lo soar como um estudante de primeiro ano de psicologia fazendo pesquisa para um trabalho semestral — ou como um caso psiquiátrico.

Uma abordagem muito melhor é envolver a outra pessoa em uma conversa e fazer perguntas casuais como: "Onde você cresceu?", "De onde você é?"... Conforme faz o consumidor falar sobre o local onde cresceu, consegue que fale sobre a família. Então, pode perguntar o que a família fazia. Eram fazendeiros? Tinham negócios? Havia irmãos ou irmãs? Era uma família pequena ou grande?

— Éramos só eu e minhas irmãs e meu irmão menor — a outra pessoa pode responder.

— Aposto que seu irmão menor sempre escapava impune — você comenta.

Muito provavelmente, a outra pessoa dirá:

— Sim, na verdade, ele escapava.

— Então você tinha de fazer todo o trabalho? — você continua. — Diga-me, quem era o mais velho em sua família: você ou suas irmãs?

Com esse tipo de abordagem, você sempre vai ser casual, com o objetivo de primeiro criar uma relação pessoal para depois descobrir a ordem de nascimento do sujeito. Tome notas mentais enquanto você reúne evidências para a ordem de nascimento da pessoa.

Outra abordagem é citar despretensiosamente algo sobre sua própria família. Por exemplo: "Vi meu irmão mais velho no fim de semana. Ele veio com a família para o feriado. Você tem algum irmão que venha visitá-lo nessa época?".

Como você compra um carro

Se você é primogênito

Você lê revistas especializadas, procura durante meses na internet as especificações do carro do ano, vai à feira anual de automóveis no centro para analisar as possibilidades, visita pelo menos quatro lojas, faz cotações de preços e então vai para casa a fim de pensar metodicamente nisso tudo e estudar em detalhes os vários pacotes de luxo/conforto oferecidos.

Se você é filho do meio

Você faz alguma pesquisa (principalmente pergunta aos amigos de que carros eles mais gostam, lê algumas revistas e dá uma busca na internet), vai até uma loja, cai na conversa da celebridade que a montadora de veículos contratou, e sai com determinado modelo de carro.

Se você é o caçula

Decide que carro quer, vai à loja de carros em um dia e diz algo profundo como: "Shazzam! Você tem azul-petróleo?... Tem?... E tem friso dourado?... Vou levar!". Então, 59 prestações depois, você se pergunta por que comprou aquele carro sem graça.

Conforme você se propõe a descobrir a ordem de nascimento de alguém, acaba conhecendo todo tipo de outras coisas: *hobbies*, esportes, times e restaurantes favoritos etc. As possibilidades são quase infinitas.

Quanto mais conhecimento pessoal você obtém sobre um consumidor (ou alguém que você espera tornar um consumidor), melhor, porque tudo isso dá algumas pistas sobre a "lógica própria" daquele cliente. Todos nós temos uma lógica própria — a forma como enxergamos a vida, como vemos os outros e como nos vemos. É parte de nosso estilo.

> Todos nós temos uma lógica própria — a forma como enxergamos a vida, como vemos os outros e como nos vemos. É parte de nosso estilo.

Nossa lógica própria é mais ou menos como nossa agenda pessoal. Cada um de nós vê a vida de uma maneira diferente. Se você duvida, ligue para dois ou três irmãos ou amigos próximos com quem você compartilhou uma experiência memorável no passado. Pergunte simplesmente: "Você se lembra daquela vez...?". Descreva a experiência em poucas palavras, então se sente e ouça visões incrivelmente diferentes do que aconteceu.

Sempre fique atento à lógica própria de seu cliente. Ao tentar entender o ponto de vista de um consumidor, você realmente olha pelos olhos dele. É aí que você aprende sobre as verdadeiras inclinações da pessoa, suas preferências e desejos.

Ao visitar seus clientes, continue tomando notas mentais (e mais tarde escritas) sobre suas características de ordem de nascimento. Logo você terá um arquivo inestimável em seu Blackberry, algo que vai lembrá-lo de como eles pensam, do que gostam e de como querem fazer negócios. Essa informação pode se tornar uma mina de ouro, mas é claro que o ponto central é como você garimpa isso — ou seja, como usa a informação em situações reais de venda.

Usei os seguintes "segredos" durante anos ao lidar com primogênitos, filhos do meio e caçulas. Quer esteja me vendendo como palestrante, quer aconselhando um cliente sobre como mudar, se decidir fazê-lo, uso esses conceitos simples, de bom senso. Você pode usá-los para "vender" qualquer coisa. Tente, e verá do que estou falando.

SEGREDOS PARA VENDER A UM PRIMOGÊNITO

Vender para um primogênito (ou filho único, que é um superprimogênito) é um pouco como limpar um campo minado. Você precisa agir com cautela, mas deve entrar e sair o mais rápido possível.

A situação vencedora nos negócios **167**

Tenha em mente que, ao falar com um primogênito, você está falando com o sr. Prático ou com a sra. Manual de Instruções. Eles normalmente não ficam muito impressionados com prospectos brilhantes em quatro cores e muitas exclamações em negrito. O primogênito basicamente quer saber: "O que seu produto ou serviço vai fazer por mim?", "Quanto vai custar?".

Avance com cautela diante de primogênitos e atente para os sinais vermelhos.

Entrando pela porta e lançando-se de uma vez

Tudo bem, você chegou alguns minutos antes (jamais chegue sequer um minuto atrasado) para sua reunião com o sr. Hennesey. A hora é esta, e você está sendo conduzido ao escritório dele. Para atrair-lhe a atenção de primogênito, você deve estar preparado. Lembre-se de que o sr. Hennesey é o tipo de sujeito muito objetivo, sensato, básico. Se você não for direto ao ponto, ele pode simplesmente apontar a você o caminho da porta.

> Tenha em mente que, ao falar com um primogênito, você está falando com o sr. Prático ou com a sra. Manual de Instruções.

Então, você tem seu discurso de vendas planejado e o segue à risca. Não disperse; não tente fingir. Simplesmente diga sua fala — de preferência em cinco minutos, mas em três será melhor ainda.

Por que um primogênito odeia "por quê?"

Ao fazer sua apresentação a um primogênito, você pode ouvi-lo perguntar coisas como "Por quê?" junto com "O quê?", "Quando?", "Onde?" e "Quanto?"

Esteja pronto para responder a todas essas perguntas, é claro, mas o que quer que faça, tente não dirigir ao primogênito qualquer pergunta iniciada com "por que". Naturalmente, é provável que você esteja se perguntando "Por que não?". Porque essa pergunta é confrontadora e coloca a outra pessoa na defensiva, pelo menos um pouquinho — às vezes mais do que isso.

> Primogênitos gostam de estar no comando e não ficam nada contentes com surpresas e perguntas que possam colocá-los na defensiva.

Para um primogênito, especialmente, uma pergunta começando com *por que* é uma ameaça ao controle que ele tem da situação. Sempre se lembre de que primogênitos gostam de estar no comando e não ficam nada contentes com surpresas e perguntas que possam colocá-los na defensiva.

Também é bom não pressioná-los a tomar uma decisão. Não estou dizendo que você não deva tentar fechar uma venda (vamos chegar a isso em instantes).

168 Mais velho, do meio ou caçula

Apenas lembre-se de que os primogênitos gostam de muitos detalhes; então, estimule as perguntas enquanto prossegue.

Outra coisa a lembrar é que primogênitos têm um ego substancial. Quando tiver uma chance, pergunte-lhes o que faz deles ou de suas empresas um sucesso. Tenha cuidado, porém, ao dizer qualquer coisa que soe uma bajulação insincera. Na verdade, se você realmente quer impressionar o sr. Hennesey, tente fazer a lição de casa sobre a empresa dele antes de encontrá-lo. Se a empresa tem ações na bolsa, você pode ligar para um corretor e tentar se atualizar sobre os movimentos mais recentes relativos àquela instituição.

Fechando negócio com um primogênito

Ao resumir sua apresentação, sempre tenha em mente que primogênitos querem saber os prós e os contras, os pontos negativos e os positivos. Não tente enganá-los alardeando que o que você está vendendo é absolutamente infalível. Você sabe que não é verdade; e eles também.

Em vez disso, use o princípio psicológico da "atração antagônica". É a mesma coisa que geralmente uso com crianças pequenas em situações terapêuticas. Lá atrás, na faculdade, aprendemos que, se nos movermos *na direção* da média das crianças de 2 anos dizendo "Venha aqui, venha até mim", elas geralmente irão para o outro lado — o mais rápido que seus pezinhos puderem carregá-la. Mas se você quer que uma criança de 2 anos venha até você, *afaste-se* e diga: "Venha, venha até aqui".

> Tudo o que você realmente está tentando fazer no primeiro contato é colocar a ponta do pé na porta. O pé inteiro pode vir depois.

Quando ouvi isso pela primeira vez, não acreditei que funcionasse, mas em nove entre dez casos realmente funciona. Há alguma coisa em recuar que faz que as crianças se sintam no controle e percam o medo.

E o que o fato de lidar com crianças de 2 anos tem a ver com se relacionar com gerentes de compras de 45 anos ou diretores de empresas? Muita coisa. A ideia é que não se faz um discurso de vendas dizendo simplesmente: "Por favor, feche comigo e com minha empresa". Em vez disso, conforme se caminha no sentido do desfecho, é preciso fazer que o primogênito saiba que está no controle — ele é aquele que toma a decisão.

Uma das melhores maneiras de fazer isso é afirmar os prós e contras óbvios. Por exemplo: "Sei que vocês compraram dessa outra empresa por sete ou oito anos e que eles lhes têm oferecido um bom serviço. Estaria mentindo se dissesse que só nós oferecemos bons negócios — muitas empresas oferecem. Mas o que me empolga são as novas dimensões do que oferecemos. Estamos à frente da concorrência em diversas áreas. Nós não só demos os primeiros passos, como também nos estabelecemos e temos produtos [ou serviços] comprovados".

Então deixe com o primogênito. Você fez seu discurso, e ele vai tomar a decisão dele. Se as coisas foram bem, você pode ouvi-lo dizer algo como "Preciso pensar no assunto. Conheço alguém [do outro lado da cidade, no estado vizinho] que usa seu produto [ou serviço]. Acho que vou mandar um *e-mail* para ele e ver o que acha".

Em contrapartida, você pode ouvir um educado "Muito obrigado. Gostei de sua apresentação, e logo entraremos em contato".

Em muitos casos, especialmente com primogênitos, o segundo comentário é provavelmente o que você conseguirá ao fazer a primeira visita. Tudo o que você realmente está tentando fazer no primeiro contato é colocar a ponta do pé na porta. O pé inteiro pode vir depois.

Como grupo, os primogênitos são formidáveis, mas atingíveis. A eficiência e a preocupação com seu tempo e agenda apertados os impressionam. Com os primogênitos, lembre-se: não tente ficar muito íntimo. Faça o que tem de fazer e se mande.

Se você é primogênito e quer mais ajuda na área de negócios, leia o capítulo 9 de *Born to Win*.[3]

> Com os primogênitos, lembre-se: não tente ficar muito íntimo. Faça o que tem de fazer e se mande.

SEGREDOS PARA VENDER AO FILHO DO MEIO

Provavelmente, nenhuma outra ordem de nascimento é mais sensível ao axioma "Vendas são relacionamentos" do que os filhos do meio. Eles são relacionais por natureza porque têm sede disso. Como você vai se lembrar, os filhos do meio são aqueles que saem da família primeiro para encontrar amigos e grupos nos quais se sintam de alguma forma no controle, e não estejam espremidos como estavam em casa.

Ao se preparar para visitar um filho do meio, você precisa se lembrar de que ele é bom para jogar em equipes, é confiável, constante e leal. E, diferente do primogênito, realmente gosta de responder a perguntas — na verdade, quanto mais perguntas, melhor. Por que isso? É simples: nunca lhe fizeram muitas perguntas enquanto esteve em casa. Ele era simplesmente ignorado.

> Ele realmente gosta de responder a perguntas — na verdade, quanto mais perguntas, melhor. Por que isso? É simples: nunca lhe fizeram muitas perguntas enquanto esteve em casa. Ele era simplesmente ignorado.

Enquanto a maioria dos filhos do meio tende a ser mais despreocupada e bem relacionada do que os outros, há exceções. Ao se deparar com um filho do meio, você pode achar que ele tem um quê de serra circular — muito competitivo, quase um tipo agressor e brigão. E, em vez de gostar de relacionamentos, o filho do meio pode ser solitário, quieto ou tímido. Mas minha observação ao longo dos anos de terapia tem sido de que o filho do meio típico que acaba em alguma posição do tipo gerência intermediária, na qual ele tem de tomar decisões relativas à compra de insumos e serviços, está mais inclinado a ser um negociador e mediador relacional.

Algumas ideias para abordar o filho do meio

Quando visitar um filho do meio ávido por relacionamentos, você pode querer perguntar se há mais alguém que ele queira trazer para participar da conversa ou talvez almoçar. Com uma terceira pessoa, geralmente é mais fácil manter a conversa fluindo, e isso pode deixar o filho do meio mais à vontade. Mas esta deve ser uma decisão do filho do meio, não sua. Nunca leve de surpresa um de seus colegas, achando que o filho do meio ávido por relacionamentos acredita que "quanto mais, mais feliz". Muito pelo contrário: você pode facilmente acabar fazendo que ele se sinta oprimido. Filhos do meio gostam de relacionamentos, mas nos termos deles.

> Filhos do meio gostam de relacionamentos, mas nos termos deles.

Outra boa ideia é contatar o filho do meio fora do escritório — no almoço, por exemplo. Faça tudo o que puder para tornar sua visita menos uma reunião de vendas e mais um contato social. O filho do meio geralmente responde melhor a uma apresentação que seja mais lenta do que a que você fez para o primogênito e que seja realizada com sensibilidade. Se for a primeira visita, você pode querer deixar a impressão de que não está ali para vender alguma coisa, mas sim que só quer fazer um contato para se conhecerem um ao outro.

> Construa lentamente seu relacionamento; jogue sua linha e espere. Como regra, filhos do meio precisam de mais linha do que os decididos primogênitos ou os caçulas impetuosos.

Faça tudo o que puder para convencer o filho do meio de que você está preocupado com ele e com os interesses pessoais que ele tem. Se o sujeito é dono de um pequeno negócio e a empresa que você representa geralmente vende a companhias maiores, faça-o saber que isso não o torna menos importante. Por exemplo, pode-se dizer "Acabamos de abrir uma nova

A situação vencedora nos negócios **171**

divisão para acomodar pequenos negócios, e gostaria de mostrar-lhe um pacote que vai ajudá-lo a economizar dinheiro".

Outra abordagem eficiente ao filho do meio é perguntar a ele qual é seu maior problema ou obstáculo. Qual é a maior dificuldade que ele enfrenta hoje no negócio? Aprenda como ajudá-lo e, então, apresente-se para fazer exatamente isso. Por exemplo: "Gostaria de convidá-lo a conhecer nossa fábrica e ver o que podemos fazer por você". Uma variação disso seria: "Gostaria de convidá-lo a conhecer algumas pessoas de nossa equipe. Quero mostrar a você o que fazemos por negócios como o seu".

Você provavelmente precisará fazer mais visitas a um filho do meio antes de fechar a venda. Construa lentamente seu relacionamento; jogue sua linha e espere. Como regra, filhos do meio precisam de mais linha do que os decididos primogênitos ou os caçulas impetuosos. São mais propensos a "seguir a maré". Eles podem levar mais tempo para fechar um negócio, mas no final podem ser consumidores mais leais (se você lhes oferecer um bom serviço).

Filhos do meio gostam de gestos calorosos

Mais uma vez, lembre-se de que os filhos do meio têm mais tendência a gostar das maneiras consagradas de negociar. Seu lema definitivamente é: "Se não quebrou, por que consertar?" ou "Se estamos nos dando bem com o produto da Companhia XYZ, por que eu deveria mudar para a ABC?". Obviamente, um fator pode ser o preço, mas nem sempre essa é a consideração principal. Filhos do meio em especial procuram por serviço, relacionamento, por coisas como gestos calorosos que vão ajudá-los a sentirem-se mais seguros e mais à vontade tendo você como fornecedor.

> Filhos do meio em especial procuram por serviço, relacionamento, por coisas como gestos calorosos que vão ajudá-los a sentirem-se mais seguros e mais à vontade tendo você como fornecedor.

Eles não têm tanto medo de (ou não são tão suscetíveis a) mudanças como os primogênitos podem ter. Os primogênitos gostam do *status quo* porque isso os ajuda a permanecer no controle. Mas, como os filhos do meio nunca tiveram tanto controle assim enquanto cresciam, eles são mais dispostos a absorver os impactos.

E se filhos do meio podem não ser tão perfeccionistas quanto os primogênitos, isso não significa que você não encontrará filhos do meio meticulosos. Qualquer ordem de nascimento pode sucumbir ao perfeccionismo. Apenas ocorre de os primogênitos e filhos únicos terem maior tendência a isso devido à tremenda pressão à qual foram submetidos desde pequenos.

Fechando negócio com um filho do meio

Se a garantia do dinheiro de volta ou promessas de não obrigatoriedade são ferramentas sempre poderosas com qualquer ordem de nascimento, elas são especialmente atraentes para filhos do meio. Tenha em mente que se trata de alguém levemente inseguro e que ainda se rebela (talvez não tão sutilmente) contra a infância que o manteve no meio, espremido, esquecido e às vezes ignorado.

> Ao lidar com filhos do meio, você deve sempre se lembrar de três coisas: Venda é relacionamento. Venda é relacionamento. Venda é relacionamento.

Nunca é prejudicial enfatizar aos do meio que eles podem conferir com outras pessoas sobre seus pedidos e repetir como você vai especificamente servi-los se eles realmente comprarem alguma coisa de você. Por exemplo, pode-se dizer: "Nós dois sabemos que há muitas empresas realizando o que fazemos, mas acredito que a companhia que represento realmente foca em adaptar nosso produto [ou serviço] às necessidades do consumidor. Nós vamos nos desdobrar para prover especificamente aquilo que pode melhorar sua produção".

Ao lidar com filhos do meio, você deve sempre se lembrar de três coisas: Venda é relacionamento. Venda é relacionamento. Venda é relacionamento.

SEGREDOS PARA VENDER A UM CAÇULA

Há outra ordem de nascimento que é, de certa forma, mais relacional do que o filho do meio. Falo, é claro, dos caçulas. Quando se está vendendo para caçulas, sempre gosto de dizer que se deve "trazer os sapatos de dança e um cata-vento". Em outras palavras, seja o mais divertido e sedutor que puder, e tenha consciência de que, conforme os ventos mudam, os filhos mais novos podem mudar também.

> Caçulas sempre seguem no vai da valsa e nunca ficam no mesmo lugar por muito tempo.

Caçulas sempre seguem no vai da valsa e nunca ficam no mesmo lugar por muito tempo.

Venda a ele antes que ele venda a você!

Ao se preparar para abordar seu cliente ou seu potencial consumidor caçula, quanto mais divertido for, melhor. Não significa que você deve chegar saltitando com um chapéu de festa e uma buzina. Tudo o que estou dizendo é que seu típico caçula está atrás de diversão na vida e, por mais que ele pareça um tanto metódico na aparência, sua atitude orientada à diversão pode estar bem ali, esperando para aflorar.

Se um ambiente social é bom para uma aproximação com o filho do meio, é melhor ainda para os caçulas. Filhos mais novos gostam de fazer tudo em extremos — quando trabalham, trabalham duro; quando jogam, jogam pesado. Às vezes, gostam das duas coisas ao mesmo tempo.

Enquanto você conversa com seu consumidor caçula, tenha consciência de que ele sempre adora ouvir ou contar uma boa história ou piada. Pergunte: "Você não quer me contar suas histórias favoritas — coisas que aconteceram em seu negócio? Adoraria ouvi-las".

> Caçulas gostam de trabalhar duro e jogar pesado. Às vezes, gostam das duas coisas ao mesmo tempo.

Quando você contar histórias, porém, passe longe de qualquer coisa remotamente apimentada. Por mais que eu adore humor, sempre sigo essa regra, não porque acho que é mais seguro agir assim ao fazer negócios, mas porque é a melhor maneira de fazer negócios em qualquer ambiente.

O tempo conta, então faça a coisa andar

Como mencionei, é preciso se movimentar rápido com primogênitos porque eles são só negócios e não têm tempo a perder. Caçulas podem estar dispostos a perder um tempinho, mas, em contrapartida, seu período de atenção é curto. Se seu cliente caçula começa se divertindo com uma história ou duas, é melhor você ficar esperto com o horário. O tempo pode se esgotar antes do que você gostaria, e o caçula pode ter ido embora ou estar a caminho da porta, pronto para outro compromisso, antes de você ter a oportunidade de vender seu produto.

> O típico filho mais novo da família é altamente suscetível a ficar impressionado com referências a celebridades.

Ao fazer sua apresentação, tenha consciência de que o típico filho mais novo da família é altamente suscetível a ficar impressionado com referências a celebridades. Não será nada mal mencionar pessoas com alta visibilidade ou empresas que já usam seus produtos ou serviços.

Fechando a venda com um caçula

O típico caçula está a 180 graus do primogênito usual. Você se lembra de que os primogênitos pouco se importam com fotos coloridas e leiautes chamativos. Eles querem as especificações, os números, os gráficos. Caçulas, por sua vez, não dão a menor bola para especificações, números e gráficos. Eles adoram fotos bem coloridas, brilhos e purpurina. É assim que chegam ao ponto.

Em outras palavras, os mais novos tendem a perguntar primeiro: "O que tudo isso realmente faz por *mim*? Faz *me* sentir bem?". Não estou dizendo que o caçula não consegue tomar decisões empresariais sólidas; estou dizendo que, quando se trata de pesar os prós e contras profissionais e pessoais, o caçula dará ao lado pessoal um peso significativo.

Caçulas geralmente assumem riscos

Os estudos mostram que os últimos filhos da família, especialmente os caçulas, têm muito mais propensão a assumir riscos do que os primogênitos. Uma professora de *marketing* de uma grande universidade do sul dos Estados Unidos me chamou certa ocasião para dizer que acabara de ler *Mais velho, do meio ou caçula* e que tinha adorado. Ela especulou que, como os primogênitos são sempre os líderes e aqueles que fazem as coisas andarem para a frente em tantas áreas da vida, faria sentido saber o que estão pensando a fim de predizer as próximas tendências de *marketing*.

Fiquei impressionado com a forma como ela estava tentando usar o que aprendeu no livro, mas tive de dizer: "Você está absolutamente correta. A evidência de que os primogênitos são os líderes da sociedade é massacrante, mas, se você estiver atrás de tendências, é melhor ver o que os caçulas estão fazendo. Eles são de longe os que têm maior propensão a assumir riscos e mudar as coisas".

> Se você estiver atrás de tendências, é melhor ver o que os caçulas estão fazendo. Eles são de longe os que têm maior propensão a assumir riscos e mudar as coisas.

Saber que os caçulas tendem a assumir riscos pode ajudá-lo a encaminhar-se para concluir a apresentação. Como eles querem agir agora, não depois, são tipicamente espontâneos e impetuosos. Você pode ser sutilmente mais confrontador e pressionar um pouco mais por uma decisão. Se o caçula está inclinado de alguma forma em sua direção, não hesite em pedir a ele um compromisso ou assinar na linha ali embaixo.

Quando comprei um Chrysler Sebring conversível, entrei e fiz o negócio que queria fazer, é verdade, mas o gerente de vendas — a propósito, um primogênito muito alinhado — também fez um bom trabalho ao reconhecer como eu funcionava, e negociou comigo adequadamente. Por exemplo, ele percebeu que eu estava apressado e impaciente. Talvez tenha se lembrado de que eu tendia a ser um pouco impetuoso, porque já negociara comigo antes. De qualquer forma, não titubeou. Fez o negócio, assinou e me deixou sair dirigindo em muito pouco tempo. Apesar de não ter feito nenhum curso de vendas para diferentes ordens de nascimento, ele foi muito bom ao vender para mim — um caçula.

> Tudo o que queremos é respeito, alguns mais do que outros.

Vender para caçulas pode ser divertido, mas não fique com a ideia de que eles são cabeças de vento. Lembre-se, há um lado sombrio no caçula — o lado que diz: "Quero mostrar a eles!". Os filhos mais novos nos lembram de uma verdade universal: tudo o que queremos é respeito, alguns mais do que outros.

O SEGREDO MAIS BEM GUARDADO DOS NEGÓCIOS

Os segredos para vender a diferentes ordens de nascimento são todos baseados sobretudo no senso comum. Mas talvez o segredo mais bem guardado sobre fechar vendas, trabalhar para um patrão, administrar funcionários, presidir a Associação de Pais e Mestres ou liderar um grupo de cuidado com o bairro seja este: tenha um interesse pessoal pelos outros.

Como escritor, costumo estar em viagens para divulgação do meu livro mais recente. Meu editor me manda para várias cidades onde apareço na TV e no rádio, e então dou uma passada em livrarias locais para cumprimentar e conhecer pessoas. Geralmente, gosto muito dessas paradas nas livrarias. Em raras ocasiões, porém, vivencio o pior pesadelo de um autor: dar uma ótima entrevista na TV ou no rádio e depois ir ao centro, parar em alguma livraria e não encontrar meu livro em lugar nenhum!

Eu estava em uma grande cidade do Meio-Oeste há pouco tempo, acompanhado de uma senhora muito elegante que conhecia não só livros, como também pessoas, especialmente os gerentes de livrarias. Enquanto me levava para encontrar a gerente de uma livraria que fazia parte de uma conhecida rede nacional, essa senhora me contou que a filha da tal gerente sofrera um acidente. As consequências tinham sido tão graves que demorou um ano para a garotinha se recuperar.

Falei a minha cicerone que havia apreciado a informação e, alguns minutos depois, quando ela me apresentou à gerente da livraria, eu disse a esta: "Ouvi dizer que a senhora é uma grande mulher. Soube de algumas coisas a seu respeito. Deve ter sido um ano bem difícil".

Imediatamente, a gerente se alegrou, e a conversa pulou vários níveis acima das apresentações superficiais tradicionais. O motivo era simples. Com um par de comentários, eu entrara no modo relacionamento e fiz que a mulher soubesse que eu compreendia o que lhe acontecera. Então acrescentei: "Sabe, eu mesmo tenho quatro filhas".

Era tudo de que realmente precisávamos. A gerente e eu conversamos sobre as lesões de sua filha e como a recuperação fora lenta e frustrante.

Mais tarde — bem mais tarde, na verdade —, começamos a falar sobre por que eu estava ali — porque estava na cidade para divulgar meu livro. Foi como se uma luz se acendesse, e a gerente da loja disse: "Ah, meu Deus, em que programas você esteve hoje? Nossa, acho que não temos seu livro no estoque. Vou encomendar agora mesmo!". Em poucos minutos, no computador, ela deu entrada em um pedido de boa quantidade do meu livro.

Quando minha cicerone me levou ao aeroporto, conversamos sobre o bate-papo que eu tivera com a gerente, e ela mencionou como tinha ficado impressionada com a maneira pela qual consegui construir um relacionamento tão rapidamente. Comentei: "Sabe, se você ligar para essa senhora daqui a dois anos e mencionar meu nome, ela vai se lembrar de mim. Por quê? Porque eu estava muito interessado *nela* e *na filha dela*, não em empurrar meus livros em primeiro lugar".

Eis o ponto dessa pequena história. Obviamente, eu poderia ficar por aí atraindo a atenção de gerentes de livrarias (e de todo mundo) apenas para manipulá-los e conseguir o que queria — vender mais livros. Afinal, quero vender mais livros tanto quanto qualquer escritor. Mas, honestamente, posso dizer que construo relacionamentos porque *sou verdadeiramente interessado nas pessoas com quem lido*. Os benefícios que advêm disso são óbvios e, em alguma medida, automáticos.

Como vender um carro

Se você é um vendedor, precisa olhar pelos olhos dos outros em vez de simplesmente ver o mundo com seus próprios olhos.

A um primogênito

Note que ele vai fazer todas as perguntas imagináveis pela humanidade; então, esteja preparado. Ao fazer-lhe todas essas perguntas, o primogênito está testando o que você sabe sobre o carro. Ele já conhece as respostas e fez toda a pesquisa, mas quer ver quão esperto você é.

A um filho do meio

Ajude o filho do meio a pesar as melhores opções para seu estilo de vida, mas sem pressioná-lo. Mostre-lhe várias possibilidades; em seguida, dê a ele o crédito de ser inteligente o suficiente para decidir.

A um caçula

A maior preocupação desse comprador é a cor, o brilho e a possibilidade de ter o carro até sábado, para um encontro importante. Estimule o entusiasmo do caçula e você terá uma venda rápida. Mas não prometa algo que não pode cumprir, ou você pode ter de se haver com um ataque de fúria.

Como disse alguém: "Tudo que vai tem volta". Se você sempre tentar tratar as pessoas da maneira como gostaria de ser tratado, seus motivos serão corretos, e o que vier de volta sempre será bom. A pessoa inteligente percebe como navegar por todas as ordens de nascimento.

Aprender a fazer isso é muito valioso não só para os negócios, mas para toda a vida — incluindo casamento, a relação mais íntima de todas. Para ver como a ordem de nascimento pode afetar qualquer casamento, incluindo o seu, vá para o próximo capítulo.

> Se você sempre tentar tratar as pessoas da maneira como gostaria de ser tratado, seus motivos serão corretos, e o que vier de volta sempre será bom.

CAPÍTULO 11

Casamentos de mesma ordem de nascimento não caem do céu

Eu costumava pensar que casamentos poderiam cair do céu. Agora, depois de atender casais durante todos esses anos, sei que são feitos na terra. E você sabe qual é minha primeira pergunta para qualquer casal que vem à procura de aconselhamento marital? "Qual a ordem de seu nascimento?"

A resposta que obtenho com mais frequência é "Sou primogênito, e ela também" ou "Sou filha única, e ele também".

Isso não quer dizer que eu não aconselhe casais filhos do meio ou caçulas, mas, ao longo dos anos, aconselhei milhares de casais, e os mais competitivos, inconstantes e desesperançados eram combinações nas quais ambos eram primogênitos ou, pior, filhos únicos.

O relacionamento deles é o oposto do verdadeiro conceito de casamento, ou seja, unir forças, compartilhar, combinar-se em uma unidade. Em vez disso, são como cabritos monteses, constantemente batendo cabeças. E quando travam os chifres sobre uma coisa, nenhum dos dois recua.

Sobre o que eles discordam? *Tudo*. Primogênitos e filhos únicos são, por natureza, perfeccionistas descobridores de falhas e apontadores de defeitos. Há uma música *country* que diz "Você quer as coisas do seu jeito, e eu quero do meu". Como isso é verdade!

EXPULSEI UM CASAL BRIGUENTO

Um par de primogênitos que atendi passava os primeiros dez ou vinte minutos de cada sessão brigando enquanto eu ficava ali sentado, ouvindo. Finalmente me cansei e os expulsei de meu consultório.

"Hoje não vou cobrar", eu disse. "Estou cansado de ouvir vocês dois se ofendendo mutuamente. Vão para casa e pensem nisso. Quando estiverem prontos a tentar ter um casamento de verdade, voltem a me procurar."

Reconhecidamente, expulsar esse casal por causa das brigas foi uma tática terapêutica cruel, mas é algo que fiz ao longo dos anos nas raras ocasiões em que senti que a situação justificava. Não ouvi falar desse casal por um mês, e comecei a pensar: "Esta você pôs a perder, Leman. Eles não vão voltar".

> São as pequenas coisas que deixam os primogênitos loucos: roupas empilhadas, cheques não lançados, luzes acesas, e assim por diante.

Mas, alguns dias depois, eles ligaram e marcaram uma consulta. Dessa vez eles não brigaram (pelo menos em minha presença).

O que tinha acontecido? O casal havia tomado a simples decisão que "destravara seus chifres". Os dois tinham decidido parar de bater cabeças. Mais precisamente, decidiram parar de usar sua língua como talhadeira para lascar um ao outro e também o casamento. Durante muito tempo, os dois pegaram no pé um do outro por pequenas coisas (um verdadeiro sinal de perfeccionismo). Mas são as pequenas coisas que deixam os primogênitos loucos: roupas empilhadas, cheques não lançados, luzes acesas, e assim por diante.

Eles frequentemente travavam os chifres quando iam de carro a algum lugar. Quando o marido primogênito dirigia, pegando o trajeto costumeiro até a estrada, a esposa primogênita dizia:

— Por que você virou aqui? Vamos pegar a estrada, não vamos?

— Sempre vou por este caminho — o marido respondia.

— Bem, você devia ter virado na rua Elm — a esposa rebatia prontamente.

— São três quarteirões a menos.

De fato, não começamos a caminhar para lugar nenhum até que eu lhes fiz uma pergunta simples:

— Quem está ganhando nesse casamento? Com toda essa desaprovação que vocês têm um com o outro, quem está na frente?

Eles se entreolharam e admitiram:

— Bem, nenhum de nós ganha.

— Exatamente — eu disse.

E então lembrei-os mais uma vez de que haviam se casado com pessoas da mesma ordem de nascimento. Assim que compreenderam que dois primogênitos podem ser uma combinação explosiva, aprenderam a ceder e a aceitar um ao outro.

Na verdade, eles não precisavam de nenhuma outra sessão. Mandei-os tocar a vida, dando-lhes um aviso final:

Casamentos de mesma ordem de nascimento não caem do céu **181**

— Lembrem-se de nunca deixar o sol se pôr sobre a raiva de vocês. Conversem antes de ir dormir à noite. Quando um de vocês implicar com alguma coisa mínima, aprendam a rir disso e, acima de tudo, peguem a rua Elm para chegar à estrada!

Ao longo dos anos, aconselhei mais perfeccionistas desestimulados — que caminhavam a passos largos na direção de se tornarem destrutivos — do que qualquer outro tipo de pessoa. Mas um casamento entre dois filhos do meio também pode ser nefasto, e o mesmo vale para uma combinação de dois caçulas. O princípio inicial (não é uma regra) para um tipo de casamento mais arriscado é: case-se com alguém de sua própria ordem de nascimento. Se você ainda não é casado e quer melhores chances de um casamento feliz, case-se com alguém de outra ordem de nascimento. Discutiremos isso mais adiante neste capítulo. Agora, vamos dar uma olhada em alguns exemplos de casais em que os cônjuges são pessoas da mesma ordem de nascimento e ver o que aconteceu.

> Se você ainda não é casado e quer melhores chances de um casamento feliz, case-se com alguém de outra ordem de nascimento.

PERFECCIONISMO E SEXO

Shirley, de 38 anos, e George, de 41, ambos primogênitos, vieram me procurar para tratar do que George chamava de "o problema sexual de Shirley". Mais velha de quatro filhos, Shirley cresceu em uma família com um pai extremamente dominador, que ela descreveu como inteligente e explosivo. Segundo Shirley, seu pai sempre tentara controlar sua vida. E, quando ainda era adolescente, ela jurou que "jamais se casaria com alguém como papai".

Mas é claro que Shirley tinha se casado com alguém igualzinho ao papai. Por quê? Uma explicação que geralmente acerta no alvo é que, como regra, o progenitor do sexo oposto ao nosso tem mais influência sobre nós. E, no caso de Shirley, o papai dominador tinha deixado sua marca. Apesar de todas as juras de que nunca se casaria com alguém como ele, havia um impulso ainda mais profundo dizendo: "Nunca vou conseguir satisfazer o papai, então vou encontrar um homem exatamente como ele e agradá-lo. Vou ganhar o jogo!".

> O progenitor do sexo oposto ao nosso tem mais influência sobre nós.

Apesar de não ser tão explosivo quanto o sogro, George era muito exigente e crítico. E, além disso, queria sexo todo dia! Mas Shirley era uma perfeccionista clássica, que abordava o sexo como tudo o mais — como uma prática cuidadosamente controlada. Shirley e George faziam sexo sem nenhum desvio de técnica, posição e luz (apagada).

182 Mais velho, do meio ou caçula

Shirley tinha tentado agradar George, mas as exigências que colocava sobre si mesma para atender ao impulso sexual dele tinham feito que ela se tornasse incapaz de apreciar o sexo. Ela se tornara insensível em relação a George, que também era um perfeccionista e constantemente encontrava nela defeitos relativos a sexo e outras coisas. A implicância só deixava Shirley mais tensa e ressentida. Ela via George como outro macho dominador, tal qual seu pai.

O único raio de esperança era que Shirley e George queriam salvar seu casamento. Isso era altamente encorajador porque minha abordagem a todo caso de terapia familiar é o mesmo: se um casal se colocou diante de Deus e dos homens e disse: "Aceito, para o bem ou para o mal", então ambos os cônjuges devem tentar todo o possível para permanecer juntos. Bem, tínhamos dois primogênitos perfeccionistas travando chifres e batendo cabeças, sendo o quarto o principal campo de batalha. O primeiro passo no sentido de destravar os chifres foi sugerir um cronograma menos rígido e exigente em relação ao sexo. Isso realmente não era tão difícil. Por causa de toda tensão e brigas, eles tinham reduzido para "apenas" quatro vezes por semana.

> ### Como brigar com lealdade
>
> 1. Escolham um local onde vocês não serão interrompidos.
> 2. Uma pessoa fala de cada vez até ter terminado. Então, é a vez do outro.
> 3. Antes de abrir a boca, conte até dez.
> 4. Deem as mãos e olhem-se nos olhos.
> 5. Mantenha o que quer que tenha sido dito entre vocês.
> 6. Se os ânimos estiverem muito exaltados, concordem em se afastar por algumas horas, mas marquem um horário para voltar a discutir a questão.
> 7. Não deixem o sol se pôr sobre sua raiva.

Dei a Shirley e George várias sugestões e técnicas sobre como relaxar e apreciar um ao outro enquanto eles transformavam o sexo em uma celebração, não em algo a se desempenhar (ou seja, um martírio). (Para mais sugestões, veja meus livros *Sheet Music* e *Turn Up the Heat*.) Eles logo começaram a fazer grandes progressos como casal. Também prescrevi tarefas apenas para Shirley, as quais ela desempenhou muito bem. Em primeiro lugar, fiz que admitisse seu perfeccionismo sempre que o visse pipocar. Esse exercício simples começou a torná-la muito mais atenta às demandas que colocava sobre si mesma, assim como sobre os outros.

Também a instruí a observar suas expectativas, a consumir pequenos bocados da vida. Isso incluía aprender a dizer "não" e a recusar-se a assumir mais do que conseguia administrar. Como Kathleen, do capítulo 7, Shirley era uma agradadora clássica que trabalhava fora, fazia todo o serviço doméstico sozinha e também atuava em vários comitês voluntários em sua comunidade. Ela vinha exercendo mais do que uma dupla jornada desde que se casara.

Quando Shirley aprendeu a dizer "não", compreendeu como dar espaço a si mesma e parou de viver sob a tirania de sua lista de afazeres. Literalmente amarrava fitinhas no volante de seu carro a fim de sempre se lembrar de tudo o que tinha de fazer naquele dia. Ela passou a planejar menos e fazer mais, em vez de terminar todos os dias irritada e frustrada porque "não tinha conseguido fazer nada".

Como era de prever, o relacionamento entre Shirley e George melhorou radicalmente, especialmente na cama. Eles passaram a fazer menos sexo, mas gostavam mais quando faziam!

Outra coisa com que Shirley precisava lidar era a imagem de marido dominador que tinha de George. Mais do que desempenhar um papel passivo para George, encorajei-a a tomar uma dose de iniciativa em seu relacionamento, especialmente em relação ao sexo. Sugeri coisas como "sequestrar" o marido do trabalho e sair da cidade para passar a noite em um *resort*. Outra ideia foi encontrar tempo para um piquenique no almoço, no meio de um dia de trabalho.

Perfeccionista como ela era, Shirley realmente se dedicou a suas novas tarefas com entusiasmo. Lembro-me da alegria que ela teve quando me contou sobre a vez que pegou George depois do trabalho para uma noite que incluía uma ceia, banho de banheira e uma noite em um hotel. Ela pensara em tudo, fizera as reservas e pedira para a vovó ficar com as crianças.

George era perfeito nessa relação? Não, eu tive de trabalhar com ele os detalhes de seu próprio perfeccionismo e sua natureza dominadora. Afinal, é muito mais fácil decidir que sua esposa é quem precisa mudar do que se dar conta de que você é parte do problema. (Você, minha senhora, que está ansiosa para ver seu marido mudar, vai encontrar uma leitura informativa e inspiradora em *Transforme seu marido até sexta*.)

Mas, apesar de ambos os cônjuges terem problemas, neste caso Shirley é que era a chave para colocar seu casamento de volta aos trilhos. Assim que começou a lidar positivamente com seu perfeccionismo, ela foi capaz de reorganizar prioridades. Conforme começou a controlar suas próprias expectativas e metas estabelecidas, o cenário mudou. Ao se casar com um homem bem parecido com seu pai — dominador e crítico —, ela havia se programado para o fracasso. Era como se um trem viesse rugindo em velocidade máxima na direção de uma ponte desgastada. Mas Shirley parou o trem, virou a alavanca e colocou a si mesma e a George no trilho que os conduziu à segurança e à felicidade. Tenho orgulho dela!

SYLVIA MAIS MARK IGUAL A FALTA DE COMUNICAÇÃO

Outro casamento dentro de uma mesma ordem de nascimento que pode levar a problemas é entre dois filhos do meio. Como vimos no capítulo 8, o filho do meio sai correndo para encontrar sua própria direção dependendo dos pontos fortes e fracos do irmão que veio antes dele. Os filhos do meio podem seguir em várias direções, mas a maioria deles desenvolve a capacidade de mediar, negociar e se comprometer.

Em resumo, filhos do meio com frequência são diplomatas, o que soa como uma habilidade maravilhosa para se levar ao casamento. Mas, ironicamente, o que em geral acontece com dois filhos do meio é a tendência de desejar a paz a qualquer custo. Eles se tornam esquivos — de seus problemas e, no fim das contas, um do outro. Filhos do meio preferem que os oceanos da vida sejam suaves. Eles não querem fazer onda; então, o resultado pode ser uma superfície calma, com todos os tipos de tempestades se formando bem abaixo, porque os dois não se comunicam.

> Filhos do meio preferem que os oceanos da vida sejam suaves. Eles não querem fazer onda; então, o resultado pode ser uma superfície calma, com todos os tipos de tempestades se formando bem abaixo.

Esse foi o caso de Sylvia, uma mulher calada de 32 anos, terceira filha de cinco. Com duas irmãs antes dela e dois meninos depois, Sylvia ficou perdida no meio da família durante sua infância e adolescência. Cresceu tímida, passiva e definitivamente evitava conflitos. Ela tentou agradar seus pais assumindo boa parte dos cuidados com os irmãos mais novos enquanto sua mãe trabalhava.

Mark tinha 29 anos e era o segundo de três filhos. Seu irmão mais velho sempre fora o melhor em tudo, e sua irmãzinha recebeu o tratamento típico de "princesinha caçula", que frequentemente fazia Mark sentir-se privado de seu quinhão.

Mark saiu da família cedo para descobrir seus próprios amigos e vida social, outro sinal clássico do filho do meio. Um desses amigos era Sylvia, sua namorada do colégio, com quem se casou depois de formado. Agora, depois de oito anos de casamento, Sylvia e Mark tinham dois filhos, de 7 e 4 anos.

Sylvia providenciou a terapia, depois da insistência de uma de suas irmãs mais velhas, que estava cansada de ouvi-la reclamar sobre sentir-se presa numa armadilha com duas crianças e sem possibilidade de comunicação com o marido. Sylvia temia haver outra mulher porque, durante os últimos meses, Mark vinha insistindo que tinha de trabalhar por mais tempo em seu emprego.

Conversei em separado com Sylvia e Mark. Não havia outra mulher. Como você deve se lembrar, o filho do meio é o mais monogâmico de todas as ordens de nascimento, e isso era verdade no caso de Mark. Parecia que uma mulher apenas era tudo com que ele conseguia lidar, especialmente quando sentia que ela tentava dirigir sua vida. Sylvia ainda agia com Mark da mesma forma que fazia com seus dois irmãos mais novos. Ela lhe dizia o que fazer, e Mark se ressentia disso, mesmo que viesse de uma garota doce e tímida como sua esposa. Porém, como filho do meio, Mark não queria fazer onda. Ele queria evitar o conflito sempre que possível. Assim, a solução mais simples era dizer: "Desculpe-me, tenho de trabalhar até tarde hoje".

> Mark não queria fazer onda. Ele queria evitar o conflito sempre que possível. Assim, a solução mais simples era dizer: "Desculpe-me, tenho de trabalhar até tarde hoje".

Sylvia, por sua vez, não sabia como abordar Mark nem conseguia adivinhar o que estava acontecendo. A comunicação estava perto de zero quando Sylvia chegou até mim em busca de ajuda. Ela e Mark fizeram um bom progresso quando se comprometeram a passar um tempo conversando, depois que as crianças iam para a cama e eles podiam se concentrar um no outro. Fazer que Mark compartilhasse seus sentimentos realmente ajudou Sylvia porque o silêncio dele e sua devoção secreta ao trabalho a tinham incomodado bastante. Mark aprendeu que podia dizer a Sylvia como se sentia, e que ela não o rejeitaria.

Enquanto Sylvia apreciava as conversas com Mark, ela admitia que era difícil verbalizar seus próprios pensamentos. Sugeri que complementasse as conversas escrevendo bilhetes positivos ao marido de vez em quando. Mark tinha de viajar ocasionalmente pela empresa, então Sylvia começou a colocar bilhetinhos e cartões em sua pasta de trabalho. Encontrar essas notas de amor e recadinhos de encorajamento entre as camisas quando desfazia a mala no hotel tornou as viagens muito mais fáceis para Mark.

Outro adicional que aflorou do novo esforço para se comunicar foi que Sylvia se sentiu menos presa à armadilha de ser mãe de duas crianças pequenas. Mark fez seu trabalho para se abrir e aprendeu a chegar em casa e dizer: "O que posso fazer para ajudar?". Sylvia ficou emocionada e, conforme Mark foi se tornando mais disposto a auxiliá-la, ela aprendeu a evitar os modos "maternais" de dizer a ele o que fazer.

Como filhos do meio, Sylvia e Mark eram realmente bons candidatos ao casamento. A ironia da situação deles, porém, reside no que qualquer casal enfrenta quando ambos são filhos do meio. Eles podem não se comunicar porque sua ânsia por evitar conflitos e tornar os oceanos da vida suaves se sobrepõe a sua tendência natural de ser mediadores e negociadores — o que soa como um paradoxo. E é assim que os relacionamentos geralmente vão mal.

PETER E MARY: ÚLTIMOS A NASCER, PRIMEIROS A DEVER

Casar com alguém de sua própria ordem de nascimento também não costuma ser uma boa ideia para os caçulas. Do lado positivo, os filhos mais novos podem cair na farra durante o namoro porque ambos têm uma natureza que ama a diversão e quer ir às últimas consequências. Mas, uma vez que os caçulas se casam, é bom que um deles assuma a responsabilidade pelo orçamento familiar, ou eles irão "às últimas consequências" de verdade.

Regras simples para caçulas

1. Converse com seu cônjuge sobre qualquer compra potencial de mais de R$ 100 *antes* de fazê-la.

2. Estabeleçam juntos que, em vez de comprar uma casa ou um carro, se vocês não têm dinheiro no banco ou na carteira para comprar certo item, não o comprarão.

3. Se você vir alguma coisa que quer comprar, vá embora e espere 24 horas. Pense: "Eu realmente preciso disso? Ou eu só desejo? E por quanto tempo vou desejar?".

4. Estabeleça com seu cônjuge a quantia determinada de dinheiro que cada um pode gastar todo mês como "dinheiro da diversão". Cada um de vocês deve ter o dinheiro em espécie em seu próprio "cofre da diversão". Quando o dinheiro do mês acabar, acabou: não tem mergulho no cartão de crédito, no cheque especial nem na poupança.

Quando vieram me consultar, Peter e Mary, ambos caçulas em suas famílias, estavam em sérias dificuldades com o banco e com vários outros credores. Eles tinham 30 e poucos anos, não tinham filhos e contavam com uma boa renda, mas estavam irremediavelmente endividados. Todo o limite do cartão de crédito estava estourado bem acima do máximo, várias contas de lojas estavam vencidas, o carro e a lancha estavam prestes a ser confiscados. O único motivo por que não estavam em apuros com o pagamento da casa é que o apartamento era alugado. E a única razão por que não tinham atrasado o aluguel era o locatário muito franco, que os ameaçou com uma ordem imediata de despejo se o atraso ultrapassasse em 24 horas ou mais o período de carência de dez dias.

Todo esse caos financeiro levou, é claro, a uma guerra conjugal. Nem Peter nem Mary tinham sido especialmente mimados demais enquanto eram crianças; mas, quando se viram por conta própria, como um casal, decidiram viver sob o princípio do prazer. Se passassem diante de algo que queriam, eles compravam (quer dizer, *deviam*). E culpavam um ao outro por sua autoindulgência. Ironicamente, ambos estavam acima do peso. Não havia qualquer tipo de controle à vista.

Meu primeiro passo com Peter e Mary foi colocá-los em contato com um conselheiro financeiro que os submeteu a um orçamento restrito, consolidou todas as suas dívidas e organizou um cronograma de pagamento. Ele até fez que cortassem todos os cartões de crédito. Como regra, caçulas não conseguem viver com um orçamento apertado. Sendo eu mesmo um caçula, entendo isso perfeitamente. Deixo que minha esposa primogênita, Sande, nos mantenha longe das dívidas.

> Como regra, caçulas não conseguem viver com um orçamento apertado.

Peter e Mary me viram apenas algumas vezes mais. O real problema deles era o dinheiro, não o casamento. Eles se amavam e estavam comprometidos a ficar juntos. Assim que se comprometeram a não comprar nada a crédito por pelo menos dois anos, e a vender alguns de seus "brinquedos", como a lancha, eles se encaminharam muito bem à estabilidade.

Peter e Mary são exemplos típicos de como a falta de ordem e ausência de equilíbrio geralmente são elos fracos na constituição dos caçulas. Como vimos no capítulo 9, a criança caçula cresce mimada, com muita tolerância, afagada e acariciada. Isso dificilmente a ajuda a ter conhecimentos básicos para administrar um orçamento. Do outro lado da moeda, os caçulas usualmente são tratados como se não soubessem muito bem de nada e estivessem sempre para trás, muito jovens, muito pequenos, muito fracos e "estúpidos". Caçulas geralmente desenvolvem uma atitude que diz: "Afinal, quem se importa? Eu posso também me divertir um pouco enquanto consigo".

Tão logo Peter e Mary se deram conta de que conseguiam controlar seus gastos e ainda assim se divertir, eles desfrutaram a vida um com o outro por um bom tempo mais.

QUE ORDENS DE NASCIMENTO DÃO AS MELHORES COMBINAÇÕES?

Qual é a melhor combinação para uma vida conjugal feliz, satisfatória, para a vida toda? Encontre alguém com outra ordem de nascimento.

Opostos não só se atraem; eles geralmente são bons um para o outro no cenário do casamento. Psicólogos fizeram estudos que provam essa teoria.[1] Segundo essas pesquisas, primogênitos ou filhos únicos casados com caçulas supostamente dão as melhores combinações. Depois vêm os filhos do meio unidos a caçulas.

> Qual é a melhor combinação para uma vida conjugal feliz, satisfatória, para a vida toda? Encontre alguém com outra ordem de nascimento.

A seguir descrevo um resumo rápido de seis combinações de ordem de nascimento e por que tendem a dar certo ou errado em um casamento.

188   Mais velho, do meio ou caçula

Há também algumas dicas práticas para cada combinação. Tenha em mente que não há garantias de que determinada combinação de ordem de nascimento conduzirá automaticamente a um casamento bem-sucedido ou miserável. Mas o ponto é que há *indicadores* na informação da ordem de nascimento que podem ajudar um casal a lidar com as tensões que possam surgir.

Primogênito mais primogênito igual a luta pelo poder

Como já vimos com George e Shirley, quando primogênitos perfeccionistas se juntam, há cabeçadas (ou seja, luta pelo poder). As questões geralmente se concentram no perfeccionismo e em quem tem o controle. Se você é primogênito ou filho único casado com outro primogênito ou filho único, aqui vão algumas dicas para reduzir a tensão e aumentar a harmonia em seu casamento:

1. *Pare de "melhorar" as coisas que seu cônjuge faz ou diz.* Para um perfeccionista, isso pode ser uma verdadeira tortura, mas morda a língua e discipline-se assim mesmo. O que sua língua diz determina a direção (e usualmente a longevidade) de seu casamento.

2. *Pare de dizer "você devia" a seu parceiro.* Para perfeccionistas primogênitos, criticar é uma segunda natureza. Se você é duro consigo mesmo e/ou com seu parceiro, abaixe a barra do salto em altura da vida. Assim que você desiste de tentar saltar tão alto, pode parar de pedir a seu parceiro que faça o mesmo.

> **Dicas para um casamento de dois primogênitos**
>
> 1. Pare de "melhorar" as coisas que seu cônjuge faz ou diz.
> 2. Pare de dizer "você devia" para seu parceiro.
> 3. Defina os papéis com cuidado, para evitar discussões sobre controle.
> 4. Livre-se da atitude do tipo temos-de-fazer-do-meu-jeito.

3. *Defina os papéis cuidadosamente para evitar discussões sobre controle.* Em outras palavras, decida quem faz o quê. Um cônjuge pode fazer as compras enquanto outro paga as contas e equilibra a conta corrente. Ajude seu cônjuge com as tarefas determinadas e tente demonstrar consideração e atenção às responsabilidades dele ou dela. Por exemplo, se um cônjuge faz as compras, o outro não deve reclamar da conta alta da quitanda. Atendi um casal em que o marido perfeccionista e crítico reclamava incessantemente sobre isso até que sua esposa lhe disse: "Certo, *você* faz as compras esta semana". Ele fez e voltou para casa chocado com os preços, para nunca mais reclamar!

4. *Livre-se da atitude do tipo temos-de-fazer-do-meu jeito.* Há mais de uma maneira de fazer as coisas (e sua maneira não é necessariamente a melhor).

Uma das melhores frases que todo primogênito pode aprender a dizer a seu cônjuge primogênito é "Você pode estar certo. Vamos tentar do seu jeito".

Primogênito acha o filho do meio um paradoxo

O primogênito que se casa com um filho do meio deve primeiro obter conforto no fato de que os filhos do meio têm o melhor histórico quando o assunto é construir casamentos duradouros. Ao mesmo tempo, o filho do meio pode ser um paradoxo irritante. Pessoas com essa ordem de nascimento crescem tendo de aprender a negociar, mediar e se comprometer, mas também podem ser reservadas e manter suas emoções fechadas a sete chaves. Filhos do meio tipicamente manifestam-se para seu cônjuge primogênito muito de vez em quando, sem deixá-lo saber como realmente se sentem.

Algumas sugestões práticas para primogênitos casados com filhos do meio incluem:

1. *Estabeleça como meta fazer recapitulações regulares, bem como discutir sentimentos e situações.* Não deixe seu cônjuge ser superficial e dizer "Está tudo bem". Pergunte o que significa "tudo bem". Recapitulações diárias — ou uma recapitulação a cada dois ou três dias, no mínimo — são valiosas em qualquer casamento, mas especialmente úteis se um dos parceiros é menos inclinado a compartilhar seus sentimentos.

2. *Faça seu cônjuge se sentir especial.* Lembre-se de que o marido ou a esposa filhos do meio muito provavelmente não se sentiram especiais enquanto cresciam. Portanto, qualquer coisa que você fizer — pequenos presentes, bilhetes de amor, pequenas coisas *sinceras* que ele ou ela gostam de ouvir — lhe tocarão o coração e reforçarão o casamento. Isso se aplica a qualquer ordem de nascimento, mas é especialmente verdadeiro para o marido primogênito de uma esposa filha do meio: todos os dias as esposas perguntam, de uma maneira ou de outra: "Você realmente me ama?". Todos os dias elas precisam de sua resposta afirmativa.

> **Dicas para um casamento de primogênito com filho do meio**
>
> 1. Estabeleça como meta fazer recapitulações regulares, bem como discutir sentimentos e situações.
>
> 2. Faça seu cônjuge se sentir especial.
>
> 3. Se você é o primogênito, trabalhe para fazer seu cônjuge filho do meio se expressar.

3. *Trabalhe para fazer seu cônjuge filho do meio se expressar.* Tenha em mente que, como primogênito, sua inclinação natural é dar a resposta, resolver o problema. Em vez disso, dê um passo atrás e pergunte: "O que você acha?", "Diga-me como realmente se sente" ou "Conte-me mais". Maridos primogênitos

de esposa filha do meio devem sempre pedir a opinião dela, especialmente quando se tratar de pessoas e sentimentos. Filhos do meio não apenas são mais perceptivos, como também gostam do papel de resolvedores de problemas e de facilitar a vida de todo mundo.

Primogênito mais caçula igual a glória (geralmente)

Segundo um estudo com 3 mil famílias, as chances de valer o "felizes para sempre" aumentam bastante quando o primogênito se casa com um caçula.[2] Neste caso, entra em ação o fator opostos-se-atraem-e-são-bons-um-para-o-outro. O primogênito ensina pequenas coisas que podem faltar ao caçula, tais como ser organizado e ter metas, enquanto o caçula ajuda o primogênito a relaxar um pouco e não ter uma abordagem tão séria da vida.

> Todos os dias as esposas perguntam, de uma maneira ou de outra: "Você realmente me ama?". Todos os dias elas precisam de sua resposta afirmativa.

De acordo com os pesquisadores, a melhor combinação possível é o primogênito ou filho único com um caçula. Não participei dessa pesquisa e, portanto, não posso ser acusado de fazer essa declaração. Calhou de ser a combinação que Sande, minha esposa primogênita, e eu formamos. Simplesmente sou *muito* grato por ter acontecido assim.

Primogênitas geralmente são tipos maternais, e homens caçulas geralmente precisam de mães. Tive sorte de ser o irmão caçula de minha irmã primogênita Sally. Oito anos mais velha, ela cuidou bastante de mim como mãe e me ensinou muito sobre as mulheres. Por exemplo, ensinou-me que garotas não gostam de ser abordadas por um bando de garotos metidos — aqueles que ficam se empurrando, falando alto e fazendo as coisas idiotas que os garotos normalmente fazem. Sally também me contou que as garotas querem um cara carinhoso, compreensivo e que as escute, alguém que perceba que boas maneiras nunca saem de moda.

A maioria dos terapeutas familiares concorda que os homens não entendem muito bem as mulheres. Então *qualquer* aprendizado extra que um garoto possa ter enquanto cresce vai ajudá-lo mais tarde, quando ele tiver sua própria esposa e família. É claro, eu certamente não recebi meu próprio casamento como um produto acabado. Ainda precisei de algum trabalho, e Mamãe Urso estava feliz em ajudar.

Pode ser uma boa regra prática dizer que qualquer combinação de primogênito e caçula tem melhores chances de êxito conjugal, mas o sucesso não acontece automaticamente. Bons casamentos são feitos, não nascem. Duas pessoas devem trabalhar juntas para serem atenciosas e carinhosas e se apoiarem mutuamente.

Quando me casei com Sande, foi uma combinação clássica da Mamãe Urso que gosta de agradar cuidando do Ursinho brincalhão. Naturalmente, o Ursinho tirou vantagem dessa nova cuidadora. Sande teve de suportar meus hábitos alimentares peculiares e recolher minhas roupas sempre que eu as deixava no chão.

Isso aconteceu durante os primeiros anos de nosso casamento. Um dia, enquanto eu trabalhava em meu doutorado, Sande ouviu-me falar sobre como disciplinar crianças e torná-las responsáveis por seus atos. A luz começou a acender. "Se tornar crianças responsáveis por seus atos é bom; então, tornar marido responsável deve ser ainda melhor", ela pensou. E entrou em ação.

> ### Dicas para um casamento de primogênito com caçula
>
> 1. Se você é primogênito, não deixe o cônjuge caçula tirar proveito de você.
> 2. Primogênitos inclinados a achar defeitos devem se controlar.
> 3. Se você é o caçula, lembre-se de que os outros também precisam dos holofotes.
> 4. Se você é o caçula, lembre-se de que vocês não são um time de um só jogador.

Logo encontrei minhas pilhas de roupas onde eu tinha deixado. Em pouco tempo, o apartamento ficou coberto de pilhas. Enfim, chegou o dia em que eu não conseguia entrar porque Sande tinha empurrado uma montanha gigante de roupas minhas bem na frente da porta a fim de abrir espaço para o que quer que ela estivesse fazendo. *Aquilo* chamou minha atenção. Sande e eu tivemos uma conversa há muito necessária e falamos sobre o que estávamos sentindo.

— Veja, quero ser sua esposa, não sua mãe. Você aprenda a pegar suas próprias roupas e colocá-las no lugar certo. Também vou começar a preparar coisas diferentes para o jantar. Espero que você pelo menos experimente alguns pratos novos. Você deve isso a si mesmo e a seus filhos se quiser ser o bom modelo sobre o qual vive falando — ela manifestou.

> Bons casamentos são feitos, não nascem. Duas pessoas devem trabalhar juntas para serem atenciosas e carinhosas e se apoiarem mutuamente.

— Tudo bem, vou tentar melhorar. Mas você tem de me prometer que vai servir apenas ervilhas enlatadas e milho — nada de ervilhas congeladas! — respondi.

Aprender a recolher minhas roupas e comer comidas diferentes foi só o começo do aprendizado do Ursinho para se tornar o Papai Urso.

Aqui vão algumas dicas para casais primogênito/caçula:

1. *Se você é o primogênito, não deixe o cônjuge caçula tirar proveito de você.* Sande tinha um espírito dócil, mas firme. Ela esperava que eu fosse um líder em nossa casa e que assumisse um papel ativo em cumprir responsabilidades. Às vezes, ela me lembrava de meu professor de inglês — aquele em cuja aula eu *nunca* brincava porque não era besta. Até aprendi que trocar fraldas não está fora de cogitação para um psicólogo com doutorado e, quando nossos filhos começaram a chegar, tive minha cota de fraldas, banhos e outros cuidados com o bebê. Resumindo, Mamãe Urso ensinou a Papai Urso que criação de filhos não é trabalho específico de mulher. E sou muito satisfeito com isso.

2. *Primogênitos inclinados a achar defeitos devem se controlar.* Se você quer encontrar defeitos em seu cônjuge caçula, certamente vai conseguir, porque eles estão em toda parte. Aceite todas as falhas que puder e faça sugestões gentis sobre como corrigi-las. E se você é o caçula, lembre-se de não ostentar suas imperfeições na cara de seu cônjuge primogênito.

3. *Se você é o caçula, lembre-se de que outros também precisam dos holofotes.* Caçulas são notórios por correr atrás de reconhecimento, tipo "Olhe para mim, estou atuando — reconheça-me". Seu cônjuge primogênito pode agir como se não precisasse de atenção ou carinho, mas precisa, e você deve fornecer.

> Antes de fazer qualquer coisa, *seja o que for,* converse com seu cônjuge.

4. *Se você é o caçula, lembre-se de que vocês não são um time de um só jogador.* Pelo fato de ter um cônjuge primogênito que provavelmente mantém as coisas organizadas e tranquilas, é possível que você, como caçula, aja impetuosamente por conta própria de vez em quando — comprar um produto, agendar alguma coisa ou simplesmente fazer algo sem que seu cônjuge saiba.

Um dos melhores toques de sabedoria que já recebi em relação a casamento veio do dr. James Dobson, fundador do Focus on the Family[3] e autor de *best-sellers* de sucesso como *Ouse disciplinar, Educando crianças geniosas* e *Esconde-esconde.* Filho único, o dr. Dobson é erudito, organizado, consciencioso e confiável. Então, um dia, enquanto Sande e eu almoçávamos com ele, perguntei:

— Jim, se houvesse algum conselho que você pudesse me dar, qual seria?

Ele olhou para Sande e depois de volta para mim:

— Kevin — Jim respondeu —, antes de fazer qualquer coisa, *seja o que for,* converse com Sande.

Obviamente o conselho do dr. Dobson se aplica a *qualquer* combinação de ordem de nascimento no casamento, mas se aplica especialmente ao Ursinho caçula e à Mamãe Urso! Eu disse a mim mesmo: "Se um filho único com as credenciais de Jim Dobson acha que isso é uma boa ideia, então eu também acho!". Tentei seguir seu conselho desde então, e *sempre* compensou.

Do meio mais do meio pode ser igual a tumulto

Como vimos, dois filhos do meio casados provavelmente não se comunicarão muito bem. Eles tendem a sentir que não vale a pena o inconveniente de se confrontarem. Também podem desprezar o valor de suas próprias opiniões. Essas atitudes são típicas de filhos do meio.

Um simples conselho que tenho usado com muito sucesso quando atendo um filho do meio casado com outro é a vasilha de sugestões. Coloque uma vasilha ou jarra transparente em um local de destaque, onde ambos possam ver o utensílio e depositar ali suas sugestões. Mantenha blocos de papel e canetas ou lápis à mão. O marido deve usar uma cor de papel, e a esposa, outra. Quando o marido quer dizer alguma coisa à esposa, ele escreve uma sugestão em seu bloco e coloca na vasilha. E quando a esposa quer dar uma sugestão ao maridinho, ela faz o mesmo. Alguns cônjuges — especialmente homens — acham que a vasilha de sugestões é uma muleta, mas eu os estimulo a tentar de qualquer forma, porque o fato é que alguns de nós simplesmente não conseguimos olhar nos olhos de nosso parceiro e dizer o que se passa em nossa cabeça.

> **Dicas para um casamento de dois filhos do meio**
>
> 1. Levantem a autoestima um do outro.
> 2. Deixem bastante espaço para amizades externas.
> 3. Façam coisas especiais um para o outro.
> 4. Acima de tudo, demonstrem respeito mútuo.

Algumas outras dicas para manter saudável o casamento de filhos do meio incluem:

1. *Levantem a autoestima um do outro.* Filhos do meio geralmente têm uma autoimagem fraca ou apenas razoável; portanto, faça que seu cônjuge saiba que você aprecia seus pontos fortes e habilidades. Garanta que os comentários sejam sinceros, não observações óbvias do tipo tapinhas na cabeça para adular ou manipular.

2. *Deixem bastante espaço para amizades externas.* Lembrem-se de que, como filhos do meio, vocês dois provavelmente são pródigos em amigos e conhecidos. Encorajem-se mutuamente a fazer esse tipo de contato, mas apenas com o mesmo sexo. Mantenham seu casamento e sua intimidade como casal no primeiro plano de suas atividades.

194 Mais velho, do meio ou caçula

3. *Façam coisas especiais um para o outro.* Já mencionei isso, mas vale repetir: filhos do meio geralmente não se sentem muito especiais enquanto crescem porque são espremidos e ignorados. Você não precisa gastar muito tempo e dinheiro para fazer algo especial. Bilhetes de amor são sempre bons. Uma simples rosa, um pequeno vidro de perfume, um jantar especial — definitivamente, é a intenção que importa, não o valor monetário.

4. *Acima de tudo, demonstrem respeito mútuo.* Você demonstra respeito quando telefona avisando que vai chegar tarde; quando conversa com seu parceiro antes de se comprometer com algo; quando se abstém de falar sobre seu casamento na frente de outras pessoas; quando apoia o outro diante das crianças, especialmente em questões de disciplina; e nunca insulta seu cônjuge na presença de outras pessoas.

Filho do meio mais caçula — uma combinação muito boa

Segundo os estudos de ordem de nascimento, filho do meio e caçula estão bem colocados como parceiros potencialmente bem-sucedidos no casamento. O filho do meio, tipicamente bom em negociação e comprometimento, combina bem com o filho mais novo e socialmente extrovertido.

> **Dicas para um casamento de filho do meio com caçula**
>
> 1. Se você é o filho do meio, faça as coisas funcionarem, mas previna-se para não ser condescendente com seu cônjuge caçula.
> 2. Se você é filho do meio, mescle seus interesses sociais com o desejo de que seu cônjuge caçula tem de se divertir.
> 3. Se você é o caçula, note que tem um quê egoísta e deseja estar sob os holofotes. Trabalhe para se controlar.
> 4. Se você é o caçula, não se divirta às custas de seu cônjuge.

De certa forma paradoxal, esse tipo de casamento tem alta probabilidade de se caracterizar pela boa comunicação — sentimentos compartilhados e jogo de cintura. Sim, eu sei que disse antes que o filho do meio tende a ser uma ostra e a não compartilhar suas emoções. Mas o fator positivo aqui é que o filho do meio não se sente tão ameaçado pelo caçula quanto pode se sentir pelos meticulosos e preciosistas primogênitos. Assim, há boas chances — e lembre-se de que todas essas combinações de ordem de nascimento se baseiam em chances — de existir uma comunicação decente.

Aqui vão algumas dicas para tornar uma combinação bastante boa ainda melhor:

1. *Se você é o filho do meio, faça as coisas funcionarem, mas previna-se para não ser condescendente com seu cônjuge caçula.* Parceiros caçulas farejaram isso em um instante porque as pessoas os trataram de uma maneira condescendente por toda a vida deles.

2. *Se você é filho do meio, mescle seus interesses sociais com o desejo que seu cônjuge caçula tem de se divertir.* Se você é o típico filho do meio, os amigos são importantes e você gosta de ter pessoas por perto e de ter outros limites sociais. Se seu parceiro é um caçula típico, ele sempre estará pronto para a aventura e para experimentar algo novo. Quando as conexões e pressões cotidianas tornam impossível escapar, o cônjuge filho do meio deve admitir em suposição o que é impossível na realidade dizendo algo como: "Querido, eu adoraria ir com você para aquela pousada, e vamos assim que as crianças sossegarem um pouco [ou assim que as coisas se acalmarem no trabalho]".

> **Dicas para um casamento de dois caçulas**
>
> 1. Cuidado com a audição seletiva.
>
> 2. Aprendam a ser pessoas que ouvem.
>
> 3. Responsabilizem-se mutuamente.
>
> 4. Mantenham-se calmos e relaxados.
>
> 5. Preservem o senso de humor e não desistam nunca um do outro.

3. *Se você é o caçula, note que tem um quê egoísta e deseja estar sob os holofotes.* Trabalhe para controlar suas exigências por favores ou atenção. Faça tudo o que puder para fazer seu parceiro filho do meio sentir-se mimado e especial.

4. *Se você é o caçula, não se divirta às custas de seu cônjuge.* Esse é um bom conselho para qualquer ordem de nascimento, mas se aplica especialmente a caçulas que querem se divertir, pregar peças e partir para pequenas observações sarcásticas — só para dar umas boas risadas. Tenha em mente, porém, que muitos filhos do meio lutam contra sentimentos de inferioridade, e é fácil apertar o botão errado ou forçar demais a barra. Sempre tente rir *com* seu parceiro, não *dele*.

Caçula mais caçula igual a caos

Já toquei no assunto de como os caçulas podem se envolver em problemas financeiros no casamento. Eles têm grande dificuldade em responder à questão metafórica "Quem manda neste hospício?". E não demora muito para que sua casa se torne um manicômio de verdade.

Dois caçulas devem colocar a cabeça para funcionar junto e decidir quem paga as contas, quem faz as compras, quem cozinha e lava a louça, quem se encarrega do calendário social, quem limpa a casa e quem é o zelador da disciplina das crianças. Note que eu disse *zelador* da disciplina, o que sugere que mamãe e papai são um time, mas um deles pode ter de assumir a liderança enquanto o outro fica no apoio.

Se não se entendem e deixam de tomar decisões firmes nessas questões práticas, podem chegar rapidamente a uma grande confusão. Caçulas são propensos a se esquecer dos compromissos ou a assumir que o parceiro vai fazer o que precisa ser feito. ("*Eu* é que tinha de abastecer o carro? Pensei que *você* é que iria fazer isso!")

Filhos mais novos já vêm com uma tendência a passar o bastão e a culpar alguém, e quem está mais à mão do que o cônjuge? Mas, se seu cônjuge é um caçula, adivinhe quem vai pegar o bastão e dar na sua cabeça?

Aqui vão algumas dicas para casais caçula/caçula:

1. *Cuidado com a audição seletiva.* Lembrem-se de que ambos são manipuladores. Vocês podem acabar enganando um ao outro e ouvir seletivamente o que querem ouvir. Com isso, quando você finalmente for chamado à responsabilidade, voltará com o velho refrão: "Ah, eu não entendi isso assim. Na verdade, nunca concordei em fazer *isso*. ... Por que você não me *disse*? Eu não fazia ideia!".

2. *Aprendam a ser pessoas que ouvem.* A melhor cura para a audição seletiva é a audição ativa, o que significa ouvir não só com os ouvidos. Olhe diretamente para seu parceiro quando ele falar. Sinta os sentimentos dele e tente entender os fatos que estão sendo comunicados. Sentem-se de frente um para o outro, praticamente tocando os joelhos. Segurem-se pelas mãos e falem sobre seus problemas. Há apenas duas regras: enquanto uma pessoa fala, a outra não pode interromper; e antes de responder, quem ouve tem de "repassar" — para a satisfação de quem fala — tudo o que foi dito. Sim, essa é uma maneira poderosa de causar uma discussão. Mas isso faz maravilhas para ajudar cônjuges a aprenderem a se ouvir e a entender o que o outro está dizendo.

3. *Responsabilizem-se mutuamente.* Sugiro experimentar um plano simples. Sentem-se juntos uma ou duas vezes por semana e façam algumas perguntas incisivas: "Como estamos indo com nosso orçamento?", "As contas estão sob controle?", "Ambos estamos conscientes de nosso próximo compromisso?", "Você acha que estou realmente tentando ouvi-lo?". A última questão pode abrir a porta para a prática da audição ativa, desde que você evite ficar na defensiva. E isso nos leva à próxima dica.

4. *Mantenham-se calmos e relaxados.* De qualquer forma, estas são suas qualidades naturais; portanto, use-as quando as coisas começarem a ficar tensas. Lembre-se de que, como caçula, você "ganhou a vida" olhando para cima e aprendendo como contornar todos os garotos maiores e outros problemas intransponíveis. Você também pode contornar os problemas do casamento se trabalhar em conjunto com seu parceiro. E isso sugere mais uma dica.

5. *Preservem o senso de humor e não desistam nunca um do outro.* O que foi dito ao cônjuge caçula do filho do meio também se aplica aqui: Não zombem um do outro. Riam juntos, e não um do outro.

UMA SETA, NÃO UMA RESPOSTA

Agora que tratei das "melhores" combinações de ordem de nascimento para casamento, e também nas alternativas "não tão boas" estatisticamente, deixei-os encorajados ou desencorajados? Talvez vocês estejam um pouco confusos porque, segundo a ordem de nascimento, deveriam ter um ótimo casamento, mas as coisas não estão indo bem. Talvez vocês estejam indignados porque não são considerados uma boa combinação, mas vão muito bem, obrigado! Então, o que esse tal de Leman sabe sobre o assunto afinal?

> Olhe diretamente para seu parceiro quando ele falar. Sinta os sentimentos dele e tente entender os fatos que estão sendo comunicados.

Todas essas discussões sobre combinações de ordem de nascimento que resultam em casamentos fortes ou fracos seguem o mesmo princípio que tenho repetido e continuarei a repetir ao longo deste livro: quando se fala em ordem de nascimento, todas as afirmações gerais são *indicativos*, não regras. Em outras palavras, todas essas diretrizes gerais são setas que apontam em certa direção, mas isso dificilmente significa que o destino de seu casamento foi decidido por sua ordem de casamento. E não é desculpa para dizer: "Bem, não tem jeito. Somos primogênitos, e isso significa que estamos fadados ao divórcio".

Conheço muitos casamentos nos quais dois primogênitos se dão muito bem. Minha própria irmã primogênita, Sally, é um exemplo. Ela se casou com o primogênito Wes, um perfeccionista meticuloso que é dentista. Você poderia pensar que a essa altura Sally e Wes tenham feito um ao outro em pedacinhos, mas não foi assim. Eles construíram um ótimo casamento em torno da fé comum, do senso de equilíbrio e de muito trabalho duro; e eles têm três superfilhos como prova.

Então as boas notícias continuam as mesmas. A ordem de nascimento não é jamais um determinante final de nada; é apenas um indicador de problemas e tensões que você pode descobrir ou criar por conta própria. Independentemente de qual seja sua ordem de nascimento e a de seu cônjuge, o que conta é como vocês usam seus

> Independentemente de qual seja sua ordem de nascimento e a de seu cônjuge, o que conta é como vocês usam seus pontos fortes e como modificam ou tratam suas fraquezas.

pontos fortes e como modificam ou tratam suas fraquezas. Conhecer as características de sua própria ordem de nascimento e as de seu parceiro é apenas um passo no sentido de aprender como se dar bem e ter uma vida feliz juntos.

Outro passo importante é compreender o *estilo de vida* do parceiro. No próximo capítulo vamos falar sobre o que acontece quando um homem e uma mulher tentam construir um lar e uma família ao colocar seus estilos de vida individuais (e únicos) juntos.

Quer fortalecer seu casamento?

Responda a este questionário e veja como você está se saindo.

1. Eu pego no pé? Encontro defeitos no que meu parceiro veste, diz, ou faz? Com que frequência faço isso?
2. Eu me dou ao trabalho de encorajar meu parceiro?
3. Nós conversamos até resolver o problema? Reservamos um tempo só para nós?
4. Quando foi a última vez que tiramos um fim de semana longe das crianças?
5. Quando foi a última vez que fiz um elogio a meu parceiro?
6. Quando foi a última vez que dei um presente especial a meu cônjuge sem qualquer motivo especial, exceto dizer "Eu te amo"?
7. Por falar em "Eu te amo", quando foi a última vez que disse essas três palavrinhas maravilhosas a meu parceiro?
8. Qual é a principal coisa que sei que meu cônjuge adoraria que eu fizesse? Estou planejando fazer isso esta semana?
9. Compartilhamos nossos pensamentos, emoções, sonhos e dificuldades um com o outro?
10. Eu me dou ao trabalho de descobrir em que meu parceiro está realmente interessado? Eu me dou ao trabalho de compreender os detalhes de seu passatempo ou atividade favoritos?
11. Quando foi a última vez que "sequestrei" meu cônjuge do escritório (ou talvez da lavanderia) a fim de levá-lo para passar a noite fora?
12. Quando foi a última vez que cheguei cedo do trabalho para cuidar do pequeno Fletcher ou da pequena Mary e deixar minha esposa sair para ver vitrines ou resolver algumas tarefas?
13. Quando foi a última vez que disse: "Desculpe-me, eu estava errado. Você me perdoa?".

Como as características de sua ordem de nascimento influenciam seus pontos fortes e fracos? Em que áreas vocês são bem-sucedidos? Em que áreas estão tendo dificuldades? Quais são alguns passos que você pode dar hoje para começar a ver seu casamento pelos olhos de seu cônjuge?

_____ CAPÍTULO 12

"Eu só tenho importância quando..."

O que você está realmente dizendo a si mesmo?

Como você completaria esta afirmação: "Eu só tenho importância quando..."?

A maneira como completa essa sentença diz muito sobre você — e seu casamento. Quando os casais estão tendo problemas e precisam decidir "tentar a terapia", uma das primeiras coisas que procuro é o estilo de vida e o tema (ou linha) de vida de cada cônjuge.[1]

Todo mundo tem um *estilo de vida pessoal* — uma maneira única de olhar para si mesmo, para as outras pessoas e para o mundo. Toda pessoa vê a vida de forma diferente. Para cada um de nós, a realidade é o que vemos com nossos próprios olhos.

Todo mundo também tem um *tema de vida pessoal,* ou linha de vida, que é praticado a cada dia — na verdade, a cada instante. Nós raramente definimos nosso tema de vida em muitas palavras, mas ele está ali, conduzindo cada movimento nosso.

Estilo de vida é um termo cunhado por Alfred Adler, que fundou a escola da psicologia individual no início do século 20. Adler acreditava que, desde o início da infância, todos nós começamos a formar um plano individual que nos faz perseguir certos objetivos de vida. Segundo Adler, não saberíamos o que fazer com nós mesmos se não fôssemos orientados a certos objetivos ou metas. Como ele coloca, "Não podemos pensar, sentir, querer ou agir sem a percepção de alguma meta".[2]

Adler acreditava que, ao nascer, um bebê rapidamente forma um conceito do que está acontecendo ao seu redor (em seu ambiente) e começa a formatar suas metas. É claro, ele não faz isso de modo consciente, tomando notas em seu Blackberry ou conversando com seus amigos no Facebook, mas a informação toda está sendo registrada em seu pequeno cérebro. Adler escreveu: "A meta de cada ser humano provavelmente é formada nos primeiros meses de sua vida. Mesmo nesse momento, certas sensações desempenham um papel que evoca uma resposta de alegria ou conforto nessa criança. Nesse ponto os primeiros traços de uma filosofia de vida vêm à superfície, apesar de serem expressos da maneira mais primitiva".[3]

> Toda criança nasce com necessidade de atenção, e uma de suas metas primárias é obter reconhecimento de uma maneira ou de outra.

Você pode estar se perguntando onde a genética entra nessa história. Uma criança aprende tudo a partir de seu ambiente? Boa pergunta. Os psicólogos vêm discutindo há muito tempo o que influencia mais um ser humano: hereditariedade ou ambiente. Segundo Rudolph Dreikurs, um dos maiores discípulos de Adler, uma criança em desenvolvimento vivencia tanto a hereditariedade como o ambiente, e tira suas próprias conclusões. À medida que ela experimenta seu entorno (principalmente sua família), descobre no que é habilitada ou forte, e no que é fraca ou sem habilidade. Conforme a criança classifica toda essa experiência com seus prós e contras, sua personalidade toma forma.[4]

À proporção que uma criança cresce e persegue seus objetivos primários, ela começa a desenvolver o que Adler chamou de *estilo de vida*. Toda criança nasce com necessidade de atenção, e uma de suas metas primárias é obter reconhecimento de uma maneira ou de outra. Quando essa tentativa de receber atenção, seja positiva, seja negativa, não alcança os resultados desejados, a criança se torna desencorajada e reverte seus esforços para outra meta: obter poder. Se essas tentativas de ser poderosa (controlar os pais) fracassa, ela se torna ainda mais desencorajada, e a meta pode se tornar a vingança.

Obter atenção, poder ou vingança são as três motivações básicas do comportamento de uma criança. A maioria dos pequenos se concentra em obter atenção ou poder; eles raramente chegam ao estágio da vingança. Aqueles que o fazem acabam na cadeia ou em outras instituições correcionais quando maiores.

Conforme uma criança desenvolve seu estilo de vida único ao perseguir seu objetivo básico, também desenvolve um *tema de vida*. A definição psicológica completa de um tema de vida, ou o que alguns terapeutas chamam de *linha de vida*, pode ser um tanto complicada ou demorada de explicar. Em nome da simplicidade, pense apenas no tema de vida como os lemas e *slogans* pessoais, ideias que você subconscientemente repete para si mesmo todos os dias e nas

"Eu só tenho importância quando..." **201**

quais acredita de todo o coração. Se você duvida que tenha um tema de vida, olhe para seu comportamento de uma semana, um mês ou um ano e poderá ver um tema de vida demonstrado muitas vezes em seu comportamento.

Um tema de vida sempre tem a ver com sua autoimagem e sua noção de valor próprio. Gosto de descrever o tema de vida das pessoas em termos de "Eu tenho importância quando...". A maneira como você finaliza essa sentença me dirá sobre seu estilo de vida e me dará algumas pistas definitivas sobre sua ordem de nascimento.

O problema, é claro, é que seu tema de vida é uma mentira, ou pelo menos uma mentira

> **Qual é seu tema de vida?**
>
> 1. Qual é o lema, *slogan* ou ideia que você subconscientemente repete para si mesmo todos os dias, algo em que acredita de todo o coração?
> 2. Como essa ideia influencia seu comportamento? Seus relacionamentos? Seu futuro?

parcial. Você não é *completamente* o que seus temas de vida dizem que é, porque você tem a capacidade de mudar, de compensar ou de subjugar suas fraquezas e capitalizar sua força.

CONTROLADORES E AGRADADORES

Apesar de o estilo de vida de cada um ser diferente em certo nível, há categorias amplas nas quais a maioria das pessoas se encaixa. Como os dois estilos de vida que mais atendo são os controladores e aqueles que querem agradar, aos quais chamo "agradadores", vamos olhar primeiro para esses dois. Em seguida, consideraremos outros estilos de vida amplos, como o mártir, a vítima, o louco por atenção e o condutor.

Controladores

Os controladores são pessoas poderosas que agem a partir de uma entre duas motivações: poder ou medo. Geralmente são primogênitos de quem se esperava que cuidassem dos irmãos mais novos. A forte necessidade de poder motiva alguns a querer controlar tudo e todos. Nada escapa a seu olho crítico; ninguém com quem lidam está livre dos cordões que tentam atar. Outro tipo de controlador, porém, funciona pelo medo. Essa pessoa fica na defensiva e, basicamente, quer ter certeza de que ninguém a controla.

> Controladores ficam mais à vontade com pessoas a certa distância. Eles evitam a intimidade porque têm medo de perder o controle.

Controladores ficam mais à vontade com pessoas a certa distância. Eles evitam a intimidade porque têm medo de perder o controle. Não surpreende que os controladores tendam a temer a morte porque, afinal, a morte é a perda última do comando.

Outra característica dos controladores (e, lembre-se, um controlador não necessariamente tem todas as características que mencionei aqui) baseia-se em uma abordagem crítica, perfeccionista. Eles estão sempre tentando afastar os obstáculos da vida e conseguir que os outros ao redor também o façam. Naturalmente, os controladores têm uma necessidade tremenda de estar certos. Eles adoram discutir e raramente perdem uma discussão.

> **Temas de vida dos controladores**
>
> "Só tenho importância quando estou no controle da situação."
> "Só tenho importância quando sou o responsável."
> "Só tenho importância quando estou à frente do *show*, quando vale o que digo."

Apesar de parecer que os controladores são pessoas agressivas e assertivas, eles também podem ser temperamentais, inseguros e tímidos. É possível que manipulem os outros, especialmente os familiares, com lágrimas e chiliques — ou ambos. Quaisquer que sejam as armas, eles estão sempre operando de uma posição de poder.

Alguns controladores batem na mesa, falam alto ou até gritam. Outros agem silenciosamente e podem parecer gentis, até afetuosos, na superfície. Por baixo, porém, a história é outra. Uma mãe controladora pode dominar sua família preocupando-se com todo mundo. Um pai controlador pode dominar todos com seu silêncio, recusando-se a dizer o que lhe passa pela cabeça. Temendo o desconhecido, o resto da família pisa em ovos ao seu redor.

Agradadores

A 180 graus de distância do controlador está a pessoa que gosta de agradar, geralmente um primogênito submisso. Como você pode adivinhar, os controladores usualmente se casam com agradadores, e vamos ver isso com mais atenção em instantes.

> Os bajuladores tentam manter calmo o oceano da vida para que possam ter a aprovação de todos — especialmente em sua família.

Uma força impulsionadora por trás de quem deseja agradar é a necessidade de que todos gostem dele. Os bajuladores tentam manter calmo o oceano da vida para que possam ter a aprovação de todos — especialmente em sua família.

Tipicamente, essas pessoas têm uma autoimagem pobre. É por isso que estão sempre tentando fazer tudo o que podem para manter todo mundo feliz. Acreditam que são valorizados pelo que fazem, e não por serem quem são.

Vivem atrás de máscaras, sorrindo e assentindo; mas, por dentro, podem não concordar de maneira alguma com o que veem. Em geral, odeiam-se por não terem coragem de falar o que pensam.

Falar o que lhes vai à mente é algo que os agradadores raramente fazem porque sabem que esse é um caminho certo para a rejeição. Eles preferem muito mais ir pelas ideias dos outros. Tornam-se socialmente hábeis, capazes de ler os sinais que os outros enviam e saber como manter todos felizes.

Os agradadores, aliás, podem ser perfeccionistas, mas desenvolvem seu perfeccionismo de maneira diferente da dos controladores. Quem gosta de adular os demais está constantemente preocupado em manter-se à altura, ser bom o suficiente, ou ser perfeito. Pode-se dizer que é perfeccionista por medo de ser outra coisa.

CONTROLADORES E AGRADADORES GERALMENTE SE CASAM

Os dois estilos de vida que mais atendo são os controladores e os agradadores, e há um motivo simples para isso. Os controladores geralmente se casam com agradadores (a velha influência dos "opostos se atraem"), e então, com muita frequência, os primeiros tornam a vida dos segundos um inferno. Em geral, o marido é o controlador, e a esposa, a agradadora; mas há alguns casos em que o inverso é verdadeiro. Na verdade, conheço nove homens agradadores no território continental dos Estados Unidos. Entretanto, eles não liberam seu nome e endereço!

Temas de vida dos agradadores

"Só tenho importância quando mantenho tudo calmo e firme no lugar."
"Só tenho importância quando todos gostam de mim."
"Só tenho importância quando todos aprovam o que faço."
"Só tenho importância quando dou prioridade aos outros."

É difícil trazer um marido controlador ao meu consultório para aconselhamento porque ele tem certeza de que sua esposa é quem tem problemas; não há nada errado com *ele*. Mas quando o controlador finalmente concorda em vir e conversar comigo, ele logo mostra quem realmente é. Ouço afirmações que podem ser entendidas como temas de vida. Por exemplo: "Eu só tenho importância quando estou no comando, quando vale o que digo, quando estou controlando as coisas".

Você é casado com um controlador? Ou com um agradador? Descubra preenchendo os questionários a seguir.

204 Mais velho, do meio ou caçula

Você tem um relacionamento com um controlador?

Para descobrir, preencha este questionário. (Nota: como a maioria dos controladores é composta por homens, usei o pronome masculino.)

Leia cada afirmação e marque 4 para sempre, 3 para com frequência, 2 para às vezes e 1 para raramente.

☐ 1. Ele tende a ser crítico — um perfeccionista que procura erros segundo um alto padrão de excelência para si mesmo e para os outros.

☐ 2. Ele acha difícil rir de si mesmo, especialmente quando pode ter feito ou dito algo estranho ou errado.

☐ 3. Ele humilha ou rebaixa os outros com humor sutil (ou não tão discreto).

☐ 4. Ele tem uma relação fraca (ou até ruim) com a mãe (ou outras mulheres que fizeram ou ainda fazem parte de sua vida, como uma irmã ou tutora).

☐ 5. Ele reclama de figuras de autoridade que "não sabem o que estão fazendo" (patrões, professores, pastores ou o presidente).

☐ 6. Ele é um competidor real que sempre tem de vencer nos esportes ou jogos de mesa.

☐ 7. Ele resolve do jeito dele, sutilmente ou não, onde vocês dois irão ou o que farão.

☐ 8. Ele prefere ser o dono da bola, não um jogador do time — isso ocorre no trabalho, nas reuniões de que participa ou em situações que envolvam família e amigos.

☐ 9. Ele tem dificuldade de dizer "Eu estava errado", ou dá desculpas que o fazem parecer bem na fita diante dos problemas.

☐ 10. Ele perde a cabeça (levanta a voz, grita, prague ja).

☐ 11. Ele pode partir para a violência física — empurrando ou batendo em você ou quebrando coisas.

☐ 12. Ele pode fazer você prestar contas de cada centavo que desembolsa, mas ele gasta livremente.

☐ 13. Sexo é uma coisa que vocês dois praticam para o prazer dele e segundo a conveniência dele.

☐ 14. Quando ele bebe, mesmo em pouca quantidade, vira outra pessoa.

☐ 15. Ele dá desculpas por beber demais.

Nenhum questionário pode provar nada com certeza, mas este pode fornecer algumas pistas capazes de ajudá-la a analisar seu relacionamento com um cônjuge ou noivo.

"Eu só tenho importância quando..." **205**

Se os pontos que você atribuiu a essa pessoa chegam a 50 ou 60, ele é um supercontrolador cuja única saída é aconselhamento profissional — se ele ouvir. Se você está comprometida, e seu noivo marcou entre 50 e 60, meu conselho é devolver o anel e sair correndo.

Se você pontuou seu marido ou noivo entre 40 e 49, ele é um controlador típico que provavelmente está aberto a ser confrontado e solicitado a mudar seu comportamento.

Se você pontuou seu marido ou noivo entre 30 e 39, ele é uma pessoa relativamente equilibrada que pode estar no controle às vezes, mas ser flexível em outras.

Se você pontuou seu marido ou noivo com 29 ou menos, primeiro reveja seus números. Se você não cometeu um erro de pontuação, pode ter um dos poucos homens agradadores em cativeiro. Mas dê outra olhada para ver se ele tem notas acima de 2 nas questões de 10 a 14. Tudo isso sugere um alto grau de necessidade de controle, até mesmo domínio, com violência e abuso.

Você tem um relacionamento com uma "agradadora"?

Para descobrir, preencha este questionário. (Nota: como a maioria dos agradadores é composta por mulheres, usei o pronome feminino.)

Leia cada afirmação e marque 4 para sempre, 3 para com frequência, 2 para às vezes e 1 para raramente.

☐ 1. Ela está sempre pisando em ovos para manter todo mundo feliz.

☐ 2. Ela se pergunta por que não consegue fazer nada certo.

☐ 3. Ela se sente insegura ou lhe falta confiança.

☐ 4. O pai dela foi ou é autoritário.

☐ 5. Ela evita confrontos com os outros porque "não vale a pena".

☐ 6. Geralmente, ouve-se ela dizer "Eu deveria..." ou "Eu tenho que..."

☐ 7. Ela se sente dominada por seu marido ou até seus filhos.

☐ 8. Ela recebe pouca afeição dos outros.

☐ 9. Ela sente como se estivesse se escondendo ou fugindo das dificuldades da vida.

☐ 10. Outros (especialmente as pessoas amadas) sabem que botões apertar para fazê-la sentir-se culpada.

☐ 11. Ela dissimula concordância ou aprovação mesmo que por dentro esteja sentindo exatamente o oposto.

☐ 12. Ela é facilmente persuadida pelos outros e concorda com qualquer um que fale com ela por último.

206   Mais velho, do meio ou caçula

> ☐ 13.Ela tem medo de experimentar coisas novas e assumir riscos.
>
> ☐ 14.Ela se sente constrangida ao defender seus direitos ou tomar a iniciativa.
>
> ☐ 15.Ela não é respeitada por seu cônjuge/noivo ou filhos.

Nenhum questionário pode ser uma prova absoluta de nada, mas pode dar algumas pistas capazes de ajudá-lo a analisar seu relacionamento com sua esposa ou noiva.

Se as pontuações que você deu a essa pessoa somam entre 50 e 60, ela é considerada uma agradadora supersofredora que é facilmente manipulada e controlada. Portanto, a questão é: quem está manipulando e controlando a vida dela? Será você?

Qualquer pessoa pontuada entre 40 e 49 é uma agradadora desestimulada ou deprimida para quem há esperança — *se* ela estiver propensa a agir e confrontar a(s) pessoa(s) que a estão manipulando ou controlando.

Aquela que pontua entre 30 e 39 é uma moderada agradadora desencorajada. Os pontos positivos de sua vida suplantam os negativos; mas, ainda assim, ela gostaria de ser mais respeitada, especialmente pelos entes queridos.

Quem pontua 29 ou menos cai na categoria das "agradadoras positivas". Ela é capaz de equilibrar sua natureza doadora enquanto consegue receber o amor, o apoio e o respeito que quer e necessita.

TERAPIA PARA UM CASAL CONTROLADOR/AGRADADOR

Se você e seu casamento estão sofrendo em consequência de problemas entre controlador/agradador, eis minhas sugestões:

1. *Se seu cônjuge é controlador, tome consciência de que você não vai mudá-lo.* Digo a maridos e esposas: "Não tente usar Bombril nas manchas do leopardo. Você vai deixar o animal nervoso". Em outras palavras, você só consegue mudar *seu próprio* comportamento e forma de interagir. Seu cônjuge deve decidir mudar por conta própria.

> Você só consegue mudar *seu próprio* comportamento e forma de interagir.

2. *Se seu cônjuge é controlador, tente ser positivo, mas recuse-se a jogar os jogos dominadores dele.* De maneira amigável, mas firme, recuse-se a ser controlado. Se você conseguir mudar sua atitude com o controlador, ele terá de agir de forma diferente porque a recompensa não estará mais ali. A chave é fazer que o controlador

saiba que, se quiser controlar a si mesmo, será bem aceito. Mas quando tentar controlar todos os demais na família, algo terá de mudar.

3. *Se você é um controlador especialmente ruidoso e enfurecido, tente ficar sozinho e expor seus sentimentos para si mesmo em voz alta.* Pessoas que têm dificuldade em conversar com os outros podem realmente fazer um grande bem ao conversar consigo mesmas e ao aprender a articular seus sentimentos de maneira aceitável. Mais tarde, elas podem tentar se comunicar com o cônjuge da mesma forma. (Nota: se sua mania de controle chegou ao nível do abuso verbal ou físico, corra — não ande — até o terapeuta profissional competente mais próximo de você. Nem você se respeitará se esse comportamento continuar.)

4. *Se a perfeição é sua meta, você sempre sente um vazio em sua vida.* Você nunca vai atingir essa meta. É uma batalha perdida, infrutífera. Você deve ter a coragem de aceitar a si mesmo e a seu cônjuge como são — pessoas imperfeitas, que ainda estão aprendendo, crescendo e mudando.

> Você deve ter a coragem de aceitar a si mesmo e a seu cônjuge como são — pessoas imperfeitas, que ainda estão aprendendo, crescendo e mudando.

5. *Não tente controlar tudo e todos.* Simplesmente não funciona. Para que um casamento seja saudável e satisfatório, e para que duas pessoas realmente sejam uma, *ambas* devem estar no controle. E *ambas* devem ser livres para fazer suas coisas.

MÁRTIRES E AFINS

Cada indivíduo tem seu próprio e único estilo de vida, mas podemos identificar certas categorias amplas nas quais a maioria dos homens e mulheres se encaixa. Além dos controladores e agradadores, há diversos outros rótulos descritivos para pessoas, e muitos indivíduos podem ter mais de um rótulo. Por exemplo, um agradador pode também ter um toque de mártir ou vítima, ambos desdobramentos naturais do hábito de querer agradar e sempre ter a aprovação dos outros.

> Mártires têm uma estranha capacidade de encontrar fracassados que vão destratá-los, usá-los ou abusar deles de alguma maneira.

Mártires são pessoas que quase sempre têm uma autoimagem ruim. E eles buscam gente que reforce essa imagem, em primeiro lugar as pessoas com quem se casam.

Mártires têm uma estranha capacidade de encontrar fracassados que vão destratá-los, usá-los ou abusar deles de alguma maneira. Frequentemente acabam casados com alcoólatras, e tendem a facilitar a vida de seus parceiros ao dar desculpas por eles em nome do "amor".

Mártires aprendem a ser capachos enquanto crescem, geralmente com pais que são muito estritos, possessivos e controladores. Esposas mártires frequentemente têm maridos que se desviam, que as deixaram ou que estão planejando deixá-las por outras mulheres. O motivo é simples: não vale a pena correr atrás de um mártir. Todo capacho acaba ficando enfadonho e gasto.

> **Temas de vida dos mártires**
>
> "Só tenho importância quando sofro."
> "Só tenho importância quando se aproveitam de mim."
> "Só tenho importância quando sou machucado pelos outros."

Mártires sofrem por uma causa, costumeiramente um marido que de alguma forma pisou na bola com a esposa. A mulher mártir dá desculpas pelo marido, alegando "estar ao lado de seu homem" até o final amargo — e o final frequentemente é amargo. É triste dizer, mas muitas das esposas mártires com quem lido foram ensinadas a ser "submissas" ao marido. No melhor dos casos, a interpretação desse ensinamento favorece que seu cônjuge controlador (e geralmente machista) tire proveito delas. No pior, elas se tornam vítimas de desrespeito, negligência e abuso.

Prima próxima do mártir é a *vítima*. Os temas de vida da vítima são muito parecidos com os do mártir. Ambos os tipos podem ser chamados de superagradadores ou agradadores decadentes. Vítimas, mártires e agradadores têm todos o mesmo problema: baixa autoestima. Para eles, o problema simplesmente é muito pior.

Muitas vítimas costumam usar palavras como *mim, meu* e *eu* ao buscar compaixão ou pena enquanto reclamam de seus infortúnios, dores e mazelas. Elas geralmente sentem que se aproveitam delas, mas, com toda a sua reclamação, acabam conseguindo o que realmente querem — ser o centro das atenções.

> Com toda a sua reclamação, as vítimas acabam conseguindo o que realmente querem — ser o centro das atenções.

Outros mártires e vítimas não estão exatamente atrás de atenção, mas mantêm seu estilo de vida porque é "confortável". Talvez a melhor ilustração da prática de ficar com alguma coisa por conforto, apesar de se tratar de algo menos do que desejável, é a maneira como me apego a meu velho par de chinelos velhos, rasgados e gastos. Sande sempre os joga fora porque são "nojentos". Espera que eu use um par novo que ela me deu, ou que as crianças compraram para mim no Natal ou Dia dos Pais.

Mas é claro que eu imediatamente resgato meus velhos chinelos da lata do lixo, e mais uma vez Sande me encontra usando-os, velhos e feios como sempre.

— Por que — ela se pergunta em voz alta — você insiste em usar esses chinelos velhos, nojentos, se tem tantos pares novos bonitos para escolher?

Tudo o que posso dizer em resposta é:

— Uso porque são confortáveis.

O modo como volto aos meus chinelos velhos e acabados é semelhante à maneira como mártires e vítimas voltam para a mesma relação abusiva, ou continuam engolindo a mesma conversa fiada que escutam há anos de familiares, amigos e colegas de trabalho. Abuso, falta de respeito, ridicularização — o que quer que seja — é "confortável". Esse tipo de vítima às vezes é nomeado "desastre prestes a acontecer".

> **Temas de vida das vítimas**
>
> "Só tenho importância quando me sacrifico."
> "Só tenho importância quando sou maltratado."

Outra ampla categoria de estilo de vida é a do *louco por atenção*, que tem algumas similaridades com o controlador. Sempre que você recebe atenção, tenta assumir o controle de alguma forma. Caçulas geralmente têm esse estilo de vida. Eles são os pequenos falcões poderosos da família, desesperados à procura de muita atenção, principalmente porque veem todos aqueles falcões maiores (seus irmãos) voando em círculos acima deles de uma maneira bastante intimidadora.

Meu próprio estilo de vida é, a princípio, louco por atenção, porque, quando eu era muito pequeno, percebi que jamais poderia ultrapassar minha irmã primogênita supercapaz ou meu irmão mais velho. Obviamente, eu tinha de pegar uma rota diferente. Como era algo fácil e divertido, escolhi me tornar o palhaço da família.

Meu estilo de vida estava bem estabelecido aos 5 ou 6 anos. (Não tenho certeza sobre exatamen-

> **Temas de vida dos loucos por atenção**
>
> "Só tenho importância quando recebo atenção por ser engraçado."
> "Só tenho importância quando estou sob os holofotes."
> "Só tenho importância quando sou a estrela."
> "Só tenho importância quando faço as pessoas rirem."

te porque nenhum psicólogo apareceu para verificar.) Depois disso, fui ladeira abaixo, por assim dizer, e tudo o que aconteceu só confirmou minha crença de que eu tinha de ser engraçado e bonitinho ou um mestre da travessura. Meu tema de vida passou a ser "Só tenho importância quando recebo atenção por ser engraçado".

ENTROSANDO ESTILOS DE VIDA NO CASAMENTO

Estilos de vida e linhas da vida nem sempre causam tensão no casamento. Às vezes, podem se entrosar bem e render boa diversão, mesmo quando você junta um marido caçula manipulador com uma esposa primogênita ingênua e que gosta de agradar.

Pouco antes de nos casarmos, informei Sande sobre uma tradição na família Leman que dizia que a esposa tinha de comprar a licença de casamento. Como vimos, um dos traços fortes em muitos primogênitos é o desejo de agradar outras pessoas, e o primogênito que gosta de agradar provavelmente não é tão esperto nem está tão alerta quanto o filho caçula em relação às manobras daqueles que querem tirar vantagem deles. Em outras palavras, minha adorável esposa é um alvo fácil.

Assim, não me surpreendeu que ela tenha achado maravilhoso quando lhe pedi um adiantamento de US$ 5 para a licença matrimonial. Peguei a nota de dinheiro, coloquei sobre a mesa do caixa do cartório e disse: "Você acaba de começar uma tradição".

Ela simplesmente riu. Eu ri também. Nós dois sabíamos que eu estava tentando terminar a graduação e estava liso. Ela tinha um emprego, era dona do carro e era nossa única fonte de recursos. Tudo isso foi bom para darmos uma risada na época, e ainda achamos graça hoje. Naquele tempo, compensávamos de modo inocente nossos estilos de vida. Eu era notado e me divertia; e Sande desempenhava o papel de agradadora de que ela tanto gosta.

QUAL É SEU ESTILO DE VIDA?

Discuti neste capítulo apenas algumas possibilidades de estilos de vida escolhidos pelas pessoas. Há muitos outros. Um *condutor* é alguém orientado para objetivos, que quer atingir sua meta a qualquer custo. Seu tema de vida diz: "Só tenho importância quando realizo" ou "Só tenho importância quando consigo fazer tudo".

Outro estilo de vida que vejo com bastante frequência é o *racionalizador*, a pessoa que tenta evitar ou negar a responsabilidade soltando uma cortina de fumaça de teorias, fatos e opiniões. O tema de vida do racionalizador diz: "Só tenho importância quando consigo encontrar uma boa desculpa ou explicação" ou "Só tenho importância quando consigo ficar bem na fita".

Um *santinho*, primo em primeiro grau do agradador, é outro estilo de vida comum. O tema de vida dele pode ser "Só tenho importância quando sigo as regras" ou "Só tenho importância quando vivo uma vida íntegra".

Agora que você tem algumas informações básicas em relação aos estilos e temas (ou linhas) de vida, preencha o questionário "Qual deles você é?", adiante neste capítulo, para identificar seus estilos e temas de vida. Melhor ainda, peça ao seu cônjuge para preencher o questionário ao mesmo tempo, e então revelem as respostas. O resultado vai ser uma intrigante conversa no jantar ou no café, na qual vocês dois compararão suas percepções individuais dos estilos e temas de vida de cada um.

LINHAS DE VIDA MENTIROSAS ENCURTAM CASAMENTOS

As estatísticas atuais nos dizem que o casamento médio dura sete anos. Nenhum casamento irá muito longe se você e/ou seu cônjuge vivem a partir de uma linha de vida tão extrema e pouco saudável que se torna destrutiva para ambos. Então, por que não abandonar linhas de vida que começam com "Só tenho importância quando..." e começar a usar as que começam com "Sou importante porque...."? No casamento, você é importante porque ajuda seu parceiro a crescer e amadurecer.

Se continuar a viver baseado em uma linha de vida que diz que você só tem importância quando está no controle, é perfeito, agrada todo mundo, atrai a atenção ou faz algo mais, você está mentindo para si mesmo. Você é importante porque foi criado à imagem e semelhança do próprio Deus Todo-poderoso, não por causa do que faz ou não faz. Por isso, cuidado com as mentiras que você está sempre contando a si mesmo no nível do subconsciente, e mantenha essas ideias sob controle com disciplina cognitiva. Da próxima vez que estiver em uma situação estressante de qualquer tipo — no trabalho, em uma festa, em sua sala de estar, onde for — pare e use a disciplina cognitiva, perguntando a si mesmo: "O que meu velho eu normalmente faria?". Depois de identificar sua linha de vida e curso de ação tradicionais, pergunte-se: "O que meu novo eu vai fazer de diferente?".

Qual deles você é?

Preencha o questionário para descobrir.

1. Que palavras abaixo melhor descreveriam seu estilo de vida? Se você sente que tem características que se encaixam em mais de uma descrição, escolha as duas, mas faça uma marcação na que for predominante. Depois, escreva seu estilo de vida, colocando sua descrição dominante antes dele.

    ☐ Controlador
    ☐ Perfeccionista

212 Mais velho, do meio ou caçula

> ☐ Condutor
> ☐ Agradador
> ☐ Vítima
> ☐ Mártir
> ☐ Santinho
> ☐ Racionalizador
>
> 2. Meu tema de vida: "Só tenho importância quando _____
> _____".
>
> 3. Usando os estilos de vida listados, faça sua própria estimativa de quais se aplicam a seu cônjuge. (Lembre-se, você pode usar mais de um estilo, mas escreva o predominante antes.)_____.
>
> 4. Das descrições que você fez sobre seu cônjuge, declare qual você acredita ser o tema de vida de seu cônjuge: "Só tenho importância quando _____".

Isso não é um tipo de fórmula mágica que provoca mudanças instantâneas. Mas, conforme você continuar usando essa abordagem simples do velho eu/novo eu, será capaz de mudar sua linha de vida e de dizer com mais frequência: "Sou importante porque sou eu!".

Linhas de vida

Algum desses parece você?

"Só tenho importância quando realizo."
Isso pode ser a linha de vida de um perfeccionista ou de alguém que precisa de atenção. Depende do que você quer dizer com "realização". Perfeccionistas precisam se dar conta de que não podem fazer tudo e que seu verdadeiro valor está em quem eles são como pessoas, não no que fazem. Quanto às pessoas que procuram atenção, elas realizam para ser notadas, aplaudidas ou para receber recompensa. Esse é um comportamento egoísta e muito frustrante, porque elas nunca conseguem recompensas suficientes! É como o rato de laboratório na esteira, em um movimento perpétuo do qual nunca consegue sair.

"Só tenho importância quando venço."
Esta é uma variação de "Só tenho importância quando estou no controle". Outra forma de descrever esta linha de vida é "ganhar ou perder". Não há meio-termo. Hoje em dia, muito se fala sobre ser bem-sucedido e vencer, mas viver

segundo conquistas e derrotas é um grande fardo e estorvo. Gosto de afirmar que não é a vitória que vale — o que vale *é* ajudar as pessoas a vencer.

"Só tenho importância quando recebo cuidados."

Esta linha deriva daquela que diz: "Só tenho importância quando sou notado" ou "Só tenho importância quando as pessoas prestam atenção em mim". É a típica linha da vida de um caçula, especialmente a princesinha que costuma ser mimada, cuidada, e tem irmãos mais velhos para protegê-la.

"Só tenho importância quando me doo."

Essa é uma variação da linha do agradador, a favorita do primogênito submisso perfeccionista que cresceu sem nunca deixar de obedecer à mamãe e ao papai. Mas em um casamento, um agradador sempre deve ter cautela para não exagerar nisso, especialmente se ele, ou ela, for casado com um controlador ou um perfeccionista crítico. O casamento é uma questão de toma lá dá cá. Quando uma pessoa responde por toda a doação, isso tem um preço no relacionamento.

CAPÍTULO 13

Ostente suas imperfeições

Criando primogênitos e filhos únicos

A cena é uma sala de aula de pré-escola, e a professora acabou de entregar à pequena Emily uma tesoura (de ponta redonda, é claro) e uma folha de cartolina vermelha brilhante. A tarefa de Emily é recortar um grande e bonito círculo. Ela se dedica à atividade e está fazendo um trabalho bastante bom quando de repente amassa o papel e joga no chão seu círculo meio recortado.

A professora se aproxima e pergunta:

— Emily, o que houve?

— Não consigo fazer isso!

— Vou ajudar você. Aqui, deixe-me...

— Não! Eu não vou fazer! É tolice!

A professora suspira e se pergunta: "O que deu na Emily?".

Na verdade não é um mistério. Emily é a primeira filha, e seus pais são pessoas muito competentes e confiantes. Já na tenra idade de 5 anos, a garota está apresentando a principal característica que compartilha com quase todos os outros primogênitos e filhos únicos, um fardo que ela carregará para a vida toda: o perfeccionismo.

PERFECCIONISMO

Sei que você pode discordar da minha afirmativa de que quase todos os primogênitos e filhos únicos são perfeccionistas. Pais me falam de seu primogênito Harlan, que tem 17 anos e ainda precisa de uma mudança consciente. Na verdade, ele não se mexe nem para arrumar a própria cama há seis meses.

216 Mais velho, do meio ou caçula

Ou talvez mencionem a filha mais velha, Amanda, tão despreocupada que eles precisam colocar um espelho na frente do nariz dela para ter certeza de que está viva. Ela tirou C– em história e matemática e A+ em MTV e Facebook.

Mas apesar de parecer que Harlan e Amanda agem como qualquer coisa, menos primogênitos perfeccionistas, mantenho minha posição por duas razões muito boas, as mesmas duas razões que transformaram Emily em uma pequena perfeccionista desestimulada ainda na pré-escola: mamãe e papai.

Quando você é pequeno — bem pequeno — e tenta imitar alguém muito mais velho ou maior, logo entende que tem de ser "perfeito". Para demonstrar o que estou dizendo, vamos observar Emily em casa com a mamãe. Emily arrumou a própria cama, e, para uma menina de 5 anos, até que fez um ótimo trabalho. A mamãe entra para verificar e diz: "Ah, Emily, querida, que ótimo trabalho você vez!". Emily sorri de alegria — até mamãe começar a "alisar algumas rugas".

> Quando você é pequeno — bem pequeno — e tenta imitar alguém muito mais velho ou maior, logo entende que tem de ser "perfeito".

A mensagem para Emily? "Sua cama não está à altura, não está perfeita." Não admira que Emily fique furiosa quando recorta um círculo menos-que-perfeito na pré-escola. Se ela não consegue ser perfeita, não será nada. Emily é uma perfeccionista desestimulada em botão e, a menos que a mamãe pare de pegar constantemente no pé dela de uma maneira muito "positiva", ela terá desabrochado completamente quando chegar à adolescência.

Atendo muitas crianças pequenas que estão se tornando perfeccionistas desestimuladas. Não é difícil identificá-las:

> Elas não entregam as tarefas da escola mesmo que estejam completas. O problema é que não têm certeza se fizeram *exatamente* certo.
> Elas começam um monte de projetos ou atividades, mas nunca terminam.
> Elas temem a enormidade de uma tarefa e mesmo assim nem começam.
> Elas são descritas pelas professoras como alguém com "*muito* potencial".
> Elas têm pais controladores, críticos ou insistentes.

Dois casos: Frank e John

Exemplos vívidos de perfeccionistas desestimulados que vêm a minha mente são dois rapazes que vou chamar de Frank e John. Frank tinha 12 anos quando seu pai filho único (cirurgião) e sua mãe primogênita (enfermeira-padrão) o trouxeram até mim devido a um problema extremo de "temperamento".

Frank perdia a calma quando seus "planos para o dia" não davam certo. Enquanto a maioria dos meninos de 12 anos não consegue planejar os próximos quinze minutos, Frank sabia exatamente o que queria fazer desde a manhã até a noite, algo que ele imitou de seu pai cirurgião, altamente preciso, com uma agenda apertada.

Frank, por sua vez, era um "primogênito funcional", pois era o segundo de dois filhos, nascido sete anos depois do irmão mais velho. Com toda essa diferença e com esses pais profissionais tão capazes, Frank não podia deixar de ter muitas características de primogênito.

Na verdade, ele poderia facilmente ter passado por filho único, pois teve muita dificuldade para se entender com crianças de sua própria idade, o que é típico de filhos únicos. Mas parece que ele não se estava entendendo com ninguém. Seus amigos não davam a menor bola para sua lista de afazeres, e quando o dia de Frank não ia bem (o que era frequente), ele ficava enfurecido e brigava. Em casa, se alguém estragasse seus planos, Frank começava a chutar e jogar coisas e a fazer buracos nas paredes (uma vez ele tentou fazer buracos no cachorro da família).

Um menino muito consciencioso, Frank se sentia péssimo por seu comportamento, mas estava preso na arapuca do perfeccionismo. Finalmente, fui capaz de ajudar Frank ao destacar que todos cometem erros e falhas — até mesmo Babe Ruth, que finalizou 714 *home runs,* mas também bateu para fora 1.330 vezes. Contudo, a verdadeira chave foi o pai de Frank, que teve a coragem e a sensibilidade de começar a admitir suas próprias falhas e imperfeições, as quais mantivera cuidadosamente escondidas.

Frank continuou sendo um perfeccionista de muitas formas, mas pelo menos conseguiu controlar seu temperamento ao aprender que não conseguia controlar tudo e, principalmente, que não tinha de ser perfeito para ganhar a aprovação e o amor do pai.

Ah, sim, e o John? Não atendi John; na verdade, nunca cheguei a encontrá-lo quando fui reitor-assistente dos alunos da Universidade do Arizona. Mas tive acesso a sua ficha. Ao longo de toda a sua carreira acadêmica, John nunca tirou menos do que A e estava prestes a se graduar *summa cum laude* na Universidade do Arizona. Seu bilhete de suicídio dizia: "Não consigo estar à altura dos padrões deste mundo. Talvez eu me saia melhor no outro".

Querendo ser igual à mamãe e ao papai

O perfeccionismo pode se tornar sério, até mortal, como no caso de John. Tantas pessoas lutam contra o perfeccionismo porque, de uma maneira ou de outra, elas simplesmente não estão à altura de mamãe e papai, que podem ou não ser, eles mesmos, perfeccionistas. Tenha em mente que não é necessário ser filho de um cirurgião e uma enfermeira para revelar-se um perfeccionista desestimulado. Basta haver um adulto que está só tentando ser um pai competente e amoroso. Considere Harlan e Amanda novamente por um momento. Duvido que seus pais tenham se sentado logo após o nascimento das crianças e discutido como eles poderiam criar perfeccionistas desestimulados. Mas cada casal produziu um mesmo assim, simplesmente tentando ser pais competentes e amorosos. Como? É muito simples.

> Alunos preguiçosos e fracos normalmente são perfeccionistas desestimulados que desistiram de tentar porque fracassar dói demais.

Muito cedo, durante o primeiro ano de vida, os primogênitos começam a assimilar seus modelos adultos de comportamento — mamãe e papai — e passam a se concentrar para ser "exatamente como eles". Isso inclui serem tão capazes como os pais, o que é obviamente impossível para uma criancinha. Portanto, quando primogênitos como Harlan e Amanda ficam mais velhos, eles podem não parecer perfeccionistas nem agir como tais, mas serem perfeccionistas desestimulados mesmo assim. Alunos preguiçosos e fracos normalmente são perfeccionistas desestimulados que desistiram de tentar porque fracassar dói demais.

O desejo do primogênito de seguir os passos da mamãe e do papai geralmente aumenta conforme os pais lhe dão atenção extra, ou são superpais. Eles tendem a ser protetores demais e inconscientemente forçam a criança a realizar tudo o que for possível (às vezes, o que for impossível também). Não é estranho que primogênitos andem e falem antes de qualquer outra ordem de nascimento e que tenham vocabulário maior.

> Primogênitos, ao lado de seus primos perfeccionistas — os filhos únicos — crescem como pequenos adultos.

Primogênitos, ao lado de seus primos perfeccionistas — os filhos únicos — crescem como pequenos adultos.

Com frequência aplico o adjetivo *precoce* a primogênitos e especialmente a filhos únicos. Segundo o dicionário, *precoce* significa "caracterizado por desenvolvimento ou maturidade extraordinariamente anteriores ao tempo, sobretudo em termos de aptidão mental". E isso geralmente descreve primogênitos e filhos únicos. Eles se tornam muito adultos rapidamente devido a toda essa imitação que tentam fazer da mamãe e do papai. Parte de seu comportamento de adulto é que eles se tornam muito obedientes aos superiores, outro resquício de tentar agradar as duas figuras de autoridade-chave em sua vida — mãe e pai.

A FERROADA DO DESTRONAMENTO

Os primogênitos não só lutam contra o perfeccionismo, mas todos eles também experimentam o destronamento com a chegada do segundo filho da família. Primogênitos são o centro da atenção por um tempo relativamente longo (da forma que o tempo é medido na vida de uma criança pequena). No capítulo 12 mencionei o estilo de vida que toda criança desenvolve aos 5 anos ou mais. Se mamãe e papai não têm um segundo filho até o primeiro ter 3 anos, três quintos — 60% — do estilo de vida do primogênito já se formaram antes que o intruso venha do hospital para casa. Grande parte desse estilo de vida ensinou ao primogênito que ele é o último biscoito do pacote. Uma das tarefas mais desafiadoras da paternidade é preparar o primeiro filho para a invasão do segundo.

> Uma das tarefas mais desafiadoras da paternidade é preparar o primeiro filho para a invasão do segundo.

Meu conselho para pais que esperam a chegada do segundinho é fazer que o primeiro separe alguns de seus brinquedos especiais em um lugar seguro para que o "bebê não consiga pegar". Ao mesmo tempo, deixe o primeiro escolher alguns brinquedos que ele desejaria dar ao novo irmãozinho. E finalmente assegure-se de reafirmar ao primogênito que, quando o irmãozinho ou irmãzinha chegar, haverá muitos beijos da mamãe e do papai para ambos.

Quando o segundo filho deixa o hospital e vai para casa, logo o primogênito percebe que aquela "coisa" não é temporária, mas veio para ficar. A essa altura, é uma excelente estratégia envolver o primogênito nos cuidados com o novo bebê. Se o primeiro filho já for grande o suficiente, pode ajudar a alimentar o bebê e até trocar a fralda, se possível. Sim, a fralda pode ficar um pouco torta, mas morda a língua e combata aquela necessidade de refazer tudo "perfeitamente".

A segunda estratégia é conversar com seu primogênito sobre o que o recém-nascido *não consegue* fazer. "[Nome do bebê] não consegue pegar a bola, não sabe andar, não sabe falar, não consegue fazer nada."

E então tem a hora de dormir. Diga a seu filho de 3 anos que ele não precisa ir para a cama tão cedo, mas que pode ficar até mais tarde com a mamãe e o papai.

Não é só um probleminha

Independentemente de quanto você tente ajudar seu primeiro filho a se ajustar, saiba que o destronamento é uma intrusão profunda para o primogênito. É inevitável que ele se pergunte: "Por quê? Eu não era bom o suficiente?". Há uma rivalidade natural que começa entre o primeiro e o segundo filhos. Pode não ser visível ou evidente no início, mas está sempre ali, e aparecerá mais cedo ou mais tarde.

Sande e eu ainda ficamos impressionados quando assistimos a alguns filmes antigos, em Super-8, que minha mãe fez de nós dois com Holly e a recém-nascida Krissy. Quando fizemos a gravação, ninguém — nem mesmo minha mãe — viu a Holly de 18 meses escorregar para a cena e sorrir amplamente enquanto metia o cotovelo no meio do corpo de Krissy.

Quando recuperamos o filme, nossa reação foi ambivalente. Sim, o empur-rãozinho do pequeno cotovelo de Holly era fofo, mas também deixava claro como os primogênitos se sentem destronados e como fazem movimentos perfeitamente natu-rais (egoístas) para recuperar sua "cota justa" de atenção dos pais.

> O destronamento é uma intrusão profunda para o primogênito. É inevitável que ele se pergunte: "Por quê? Eu não era bom o suficiente?".

A inclinação natural no sentido do egoísmo (na verdade, uma questão de autopreservação e sobrevivência para a criança) é o motivo por que você precisa ter cuidado quanto a dar a seu primogênito "tratamento especial para equilibrar as coisas" quando o pequeno intruso chega. Evite ser manipulado pelo primogênito que tenta obter vantagens ou mimos especiais. Nunca sucumba a um chilique ou derramamento de lágrimas. Se necessário, isole o primogênito brevemente e então se aproxime dele para conversarem a respeito do ocorrido.

Se você precisar disciplinar o primeiro filho, sempre inclua muitos abra-ços, toques e conversas quando enfatizar a "superioridade" do primogênito sobre o novo bebê, pois o primeiro pode fazer muito mais coisas. Sempre enumere o que o primogênito pode fazer e o bebê não. Assim, você estabelece os fundamentos de uma criança primogênita cooperativa, que vai passar pela crise do destro-namento mais facilmente, sabendo que é mais capaz, maior, mais forte etc.

> Todo mundo comete erros; ninguém faz tudo absolutamente perfeito.

Mas enquanto você garante para seu primo-gênito que ele é maior, mais forte, mais esperto, não confunda isso com ser perfeito. Por provavelmente dois ou três anos, seu primogênito aprendeu a ser um perfeccionista ao observar você. Mas quando você lhe diz que é maior ou mais forte, certifique-se de fazê-lo saber que todo mundo comete erros; ninguém faz tudo absolutamente perfeito.

Tenha em mente também que quando seu primogênito realmente é des-tronado por seu segundo filho, questões como poder e autoridade se tornam muito importantes. Não, ele não chega para tomar o café da manhã e diz: "Mais poder aos primogênitos! Passe o cereal". Contudo, dentro de sua cabecinha ele entende muito sobre poder e autoridade e quão preciosas são essas coisas. O dr. Alfred Adler enfatizou a importância da luta pelo poder que acontece quando um primogênito perde o pequeno reino exclusivo que lhe pertenceu antes de o segundo irmão chegar. Consequentemente, conforme o primeiro filho continua a se desenvolver rumo à idade adulta, ele pode exagerar a importância de regras e leis. Em outras palavras, primogênitos seguem os manuais e não querem desvio algum.

> Primogênitos seguem os manuais e não querem desvio algum.

Que exemplo melhor do que o do filho pródigo, que sem dúvida era o caçula da família. Ele quis sua parte da herança e na mesma hora perdeu tudo. O filho mais velho — o primogênito — ficou em casa e trabalhou duro nos campos. Quando o pródigo finalmente criou juízo e voltou, seu pai fez a maior festança, e completou com gado gordo e anel de ouro (hoje, ele provavelmente compraria para o menino um belo Mustang conversível).

O filho mais velho — que naturalmente estava nos campos — ouviu toda a comoção e foi ver o que era. Quando viu o que acontecia, ficou irado. Ali estava seu pai dando uma festa de arromba para seu irmão mais novo imprestável, e o que ele, o mais velho, tinha ganhado? Nem mesmo um coquetel! Onde é que estava a *justiça* disso?

Entretanto, como vemos, o pai estava sendo justo ao tratar seus filhos de maneira diferente. Ele destacou que o filho mais velho sempre estivera ali, e tudo era dele também. Mas o mais novo, que precisava de amor e compreensão, havia se perdido e agora se encontrara; então, por que não celebrar?[1]

Preste atenção, ainda, que é costumeiro — quase inevitável — que pais recentes sejam mais estritos e estabeleçam mais regras e normas para o primogênito do que para os filhos que nascem depois. Afinal, eles devem "fazer o certo" com o primeiro filho, e parte disso é mantê-lo em rédea curta. Sempre que falo e ensino, enfatizo a necessidade de o pai ter autoridade, sendo amoroso e justo, mas também consistente e firme. O pai com autoridade é o ponto médio entre um pai permissivo e um autoritário, que abusa das regras e limites, linha-dura demais.

Se eu tivesse de fazer tudo de novo...

Até psicólogos com doutorado sabem que há uma grande diferença entre a teoria correta e a prática certa. As pessoas às vezes me perguntam: "Quando olha para trás na criação de seus filhos, você tem algum arrependimento ou vê coisas que faria diferente?".

Boa questão. Se há alguma coisa que eu teria feito diferente, seria a maneira como tratei Holly, nossa primogênita perfeccionista agressiva seguidora de manuais.

Em um capítulo anterior, mencionei como o pai ou a mãe tende a se identificar demais com o filho da mesma ordem de nascimento. Eu tendia a me identificar demais, de uma maneira indulgente, com os caçulas de nossa família, especialmente com nosso filho, Kevin. Mas quando as únicas filhas que tínhamos eram Holly e Krissy, eu me identificava com Krissy, a mais nova, porque ela era constantemente provocada e pressionada por sua irmã mais velha, que ainda sofria pelo destronamento e queria competir com a irmãzinha de todas as maneiras possíveis. Tornei-me protetor de Krissy e fui duro demais com Holly.

> Brigar e discutir são atos de cooperação, e para isso é necessário haver duas pessoas.

É claro, eu tinha um bom motivo para ser duro, ou foi o que disse para mim mesmo por ser o jovem pai de duas filhas que estavam em competição constante. Na verdade, muito dessa competitividade vinha do lado Holly (voltamos ao destronamento novamente, é claro). Quando Holly deu a cotovelada em Krissy no filme, foi só o começo. Ela continuou fazendo carreira em dominar a vida da irmã.

Gravamos uma ocasião em que Holly surrupiou certo brinquedo de Krissy e disse: "Você não quer este. Tome, brinque com este outro". É claro que "o outro" era um sapo de borracha velho e gasto.

E em se tratando de dinheiro, Holly constantemente tentava dizer a Krissy: "Essas moedas grandes valem mais do que esses centavos pequenininhos".

Quanto a Krissy, quando ela ficou um pouco maior, parou de aceitar a manipulação e as instruções implícitas da irmã mais velha. Havia muitas vezes em que eu chegava à cena depois de ouvir um grito de protesto de Krissy e passava uma reprimenda em Holly porque ela era mais velha e "devia saber". Agora tenho certeza de que, em muitos desses casos, Krissy tinha enganado a irmã mais velha com a habilidade que só os filhos mais novos possuem.

Mas eu confesso que Krissy normalmente me trapaceava (afinal, era a caçula; então como podia ser *ela* a culpada?). Assim, eu repreendia Holly com muita severidade: "Holly, isso é da Krissy. Você tem o seu. Pare com isso".

Ocasionalmente, porém, quando Holly estava sendo realmente injusta (em minha opinião), eu a mandava para o quarto. Fiz isso por perfeccionismo autoritário? Dificilmente. Fiz por frustração de caçula com uma criança maior tirando vantagem de uma menor, algo que tinha acontecido comigo inúmeras vezes enquanto eu crescia, quando meu irmão, Jack (e mesmo em raras vezes minha adorável irmã mais velha, Sally), me faziam passar por maus bocados.

Em retrospecto, percebo que devia ter seguido meu próprio conselho de disciplina da realidade e disciplinado as duas quando as via brigando e discutindo. Brigar e discutir, afinal, são atos de cooperação, e para isso é necessário haver duas pessoas.

AUTORITÁRIOS CRIAM PERFECCIONISTAS DESESTIMULADOS

As pessoas frequentemente me perguntam que estilo de paternidade é mais prejudicial — o autoritário ou o permissivo. Realmente não posso concordar com nenhum dos dois, já que ambos são prejudiciais, mas diria que a criação autoritária tem mais probabilidade de produzir um perfeccionista desestimulado que não se sente à altura das demandas que seus pais colocam sobre ele.

Nicole, com 14 anos quando os pais a trouxeram para terapia, é um bom exemplo. Ela tinha sido suspensa da escola por matar aula e fumar maconha. Seus pais me perguntaram o que eu podia fazer para curá-la dessa "rebeldia".

Conversei com Nicole a sós e rapidamente vi que ela tinha pouca liberdade e fazia muito poucas escolhas sozinha, mesmo naquela idade. Os pais controlavam tudo — roupas, saídas, chegadas, hora de dormir. Pelo que Nicole me contou, ela vivia em uma casa que oferecia praticamente a mesma liberdade de um reformatório. Para descobrir oportunidades de escapar com seus amigos, ela mentia e fugia, e foi assim que começou a usar drogas e álcool e a ser promíscua com os meninos da escola. A garota tinha um plano — fazer 18 anos, sair de casa, comprar um carro e cair na vida.

> Nicole tinha um plano — fazer 18 anos, sair de casa, comprar um carro e cair na vida.

Nicole era primogênita e tinha uma irmã mais nova de 11 anos e um irmão de 8. Sua mãe era ultraperfeccionista e mantinha a casa impecável. Veja que interessante: Nicole mantinha seu quarto imaculado o tempo todo, mas era na verdade isso um disfarce — parte de sua estratégia de "dizer a eles o que querem ouvir".

Não fiz muito progresso com Nicole até que consegui fazer seus pais verem como eles estavam sendo autoritários demais e por que Nicole tinha medo de lhes dizer o que estava acontecendo de verdade — ela temia uma retaliação em grande estilo e tinha medo até de ser colocada para fora de casa.

Felizmente, os pais de Nicole ouviram e aprenderam, e fizemos alguns progressos. Ao final de seis semanas, ela fez um resumo das coisas positivas que tinham surgido da terapia. Entre outras conquistas, ela disse: "Mamãe e papai estão me dando mais espaço, e não estou mentindo para eles. Estou sendo honesta, e isso me faz sentir bem".

> Não acredito que haja um pai vivo que nunca cometeu um erro. Há, porém, muitos deles que se recusam a *admitir* suas falhas!

Nicole é um clássico exemplo de primeiro filho que cresceu observando a mamãe e o papai e querendo imitá-los. Mas isso dura só até certa idade. Quando ela passou à adolescência, o tratamento autoritário se provou exagerado. Ela se tornou uma perfeccionista desestimulada e adotou um comportamento selvagem como forma de pedir ajuda.

Nicole é uma evidência convincente de por que acredito que os pais não devem jamais pensar que o filho não é perfeccionista simplesmente porque não está batendo metas e obedecendo a todas as regras. O filho pode estar quebrando muitas regras porque é um perfeccionista que não consegue jogar com as cartas que a vida lhe deu.

OS SUPERPAIS E O OLHO CRÍTICO

Vamos encarar os fatos. Há muita preocupação sobre como criar filhos. Para qualquer pai que queira tirar proveito disso, há literalmente toneladas de livros, artigos, panfletos, CDs, filmes e DVDs disponíveis para ensiná-lo a ser um superpai. Tenho muita consciência de que às vezes posso soar como os demais especialistas:

> Certifique-se de não fazer isso; certifique-se de fazer isso.
> Seja mais rápido do que uma bala ao usar ações em vez de palavras.
> Seja mais poderoso do que uma locomotiva ao impor as regras da disciplina da realidade.
> Salte altos problemas tendo como limite apenas ser amoroso, cuidadoso e atento aos sentimentos de seu filho.[2]

Se dei essa impressão, peço desculpas. Na verdade, acredito que não precisamos ser superpais, e isso pode ser multiplicado por dois ou até três no caso dos pais de todos aqueles pequenos primogênitos e filhos únicos. Eles têm problemas suficientes tentando ser perfeitos e à prova de falhas ao imitar

Ostente suas imperfeições **225**

mamãe e papai que, na cabeça deles pelo menos, são gigantes e nunca erram. Não acredito que haja um pai vivo que nunca cometeu um erro. Há, porém, muitos deles que se recusam a *admitir* suas falhas!

A decepção da perfeição

Não há dúvidas de que nos tornamos uma sociedade de apontadores de falhas. É só ouvir as notícias na TV ou pegar os jornais. Uma criança traz para casa um boletim com A em quatro matérias e B em outras quatro. Papai dá sua olhada crítica e diz: "Nada mal. Mas que pena esses quatro bês". O xis da questão aqui é que é muito fácil ser crítico, mesmo enquanto se tenta ser positivo. Lembra-se da mãe de Emily? Ela não gritava com a filha. Apenas refazia gentilmente a cama depois que Emily tinha feito o melhor possível para cumprir sua tarefa.

Mas deixe-me perguntar: você é perfeito? Você faz tudo perfeitamente o tempo todo? Bem, então por que esperar que seu filho seja perfeito? Você às vezes não faz coisas estúpidas que gostaria de não ter feito? Você às vezes não fracassa mesmo depois de trabalhar duro naquilo?

> Ninguém precisa aprender mais sobre perdão do que o pai com olho crítico que busca a perfeição.

Em vez de tentar ser um pai perfeito que tem um filho perfeito, por que não aspirar à excelência, fazendo o trabalho possível dentro de sua capacidade? (Lembra-se da diferença entre excelência e perfeccionismo sobre a qual conversamos no capítulo 6?) Deixe seu filho fazer a tarefa da melhor maneira que puder, mas sem pressão.

E também, que tal o perdão? Você acha fácil perdoar seus filhos quando eles fazem algo errado (ou idiota)? Quando Jesus disse a Pedro que ele devia perdoar setenta vezes sete, ele estava dizendo basicamente: "Perdoe indefinidamente". Ninguém precisa aprender mais sobre perdão do que o pai com olho crítico que busca a perfeição. Você pode fazer isso educada e docemente, mas, ao impor seu desejo perfeccionista a seus filhos, está demonstrando a eles perdão por seus erros, ou os está julgando (em nome de tentar ajudá-los, é claro)?

A melhor maneira de aprender a perdoar é você mesmo pedir desculpas. Seu filho único ou primogênito de 3 anos já ouviu você dizer: "Estraguei tudo. Estava errado. Esqueci. Desculpe-me"? Seu filho de 13 anos já ouviu você dizer alguma dessas coisas livre e abertamente? Muitos pais engasgam com essas palavras, especialmente aqueles que são primogênitos ou filhos únicos perfeccionistas.

Se você percebe que tem um olho crítico, em qualquer nível, o que deve fazer? Não vou trabalhar para que você confesse que é culpado e diga a si mesmo que nunca fará isso de novo... Porque você vai. De novo e de novo.

Pois esse olho crítico está incrustado em sua personalidade e estilo de vida. O que vai funcionar? Quando você se vir deslizando em alta velocidade para o perfeccionismo, pare e aperte o freio. Peça a seu filho para perdoá-lo e perdoe-se (talvez isso seja o mais difícil de tudo). Se você é uma pessoa de fé, peça a Deus Todo-poderoso que o ajude a mudar sua personalidade de um buscador de perfeição para um buscador de excelência.

> Todas as crianças precisam mais de encorajamento do que de cutucões.

Também ajuda se você se lembrar de que todas as crianças precisam mais de encorajamento do que de cutucões. Aprenda a simplesmente segurar seu filho quando ele estiver tendo problemas. Diga apenas: "Tudo vai ficar bem. Qual é o problema? Alguma coisa não está indo bem com você? Você quer que eu ajude?".

Lembra-se da pequena Emily — a perfeccionista desestimulada de 5 anos que teve um faniquito quando não conseguiu recortar um círculo perfeito? Emily, aliás, cresceu e se tornou uma profissional perfeccionista que tinha faniquitos quando seu marido não fazia sua parte no trabalho doméstico. Ela tinha de fazer tudo sozinha depois de um longo dia de trabalho. Emily e o marido acabaram em meu consultório, e tentei explicar o que tinha acontecido a ela e como teria sido melhor se sua mãe ou pai pudessem tê-la ajudado a aprender a recortar círculos menos-que-perfeitos. Eles poderiam ter dito: "É difícil; eu mesmo nem sempre recortei círculos perfeitos. Lembro-me de como era difícil quando eu era criança".

O ponto é que ensinar os filhos a buscar excelência em vez de perfeccionismo pode começar quando eles são muito pequenos.

Visualize esta cena clássica: Mamãe está cansada da caixa de brinquedos e do quarto bagunçados de seu filho de 4 anos e o manda ir arrumar. Mas há um problema. A tarefa parece gigantesca para uma criança de 4 anos. Brinquedos, lápis de cera e quebra-cabeças estão espalhados de um lado a outro do quarto. Como ele pode fazer isso?

> Se for difícil demais colocar em ordem certos itens, você pode dar uma ajuda limitada. Mas a última coisa que deve fazer é arrumar sozinho a maior parte.

Ele nunca vai conseguir, a menos que você, pai ou mãe, siga-o até o quarto, sente-o e diga algo como: "Tem muita coisa para fazer aqui, não é? Enquanto você recolhe seus brinquedos, vou te contar o que vamos fazer hoje à noite depois do jantar". Há grandes chances de que a criança continue o trabalho e arrume pelo menos uma parte da bagunça. Se for difícil demais colocar em ordem certos itens, você pode dar uma ajuda limitada. Mas a última coisa que deve fazer é arrumar sozinho a maior parte.

A ideia é fazer que a criança realize a tarefa enquanto você a encoraja e mostra como organizar os lápis de cera, quebra-cabeças e peças de brinquedos. Se ela não deixa tudo exatamente no lugar, não a repreenda ou vá atrás dela e arrume tudo por ela. A chave é: *fique satisfeita com um trabalho menos-que-perfeito.* (De qualquer maneira, o quarto vai parecer menos-que-perfeito muito em breve.)

A grande tentação para o pai perfeccionista de olho crítico é enviar à criança mensagens que dizem: "Você precisa corresponder, filho. Você precisa fazer um trabalho absolutamente sem falhas, ou não aprovarei".

> A grande tentação para o pai perfeccionista de olho crítico é enviar à criança mensagens que dizem: "Você precisa corresponder, filho. Você precisa fazer um trabalho absolutamente sem falhas, ou não aprovarei.".

Por favor, tenha certeza de que *não* estou dizendo que você deve deixar uma criança escapar fugindo da responsabilidade ou ficando sem fazer nada. Com a verdadeira disciplina da realidade em mente, faça-a responder por suas responsabilidades. Porém, isso não significa que se deve exigir que ela seja perfeita. Relaxe um pouco suas regras perfeccionistas. Talvez, parte da arrumação do quarto seja arrumar a cama. Como uma criança de 4 anos é um pouco pequena para arrumar camas, você pode pedir a ela que o ajude, mas certifique-se de que ela faça o máximo que puder, e se houver rugas em certos pontos, cumprimente-a, mas *não refaça por ela*. E se parecer que um caminhãozinho de brinquedo ficou embaixo das cobertas? Você pode fechar a porta, e ninguém precisa ver.

Conforme você aprende a ser flexível, controle-se para não dar ordens e caminhe no sentido de ajudar seu filho a fazer as coisas. Lembre-se: você é o modelo de comportamento de seu filho, não é um sargento ou supervisor. Poucos pais entendem na íntegra o que quero dizer quando falo sobre ser um modelo de comportamento. Não estou só sugerindo que você seja um bom exemplo para a criança. Você deve ser, mas um modelo de comportamento é muito mais do que isso, especialmente para o primogênito ou filho único. Ele não tem irmãos para quem olhar ou a quem copiar. *Você* é o que lhe resta para imitar, e você é um cara incrível para ser seguido! Então, procure maneiras de mostrar a seu filho que você é humano, que entende, que não é perfeito e que erros não são o fim do mundo. Em outras palavras:

> Controle-se para não dar ordens e caminhe no sentido de ajudar seu filho a fazer as coisas. Lembre-se: você é o modelo de comportamento de seu filho, não é um sargento ou supervisor.

OSTENTE SUAS IMPERFEIÇÕES!

Toda vez que faz isso, você ajuda seu primogênito ou filho único a não se tornar um perfeccionista que vai crescer para se chicotear e se orientar por expectativas muito distantes da capacidade humana.

Uma maneira de mostrar a seus filhos que você não é perfeito é pedir ajuda a eles uma vez ou outra. Não quero dizer simplesmente ajuda com o bebê ou fazendo pequenas tarefas, por melhores que essas coisas sejam. Estou falando de um nível mais profundo no qual você faz a seu filho pequeno perguntas como:

— Você me ajuda a decidir o que vamos fazer para o jantar?

— Qual você acha que é o melhor lugar para colocar essas flores a fim de que todos possam apreciá-las?

— Você acha que sua irmãzinha já é grande o suficiente para brincar disso?

Ao decidir sobre o jantar, pode ser prudente dar à criança uma opção e perguntar se ela prefere frango ou hambúrguer; do contrário, você pode acabar com um pedido de sanduíches de manteiga de amendoim, biscoitos recheados e um montão de sorvete. Você pode dar a ela algumas opções de sobremesa, mas, novamente, devem ser opções de que todos vão gostar.

Tenha em mente que você é novo nisso tudo, e todas as crianças cometem erros — assim como seus pais. Portanto, pegue leve ao tentar criar a criança mais perfeitamente comportada do mundo. Posso garantir que isso não vai acontecer de forma alguma — nenhum dos meus filhos conseguiu. E *meus* pais teriam garantido a você que eu também não consegui!

Aqui vão algumas dicas para se ter em mente.

8 dicas para criar primogênitos e filhos únicos

1. *Ao disciplinar seu primeiro filho, cuidado para não reforçar seu perfeccionismo incrustado dizendo-lhe "você deve" o tempo todo.* Na verdade, não é sensato dizer "você deve" a ninguém de sua família, mas quando o primogênito ouve "deve" é como se você agitasse uma bandeira vermelha diante de um touro. O próprio primogênito já está dizendo isso a si mesmo, e quando você entra na conversa é um duplo golpe. Primeiro, ele se ressente disso; e, segundo, ele já é duro consigo mesmo sozinho, o que vai mantê-lo reduzindo sua autoestima e provavelmente torná-lo mais difícil de lidar.

2. *Não fique "melhorando" tudo o que seu primogênito ou filho único diz ou faz.* Esta é apenas mais uma maneira mortal de reforçar seu

perfeccionismo já incrustado. Aceite a cama ligeiramente enrugada, o quarto não tão arrumado, ou o que quer que a criança tenha feito. Quando você refaz, apenas envia uma mensagem de que seu filho não está à altura.

3. *Saiba que o primogênito tem uma necessidade específica de saber exatamente quais são as regras.* Seja paciente e dedique um tempo para explicar as coisas de A a Z a seu primogênito.

4. *Reconheça o primeiro lugar do primogênito na família.* Como mais velho, ele deve ter alguns privilégios para compensar as responsabilidades adicionais que sempre surgem em seu caminho.

5. *Reserve um tempo de dois para um — o pai e a mãe com o filho mais velho apenas.* Um primogênito responde melhor à companhia do adulto do que de crianças de qualquer outra ordem de nascimento. Ele frequentemente sente que seus pais não lhe dão muita atenção porque estão sempre concentrados nos mais novos. Faça um esforço especial para que o mais velho acompanhe você e seu cônjuge, e saiam só vocês três para um passeio ou para fazer algum tipo de missão especial.

6. *Não faça de seu primogênito sua babá instantânea.* Pelo menos tente verificar se a agenda dele permite cuidar do irmão mais tarde ou à noite.

7. *Conforme seu primogênito cresce, cuidado para não amontoar mais responsabilidades sobre ele.* Dê algumas responsabilidades para as crianças menores assim que forem capazes de assumir essas tarefas. Um primogênito me disse em um seminário: "Sou o homem do lixo". Com isso ele quis dizer que tinha de fazer tudo em casa enquanto seu irmão e irmã se safavam com muito mais facilidade.

8. *Quando seu primogênito estiver lendo para você e tiver problemas com uma palavra, não se apresse em corrigi-lo.* Primogênitos são extremamente sensíveis a críticas e correções. Dê tempo à criança para pronunciar cada sílaba da palavra. Ajude apenas quando ela pedir.

CAPÍTULO 14

Dois é bom... ou podem ser uma multidão

Criando dois filhos

Sande e eu decidimos levar Holly, nossa filha de 25 anos, para jantar fora. Só ela e nós para variar um pouco, sem o resto do clã Leman. Depois de fazer os pedidos, todos nós nos recostamos em nossa cadeira, e Holly disse com um grande sorriso:

— É assim que devia ser!

Sande e eu rimos tanto quanto Holly porque sabíamos o que ela queria dizer. Aos 25 anos, ela ainda reconhecia de bom grado que ter irmãos — especialmente sua arquirrival, a segunda filha Krissy — não tinha sido um mar de rosas. Holly trazia algumas cicatrizes do destronamento, mas naquela ocasião — pelo menos por uma noite — ela desfrutaria de um momento de triunfo e teria a mamãe e o papai só para ela!

E A RIVALIDADE COMEÇA

Se ser pai de primogênito significa evitar perfeccionista desestimulado, ser pai de segundo filho significa estar atento às rivalidades. Tudo começa quando aquele primogênito é destronado e de repente tem de dividir o pico da montanha com o pequeno segundo. Hoje em dia, mais e mais famílias só vão até aí — um primeiro e um segundo —; portanto, vale a pena dedicar um capítulo à criação de dois filhos.

É bem parecido com as empresas de aluguel de veículos Hertz e Avis. Mesmo não sendo uma analogia perfeita, de certa forma a Avis chegou e tentou destronar a Hertz. E como fez isso? Esforçando-se mais, é claro, pois isso é exatamente o que o segundo costuma fazer quando olha para cima e vê o primogênito no topo da família. Na verdade, eu não me surpreenderia se descobrisse que o redator daquele famoso *slogan* que a Avis usou por anos — "Quando você é o número dois, precisa se esforçar mais" — era um segundo filho!

Sempre que um segundo filho chega, alguns princípios básicos entram em ação, tais como o fato de o segundo filho desenvolver seu próprio estilo de vida segundo as percepções que tem de si mesmo e das pessoas-chave em suas vida.

Nem é preciso dizer que o irmão mais velho é uma pessoa-chave na vida do segundo filho. Já citamos o fato de que, para cada filho da família, é sempre o seguinte "escada" acima que o influencia mais — o segundo é influenciado pelo primeiro, o terceiro pelo segundo, e assim por diante.

Segundos filhos podem competir com um irmão ou irmã mais velhos de várias formas. Alguns o fazem abertamente, outros são um pouco mais espertos — até um tanto dissimulados — ao tentar atingir seu objetivo.

> Eu não me surpreenderia se descobrisse que o redator daquele famoso *slogan* que a Avis usou por anos — "Quando você é o número dois, precisa se esforçar mais" — era um segundo filho!

Um dos exemplos clássicos de segundo filho dissimulado que enganou seu irmão mais velho é a história antiquíssima de Esaú e Jacó. Às vezes fico pensando se os pais Isaque e Rebeca não fizeram algum tipo de profecia autorrealizável ao escolher o nome dos gêmeos. Eles chamaram o primeiro de Esaú (que significa "peludo", o que ele era), e o segundo de Jacó (que significa "suplantador" — alguém que usurpa a posição de outro, o que ele fez).

Esaú, o poderoso irmão mais velho, era do tipo macho tosco que passava muito tempo fora de casa. Jacó era mais rebuscado — de várias formas. Ele ficava pela casa, tinha algo de "senhor de engenho", e era um *gourmet*, por assim dizer. Também era o favorito da mãe. Quando Esaú chegou a casa faminto de uma de suas viagens de caça, Jacó viu sua chance. Esaú pediu um pouco do ensopado que Jacó tinha acabado de preparar. Com os aromas apetitosos preenchendo o cômodo, Jacó decidiu colocar um preço bem alto pelo lanchinho de Esaú: "Que tal trocar a ordem de nascimento pelo ensopado?", sugeriu.

Ao longo de toda a história, o primeiro filho da família recebeu privilégios maiores que os de seu irmão mais novo. Essa prática é chamada de *primogenitura* e ainda acontece atualmente. Por exemplo, em países com monarquia, o mais velho é o sucessor do trono. Na época de Esaú e Jacó, o direito de primogenitura significava que o filho mais velho recebia uma porção dupla da herança. Então, quando Jacó sugeriu que Esaú trocasse seu direito de nascimento por uma porção do ensopado, ele obviamente estava propondo um negócio escandalosamente injusto ao irmão.

Para um primogênito, o bom e velho Esaú não era exatamente muito bom em refletir sobre as coisas. Para ser franco, ele era um pouco estúpido. Tudo em que podia pensar naquele momento era em seu estômago muito vazio; então disse: "Por que não? De que vale o direito de nascimento se eu morrer de fome?".

Esaú estava "morrendo de fome" apenas no sentido de que ele estivera fora queimando um montão de calorias enquanto caçava veados, ou seja, estava com *muita* fome. Então, Jacó serviu-lhe uma vasilha do ensopado e pegou seu direito de nascimento em troca. Mais tarde, ele completou sua inversão de papéis com o irmão mais velho — que não era muito brilhante — quando enganou seu pai cego, Isaque, induzindo-o a lhe dar também sua bênção patriarcal.[1]

Em uma típica família ocidental de hoje, a inversão de papéis não acontece quando o segundo filho engana o primeiro pelo direito de nascimento. Em vez disso, o filho mais novo pode "tomar o controle" do mais velho em certas áreas, como realizações, prestígio, responsabilidades e favores aos pais.

CRIAR DOIS MENINOS PODE SIGNIFICAR EXPLOSÃO

A rivalidade é mais intensa quando se tem uma família de dois meninos. Algo mais a se considerar, porém, é que, se por um lado os meninos não têm problemas para aprender como interagir com colegas do próprio sexo, eles tendem a ter menos preparo para a interação com o sexo oposto. O relacionamento entre a mãe e seus dois filhos homens é crítico. É ela quem tem de ensinar tudo e ser o modelo de tudo o que as mulheres realmente são.

É crítico para a mãe de dois meninos usar a disciplina da realidade com firmeza e consistência. Ela não deve jamais — *jamais* mesmo — aceitar nenhum desaforo da parte deles. Não deve entrar em brigas pelo poder ou colocar-se em uma posição na qual os meninos possam pisar nela ou ser desrespeitosos. Por quê? Porque ela não só está representando a paternidade e a maternidade, como também está representando todas as mulheres para seus dois filhos. Se seus dois filhos aprenderem a pisar nela, vão aprender a pisar na esposa deles mais tarde. O aumento recente de esposas espancadas não é realmente uma surpresa, e muito disso pode ser atribuído à forma como os maridos aprenderam a se relacionar com as mulheres desde pequenos.

Mas vamos observar os dois irmãos e examinar especificamente o mais velho. De modo típico, o irmão mais velho vai se identificar muito com o *status quo* (mamãe e papai). Ele vai ser o arauto dos padrões, aquele que pega os valores da família e os pratica com fé. Provavelmente será o líder, e também o "xerife" ou "policial" da família no sentido de manter o irmão mais novo na linha. Irmãos mais velhos geralmente se veem como protetores do caçula.

O irmão mais velho com frequência reclama de ser seguido por seu irmão mais novo e, dessa maneira muito elementar, aprende várias habilidades práticas de liderança. Este é um motivo muito básico de se encontrar mais primogênitos em posições de liderança na vida adulta.

> O segundo filho será o oposto do primeiro, especialmente se eles têm menos de cinco anos de diferença e o mesmo sexo.

No outro extremo da família, o irmão mais novo está de olho no mais velho e decidindo o caminho a seguir. Outro princípio-chave que parece se aplicar à maioria dos casos é: o segundo filho será o oposto do primeiro, especialmente se eles têm menos de cinco anos de diferença e o mesmo sexo.

O filho mais novo examina superficialmente a situação e, em geral, se encaminha para outra direção. Essa direção diferente pode colocá-lo em rivalidade direta com seu irmão. Se o menor estiver determinado a alcançar e sobrepujar o maior no que diz respeito a liderança e conquistas, a situação pode ficar desagradável. O menino primogênito pode ficar realmente devastado se a inversão de papéis acontecer na prática.

Rivalidades tendem a ser mais acaloradas se os meninos tiverem uma idade próxima. Caso haja uma distância de três a quatro anos, a rivalidade normalmente fica menos intensa, e haverá uma boa liderança por parte do mais velho. Porém, coloque onze meses de diferença entre eles, e mamãe e papai podem realmente ficar com a batata quente na mão.

Quando dois irmãos têm pouca diferença de idade, há menos chances de o mais velho estabelecer uma superioridade clara. Isso pode ser especialmente verdadeiro quando a compleição física entra na história. O mais novo pode estabelecer um papel inverso total sobre o irmão mais velho devido à vantagem de altura e peso.

Ajudando o pequeno Jimmy a lidar com Big Mike

Um dos exemplos mais explícitos de inversão de papéis com que já trabalhei foi Jimmy, de 15 anos, e seu irmão mais novo, Mike, que tinha 14 anos, era 16 centímetros mais alto e 20 quilos mais gordo do que seu irmão "maior". Mike sempre foi maior, mais forte e até mais rápido do que Jimmy. Tudo isso fez que Jimmy sentisse que a vida lhe dera um golpe muito baixo. E não ajudava nem um pouco quando os pais de Jimmy pegavam mais pesado com ele do que com Mike, com todo tipo de regras autoritárias. Aos 15 anos, ele tinha de ir dormir às 21 horas. Jimmy não recebia mesada porque "não era responsável". Seus pais alegavam que não podiam confiar nele e não lhe davam nenhuma liberdade. Ele retaliou tornando-se mentiroso, ladrão e dono de um temperamento irascível.

Quando mandaram Jimmy vir falar comigo, ele tinha um histórico de chutar paredes, quebrar vidros e "pegar emprestado" o carro da família, mesmo não tendo idade suficiente para dirigir. Assim que captei toda a história, minha primeira sugestão aos pais foi afrouxar a rédea curta de Jimmy. O horário de dormir ficou mais razoável para um rapaz de 15 anos, e Jimmy passou a receber mesada. Também fiz que os pais modificassem a regra pétrea de "dirigir só com 21 anos". Dizer a um jovem prestes a completar 18 anos que ele não poderá dirigir por mais três anos é como puxar o pino de uma granada e esperar que não exploda. Não admira que Jimmy tivesse problemas com figuras de autoridade.

> Dizer a um jovem prestes a completar 18 anos que ele não poderá dirigir por mais três anos é como puxar o pino de uma granada e esperar que não exploda.

Também ajudei Jimmy a fazer progressos para lidar com o problema dos papéis invertidos sugerindo que ele parasse de se comparar tanto com o irmão. Outra coisa que ajudou foi o fato de Mike ser um garoto agradável que, de modo geral, gostava do irmão mais velho e queria ser como ele em vários aspectos. Ele não tentou reverter os papéis; simplesmente aconteceu.

Jimmy procurou seguir meu conselho de não fazer tantas comparações e, apesar de não ter conseguido se livrar totalmente do espinho dos papéis invertidos, fez bons progressos. Suas explosões temperamentais diminuíram. A mentira e a enganação cessaram, e suas notas aumentaram de C e D para A e B. Os pais ficaram tão satisfeitos que, não muito tempo depois de completar 18 anos, ele tirou a carteira de motorista e gostava especialmente de dar passeios com Mike, que ainda era muito novo para dirigir.

Criar duas meninas não é moleza

O que acontece quando os dois filhos da família são meninas? A mesma rivalidade entre sexos está presente, mas provavelmente não seja tão intensa.

Em uma família de duas meninas, acredito que o pai é a figura-chave. Note, papai, que as garotas competem por sua atenção individual. Tente estar com cada filha individualmente o máximo de tempo que puder. Recentemente, muito tem sido feito quanto ao "tempo da família" — aqueles momentos em que todos saem juntos para tomar um sorvete ou ver um filme. O tempo da família é uma ótima ideia, mas nunca vai substituir os momentos que uma menina tem para ficar sozinha com a mamãe ou o papai.

Os pais às vezes se perguntam se conceder aos filhos bastante tempo individualmente não contribui para o egoísmo das crianças. Absolutamente não. Na maioria das famílias, o tempo dedicado em particular para cada um não é tão abundante, e quando você realmente o tem, constrói a autoestima da criança e o senso de valor individual.

> O tempo da família é uma ótima ideia, mas nunca vai substituir os momentos que uma menina tem para ficar sozinha com a mamãe ou o papai.

É por isso que o comentário de Holly quando estávamos jantando fora ("É assim que deveria ser!") foi tão significativo quanto engraçado. Enquanto crescia, Holly sempre quis ter Sande e eu para ela mais vezes, e Krissy também, por sinal. Posso me lembrar claramente de tentar trabalhar em um livro à noite e receber convites de minhas duas filhas:

Holly: "Por favor, venha ao meu quarto para conversar".
Krissy: "Posso dormir no chão do seu quarto hoje?".

Sempre que esses convites apareciam, eu fazia o melhor que podia para honrá-los e passar um tempo individual com cada uma delas. Holly, em particular, sempre competia por minha atenção enquanto ela e Krissy cresciam, tentando quanto podia manter sua posição de superioridade de primogênita, mesmo que não fosse tão superior assim.

Apesar de Holly ter muitos talentos e habilidades, cantar não é um deles. Monótona seria pouco para descrever sua voz. Apesar disso, quando Holly tinha uns 9 anos, Krissy 7 e meio, e Kevin 4, eles adoravam fazer *shows* para nós. Um dos favoritos deles era sua própria produção de *Annie*[2] em Tucson. Seguindo as instruções explícitas de Holly, Krissy a apresentava com grande alarde: "Aqui está ela, nossa primeira e única Annie!".

E então Holly dançava por todo o palco (a parte da frente de nossa sala de estar) e cantava *Tomorrow*. Ah, sim, e qual era o papel de Kevin? Ele engatinhava pelo chão interpretando Sandy, o cachorro.

Minha esposa e eu sempre ficávamos maravilhados de ver que, mesmo interpretando um cachorro, Kevin não uivava tanto quanto Holly cantando. A versão de Holly para *Tomorrow* fazia que você desejasse que fosse *ontem*.[3]

Krissy, é claro, cantava bem como um pássaro, e ainda canta, mas nunca recebeu o papel de Annie. Sua irmã mais velha fazia toda a questão disso, porque não queria que a pequena intrusa — que já a tinha destronado — ficasse com o papel principal. Era difícil o suficiente ter uma irmãzinha fungando em seu cangote e ameaçando sua posição de primogênita.

A competição continuou ao longo de toda a infância das meninas. Elas brincavam de Marco Polo em nossa piscina, e constantemente eu surpreendia Holly aliviando as regras em favor próprio. Nesse jogo, uma criança grita: "Marco!", e a outra berra: "Polo!". As regras dizem que ambas devem estar na água e ambas devem estar de olhos fechados.

Enquanto Holly e Krissy brincavam, Krissy obedientemente mantinha os olhos fechados enquanto gritava: "Marco!". Holly, na sua vez, gritava "Marco!", dava uma olhadinha e facilmente encontrava Krissy quando ela gritava "Polo!". Outras vezes, Holly ficava do lado de fora da piscina apenas com o *dedão* na água (apesar disso, tecnicamente ela estava na água) e assim podia facilmente localizar Krissy.

> Krissy não era tonta. Não era a "pobre menininha" constantemente ludibriada por sua irmã mais velha. Ela conseguia revidar à altura.

Mas por que Holly — a primogênita chegada a regras — burlava as normas? A resposta é simples. Depois de dezoito meses, ela ouviu o som de passos, e desde então sentiu Krissy fungando em seu cangote, então precisava ganhar. Se isso significava aliviar as regras, que fosse assim.

É claro que Krissy não tinha nascido ontem. Ela geralmente sabia quando a irmã a trapaceava. Então, retirava-se para a lateral da piscina e sentava-se ali com a pequena mandíbula projetada, olhos estreitos e mãos na cintura — uma pose muito calculada para atrair o papai e fazê-lo perguntar:

— Qual é o problema?

— Holly me enganou! — ela dizia com veemência.

Naquela época eu reagia com compaixão por Krissy e repreensões a Holly. Agora, em retrospecto, vejo que Krissy não era tonta. Ela era teimosa como uma mula e tão forte e rápida quanto um daqueles pequenos mustangues, os cavalos selvagens que temos no deserto do Arizona. Ela não era a "pobre menininha" constantemente ludibriada por sua irmã mais velha. Conseguia revidar à altura. Hoje, quando as vejo discutindo sobre alguma coisa, apenas sorrio e digo: "Vocês se merecem".

UM MENINO PARA VOCÊ, UMA MENINA PARA MIM

A rivalidade entre um menino e uma menina normalmente é muito menos intensa, se é que existe. Vamos olhar, por exemplo, para uma combinação de irmão mais velho e irmã mais nova. Bryan, de 3 anos, entrou em leve crise de destronamento quando a pequena Megan veio do hospital para casa. Mas ele logo percebeu que Megan era menina e não representava uma ameaça séria a ocupar seu território.

Garotinhos como Bryan parecem ter um instinto natural nesse sentido. Eles estão sempre muito conscientes de que têm brinquedos diferentes, roupas diferentes e assim por diante. Na maioria dos casos, a competição entre um menino e uma irmã mais nova não é forte. Na verdade, um menino mais velho e uma menina que vem em seguida podem, em geral, desenvolver um forte laço emocional.

> Bryan, de 3 anos, entrou em leve crise de destronamento quando a pequena Megan veio do hospital para casa. Mas ele logo percebeu que Megan era menina e não representava uma ameaça séria a ocupar seu território.

Neste tipo de combinação, a irmãzinha geralmente cresce e se torna superfeminina. Ela tem mamãe e papai e também o irmão maior esperando por ela, intercedendo por ela, cuidando dela. Isso pode resultar em uma família bastante pacífica enquanto as duas crianças crescem; porém, mais tarde, pode causar problemas para a irmã mais nova se ela se tornar muito carente e dependente dos homens. Quando esse tipo de mulher se casa, ela geralmente acaba desiludida e é uma excelente candidata ao clássico casamento de sete anos.

A mulher carente e dependente corre o risco de se casar com um controlador. Ao longo dos anos, não houve muitas esposas (na verdade, a soma exata é zero) que me procuraram para aconselhamento, dizendo: "Você sabe do que mais gosto em meu marido? Sua natureza controladora".

Quando a irmã é a mais velha, a imagem típica é que o menininho tem uma segunda mãe. Isso pode funcionar muito bem, a menos que o garoto sinta que duas mães são demais.

Shane, de 15 anos, fugiu de casa porque sua mãe e sua irmã mais velha "se mancomunaram para pegar no seu pé". Nesse caso, mamãe era a culpada número 1, mas a irmã mais velha não ajudava quando dizia a ele: "Você é *tão* imaturo!".

Shane finalmente voltou depois de passar pouco mais de uma semana na casa de um amigo do outro lado da cidade. Quando a família me procurou, fiquei sabendo que Shane se ressentia de como a mãe era quem "usava as calças na família" e o dominava, assim como ao pai calado e passivo. Felizmente, a mãe foi sensata o suficiente para querer aprender a mudar. Depois de sessões de aconselhamento nas quais encorajei o pai a falar e a assumir a dianteira, só para variar um pouco, nós resolvemos a questão. Shane não deu mais suas escapadelas e acabou ajudando a ensinar crianças mais novas.

Claro, a história de Shane é um caso extremo. Em um cenário mais típico, vê-se a irmã mais velha e o irmão mais novo seguindo suas próprias direções de uma maneira muito menos radical. Se forem dados tratamento e oportunidades iguais, os dois podem assumir suas características de primogênito e primogênita.

> Um princípio básico da criação de filhos: aceitar as diferenças.

Isso é exatamente o que aconteceu com minha irmã mais velha, Sally, e meu segundo irmão, Jack. Eu já exaltei em grande medida as qualidades A+ de Sally. Jack não estava na onda de Sally A+, mas ele mantinha-se muito bem com sua própria média de B+ na escola, ocupando a lista dos melhores na faculdade e chegando ao doutorado. Ele também se tornou um excelente *quarterback* no ensino médio e jogou no time da faculdade. Jack sempre teve muitos amigos — especialmente garotas!

Jack nunca competiu de verdade com Sally, e ela o tratava com muito respeito — até mesmo liderando as torcidas em suas façanhas futebolísticas. Quando eram pequenos, Sally por vezes tentou "ser mamãe" do irmãozinho (que era três anos mais novo), mas ele nunca caiu muito nessa. Ela teve muito mais sorte quando o Ursinho Kevin chegou, cinco anos depois.

CUIDADO COM OS RÓTULOS

Qualquer que seja a combinação, a família de dois filhos é um laboratório excelente para praticar um princípio básico da criação de filhos: aceitar as diferenças.

Claro, temos de aceitar as diferenças independentemente de quantos filhos haja na família, mas há algo especial em se ter apenas dois que torna o desafio mais agudo. Logo vemos que podemos aceitar certas coisas com mais facilidade do que outras. Por exemplo, quando um filho é quinze centímetros mais alto do que outro, conseguimos aceitar isso. Mas suponha que um deles tenda a desafiar as regras ou tenha um conjunto completamente diferente de atitudes e emoções? Um filho é fácil de lidar, ou, como muitos pais gostam de dizer, é "bom". O outro é uma pessoa difícil, e naturalmente seu comportamento é rotulado de "mau".

O desafio para pais de famílias como esta é lembrar que devem amar igualmente os filhos, mas relacionar-se com cada um de maneira diferente. Os pais devem manter algum tipo de ordem e consistência na família e, ainda assim, sempre estar atentos às diferenças individuais.

Eu me lembro do que Olívia, uma segunda filha de 19 anos, falou em uma sessão de terapia: "Eu gostaria que você dissesse a minha mãe que não sou como minha irmã mais velha".

Eu tinha um bom palpite do que Olívia queria dizer, mas pedi que explicasse um pouco mais. E ela se livrou de seu fardo: sua mãe estava sempre lhe dizendo que devia se igualar à guardiã dos padrões da família, a irmã mais velha, Rebeca. Como não conseguia fazer isso, Olívia não se sentia aceita na vida. Aconselhei os pais a perceberem que, apesar de Olívia ser adulta, eles precisavam fazer o melhor que pudessem para dizer o que apreciavam nela e para buscar pontos positivos na vida dela.

Além disso, eles precisavam fazer tudo o que pudessem para separar as meninas naquela altura da vida. Olívia tinha concluído o ensino médio, mas passara todo o ano anterior em trabalhos subalternos de meio período, enquanto a irmã, dois anos mais velha, estava prestes a começar seu primeiro ano de um curso superior de dois anos, o que os pais apoiavam totalmente. Eles queriam que Olívia fosse para a mesma escola, mas encorajei-os a matriculá-la em qualquer outro lugar em que ela pudesse ter sua própria vida, e não ser a sombra da irmã mais velha. Se existe uma coisa que você pode e deve fazer sendo pai, é isto: dê a seus filhos amor ilimitado que não seja determinado pelas notas na escola, pelo desempenho nas tarefas de casa ou coisa que o valha.

> Dê a seus filhos amor ilimitado que não seja determinado pelas notas na escola, pelo desempenho nas tarefas de casa ou coisa que o valha.

O desafio é amar cada um de seus filhos por ser quem ele é. Se você conseguir isso, a família de dois filhos pode realmente ser uma bonança. Pense em todas as vantagens: a família inteira cabe em um carro médio. Quando todos saem para ir a um restaurante, não é preciso esperar muito — as mesas de restaurantes, na maioria, são feitas para quatro. E, se a mamãe e o papai ainda estiverem dispostos, eles podem ir à montanha-russa com as crianças, de dois em dois!

A NOITE EM QUE EU PISEI FEIO NA BOLA

É fácil distribuir todos esses conselhos sobre disciplina da realidade. Acredito neles e tenho tentado praticá-los com nossos cinco filhos, mas, como já admiti, minha filha mais velha e eu tivemos conflitos enquanto ela crescia. Holly nunca deixou de competir com sua irmã enquanto brigava por seu direito de primogênita. Ela era como um salmão, que consegue pular as corredeiras altas com um simples salto. Independentemente de quanto eu a disciplinasse por discutir e brigar com Krissy, ela continuava. Sempre que achei que sabia como lidar com Holly, descobri que ainda tinha muito a aprender.

Uma de minhas lições mais memoráveis aconteceu quando Holly tinha 10 anos e eu havia acabado de escrever *Faça a cabeça de seus filhos sem perder a sua*. Como no dia seguinte eu sairia para uma conferência de vendas em minha editora, pensei que seria melhor polir algumas das dicas que dava no livro sobre como ser um pai amoroso e responsável. Então, perguntei a Holly se ela podia passar um tempo comigo naquela noite.

— Sem *eles*? — ela perguntou incrédula.

— Só nós dois.

— *Tudo bem!* — ela disse.

Assim, saímos para o que foi, de verdade, uma noite incrível. Às 22h30 estávamos de volta à garagem. Tinha passado muito do horário de Holly dormir, e eu estava ansioso para ir dormir também, porque teria de me levantar às 5 horas a fim de pegar um voo para Nova Jersey às 7.

— Papai — disse Holly —, para fechar com chave de ouro, posso colocar meu saco de dormir no seu quarto e dormir no chão perto da sua cama?

> Não dê sempre uma resposta imediata ao pedido de uma criança. Pense por alguns segundos, ou um minuto, e então tente responder de modo compreensivo e sensato.

Como sempre, minha primogênita assertiva tinha realmente gostado da noite sem *eles*, e agora ela queria a cereja do bolo. Mais rápido do que qualquer especialista em disciplina da realidade deveria, respondi:

— Não, Holly. Veja, é tarde. Amanhã tem aula. Você precisa ir para a cama e dormir bem.

Minha resposta precipitada continha lógica excelente e sabedoria adulta, mas, ao proferi-la, eu violei um de meus princípios-chave: não dê sempre uma resposta imediata ao pedido de uma criança. Pense por alguns segundos, ou um minuto, e então tente responder de modo compreensivo e sensato.

Mas eu estava com pressa. Não demoraria muito para o relógio marcar 5 horas, e eu tinha de ir a Nova Jersey, onde enalteceria minha sabedoria quanto a fazer a cabeça dos filhos sem perder a própria.

Holly não ficou impressionada com minha sabedoria paterna em relação a uma boa noite de sono. Eu estava sendo pouco razoável, e suas lágrimas começaram a correr.

— Mas, papai, eu só quero dormir do lado da sua cama.

— Não, Holly, o chão é duro; você não vai dormir bem. Ora, tivemos uma ótima noite juntos. Não estrague tudo!

Mas para Holly tudo já estava estragado.

— Você nunca me deixa fazer *nada*! — ela lamentou enquanto nossa noite maravilhosa explodia na minha cara.

Quando coloquei Holly na cama, ela ainda soluçava, repetindo:

— Você nunca me deixa fazer nada.

Sentindo-me frustrado, nervoso e culpado, tentei acabar de arrumar a mala e ficar pronto para sair ao amanhecer. Sande tinha lavado as calças e a camisa que eu queria usar no avião, mas minha adorada Mamãe Urso tinha se esquecido de passá-las e já estava na cama. Então lá fui eu à tábua de passar. Eu poderia ter usado outra coisa, mas gostava dessas roupas. Além disso, quando eu falasse na conferência de vendas na manhã seguinte, eu poderia usar o fato de ter passado minhas roupas como ilustração de como eu era um marido amoroso e sacrificado!

Enquanto passava, ainda podia ouvir Holly. Ela não tinha parado com suas lamúrias. Na verdade, estavam ficando mais altas. "Ela está se fazendo de poderosa, Leman", eu disse a mim mesmo. "É hora de puxar-lhe o tapete!"

Nesse caso, puxar o tapete significava dizer firmemente a Holly para ficar quieta. Mas "firmemente" se transformou em "berros irados":

— Ouça bem, Holly! Já chega disso. Você me *entendeu*? Nós tivemos uma noite maravilhosa, *maravilhosa*. Agora é hora de ficar na cama e dormir. E você sabe *por que* estou nervoso, Holly? Porque acabei de encontrar as roupas que sua mãe deveria ter deixado em ordem para mim completamente amarrotadas, então *eu realmente não estou de bom humor!*

Coroei meu sermão dizendo que ela devia *dormir* e *ponto final!*

Ao sair do quarto de Holly, bati a porta com tanta força que a casa inteira balançou, acordando todo mundo, menos Sande, que quase caiu da cama. Para me acalmar, liguei a TV no noticiário da noite, mas então aquelas "culpinhas" me pegaram. Sabia que estava errado. Na verdade, tinha perdido a cabeça. O choro de Holly tinha parado, mas eu precisava fazer alguma coisa para consertar. Talvez ela estivesse dormindo agora, mas ainda assim eu queria lhe dar um beijo.

Sentindo-me terrível, gentilmente abri a porta de Holly. Ela não estava na cama! Com movimentos rápidos, andei pela casa procurando por quem eu achava que era uma criança desobediente. O que eu tinha acabado de escrever em *Fazendo a cabeça de seu filho* sobre dar uma palmada de vez em quando? Dessa vez eu tinha boas palmadas para distribuir, isso sim.

Tentei nosso quarto, pensando que Holly tivesse levado a cabo seu plano original, mas seu saco de dormir não estava lá, nem ela. Cheguei no quarto de Kevey, nada de Holly. Então no de Krissy — nada.

Será que ela tinha fugido, às 11 da noite?

Agora eu estava realmente ansioso e fiz o que qualquer terapeuta experiente faz para se recuperar — dirigi-me à geladeira. Quando passei pelo quarto de costura, lá estava Holly, passando uma de minhas camisas!

Suas primeiras palavras até que foram meigas, vindo de uma primogênita perfeccionista:

— Papai, eu não sei passar muito bem.

Minha filha de 10 anos estava fazendo o melhor que podia, usando o método antigo de pulverizar a camisa — com suas lágrimas. Eu simplesmente disse:

— Ah, Holly, você me perdoa?

— Eu estraguei a noite toda! — Holly chorou. — Estraguei a noite toda!

— Não, Holly, foi o papai que estragou. Eu estava errado. Você me perdoa?

Preciso dizer uma coisa sobre Holly: ela adora ser enfática.

— Eu estraguei a noite toda! Eu estraguei a noite toda!

Tentei novamente.

— Holly, você vai ficar quietinha para eu poder me desculpar?

Holly descansou o ferro e então enterrou a cabeça em meu peito. Ela me apertou, me abraçou, me segurou e me disse que me amava. Fiz o mesmo. Dois minutos depois, Holly estava na cama, dormindo pesado.

De alguma maneira, a roupa foi passada, e eu peguei o avião na manhã seguinte com apenas algumas horas de sono. Apresentei meu novo livro sobre criação de filhos à equipe de vendas. Preferi não mencionar meus tropeços da noite anterior, mas a parte mais fácil de minha apresentação foram as seguintes palavras, que são úteis se você é pai de dois ou dez filhos: acredito que o momento em que realmente parecemos grandes aos olhos de um filho é quando nos aproximamos deles para pedir desculpas por nossos erros, quando dizemos: "Eu estava errado. Você me perdoa?".

> O momento em que realmente parecemos grandes aos olhos de um filho é quando nos aproximamos deles para pedir desculpas por nossos erros, quando dizemos: "Eu estava errado. Você me perdoa?".

Seus filhos já ouviram isso de você?

244   Mais velho, do meio ou caçula

5 dicas para criar uma família de dois filhos

É importante enfatizar a consistência e a justiça. Por exemplo:

1. *Deixe seu filho mais velho dormir um pouco mais tarde.* Mesmo se a diferença for de apenas meia hora, deve ser aplicada. Seu filho mais velho está observando.

2. *Atribua responsabilidades e mesadas diferentes.* A regra é: a criança mais velha recebe a maior mesada e a maior responsabilidade. Mas certifique-se de que a mais nova faça sua parte no trabalho.

3. *Evite comparações.* É fácil para um psicólogo aconselhar, mas difícil atender aos conselhos na vida diária. Esteja atento para os perigos daquelas famosas palavras: "Por que você não é como seu irmão [ou irmã]?". Obviamente, um filho *não* é como seu irmão e irmã, e seu comentário não é só prejudicial; é uma perda tola de tempo.

4. *Não se sinta compelido a fazer para um o que fez para o outro.* Tratar cada filho de maneira diferente pode significar que às vezes um filho ganhe um pouco mais do que o outro. Mas tudo se compensa no final.

5. *Faça coisas com um filho por vez.* Dê a ambos os filhos muitas oportunidades individuais. Como você encontra tempo em sua agenda para isso? Você não *encontra*; você *cria*. Leve apenas um filho às compras ou até mesmo a uma viagem de negócios. Se possível, reserve meia hora de manhã bem cedo e tome com ele o café antes de deixá-lo na escola. Há dezenas de maneiras de passar tempo com cada um dos filhos se realmente você *quiser* isso. Lembre-se apenas da regra básica: se você faz algo com um filho, certifique-se de fazer algo com o outro, sempre ajustando a atividade à necessidade de cada filho.

CAPÍTULO 15

Saindo do aperto

Criando o filho do meio

A única verdadeira filha do meio da família Leman é Krissy, uma mulher de 34 anos muito amigável, extrovertida, estável, que cavou sua promissora carreira em educação como professora bem-sucedida e também como coordenadora do programa curricular de sua escola. Então, quando seu primeiro filho, Connor, chegou, Krissy optou por ficar em casa. A pequena Adeline veio dois anos depois. No momento, Krissy está bastante sobrecarregada, tentando dar conta da dureza de ser mãe de duas crianças pequenas e inquietas.

É interessante como Krissy tem sido simpática e sociável praticamente desde o dia em que descobriu a irmã mais velha, Holly, e a realidade de que nunca teria mamãe e papai só para ela. Krissy é um exemplo típico de como o segundo filho pode jogar um jogo diferente do jogo do primeiro e partir em outra direção.

Holly sempre esteve no topo do que fazia — era uma professora de inglês muito competente e também encarregada do currículo da escola de ensino fundamental e médio em que trabalhava. As crianças gostam dela. Outros professores e os pais também. Ela é uma primogênita estruturada que pode ficar muito séria e às vezes se mostrar julgadora, mas tem bom coração e compaixão pelos outros.

Você teria a impressão, se olhasse o quarto de Krissy quando ela cresceu, que ela é uma pessoa muito organizada, mas certamente não é uma perfeccionista. Ela sempre teve uma visão despretensiosa, relaxada da vida.

Minha esposa jamais se esquecera do primeiro dia de Krissy no jardim da infância. Com uma dose de apreensão, Sande colocou-a no ônibus matinal, fez uma prece do tipo "Obrigada por tomar conta dela", e voltou para casa para tentar manter a cabeça nas tarefas do dia.

Enquanto isso, Krissy foi para o jardim de infância e aparentemente teve um ótimo dia. Às 11h45, o ônibus escolar parou em frente a nossa casa, e dois outros filhotinhos que moravam ali perto desceram. Krissy não.

> Ela não estava sendo desrespeitosa; estava simplesmente agindo com seu jeito despreocupado e sociável.

A favor de minha esposa, devo dizer que Sande esperou quase 45 minutos antes de apertar o botão do pânico. Claro, pensou ela, outro ônibus logo chegará. Quando ninguém apareceu, ela ligou para a escola. O diretor informou-a de que Krissy tinha subido no ônibus, e não conseguia entender por que ela não tinha descido em casa.

A essa altura, Sande se esqueceu de tudo o que aprendera sobre manter as aparências e fazer parecer que tinha o processo de criação dos filhos sob controle. Ela ficou meio louca. Sem conseguir me encontrar de imediato porque eu tinha saído para alguma coisa, ela começou a ligar para todo mundo, perguntando se tinham visto Krissy. Entre um telefonema e outro, o telefone tocou.

— Oi, mãe, é a Krissy.

— Krissy! Onde você *está*?

— Estou na casa da minha melhor amiga.

— Querida, *onde você está*? Na casa de *quem*?

Krissy afastou o telefone.

— Qual é mesmo seu nome? — Sande ouviu-a dizer.

O tal do nome era Jennifer — uma garotinha que Krissy tinha encontrado pela primeira vez naquele mesmo dia, no jardim de infância. Jennifer morava no caminho de casa, e Krissy tinha decidido descer do ônibus e fazer uma visitinha à nova amiga. Nunca passou pela cabeça dela que mamãe poderia ficar preocupada quando não a visse descer do ônibus. Ela não estava sendo desrespeitosa; estava simplesmente agindo com seu jeito despreocupado e sociável.

KRISSY COMEÇOU A FLUTUAR COM 18 MESES

Na verdade, Krissy era despreocupada e sociável mesmo antes do jardim de infância. Lembro-me dela nadando certa vez com a ajuda de boias de braço. Crianças mais velhas estavam espalhadas por toda a piscina, mergulhando, espirrando água, fazendo ondas, e Krissy estava bem no meio, só aproveitando a vida. Parecia que Krissy sempre concordava com o que quer que aparecesse em seu caminho.

Holly, sua irmã mais velha, sempre teve uma abordagem muito mais séria das coisas, o que é típico dos perfeccionistas. Holly *nunca* desceu do ônibus escolar, ou de qualquer outro ônibus, antes de chegar ao destino planejado. Ela sempre veio direto para casa, porque regras são regras. Hoje, aos 36 anos, Holly vive segundo o código e estilo de vida que desenvolveu enquanto crescia, o que toda pessoa conscienciosa sabe instintivamente — regras são regras. É atenta e analítica; ela sempre foi uma aluna excelente e leitora voraz. Hoje, é uma professora talentosa e ainda lê vorazmente. Holly tem muitos amigos, mas alguns dos mais próximos são livros.

Krissy é mais como o pai. Para ela, sempre foi um esforço ler qualquer coisa, e ainda é. Há muita coisa na vida lá fora esperando para ser experimentada e apreciada. Krissy prefere ler pessoas a ler livros. Ela é um bom exemplo de como o trabalho duro compensa. As lições na escola não eram tão fáceis para Krissy quanto para sua irmã mais velha, mas, ainda assim, ela foi excepcionalmente bem e se formou em quatro anos na universidade, pelo que seu pai (e o contador dele) agradecem de todo o coração!

Então tudo isso faz de Krissy uma filha do meio típica, certo? Bem, parcialmente certo. Se você repassar as características dos filhos do meio descritas no capítulo 8, verá que há muitas

> O filho único, o primogênito e o caçula, todos se destacam de forma visível, mas o filho do meio parece se camuflar como uma codorna no deserto.

contradições. Uma coluna nos diz que filhos do meio são sociáveis, amistosos e extrovertidos. Krissy certamente se encaixa nos três itens. Mas outra coluna diz que filhos do meio também se caracterizam como solitários, calados e tímidos.

O quadro também descreve os filhos do meio como pessoas que vivem a vida numa boa, com atitude despreocupada. Krissy é assim na maior parte do tempo. Sob esse semblante alegre, porém, há uma mulher sensível que pode ser teimosa e muito difícil de lidar se você irritá-la. (Pergunte a seu irmão mais novo, Kevin, que costumava sumir da frente da ira de Krissy antes de ter 1,90 metro).

Dessa forma, Krissy apresenta sua cota de paradoxos e contradições e ilustra bem a ideia de que é mais difícil lidar com um filho do meio do que com qualquer outro na família. O filho único, o primogênito e o caçula, todos se destacam de forma visível, mas o filho do meio parece se camuflar como uma codorna no deserto.

AJUSTANDO-SE À IRMÃ OU IRMÃO MAIOR

Os mesmos princípios que se aplicam ao segundo filho costumam ser igualmente aplicáveis ao do meio. Como os segundos filhos, os do meio seguem sua própria versão da lei de Murphy: "Vou viver de acordo com o que vejo logo acima de mim na família. Vou formar minha opinião da situação e então pegar o caminho que me parecer melhor".

Os mesmos princípios que se aplicam ao segundo filho costumam ser igualmente aplicáveis ao do meio.

A chave para o princípio do filho do meio é "o que vejo logo acima de mim na família". O segundo filho olha para cima, para o primogênito; em uma família de quatro, o terceiro olha para cima, para o segundo, a fim de ter uma ideia de que caminho tomar. Por exemplo, vamos considerar esta família de quatro filhos:

Família K
Menina — 16, primeira menina
Menino — 14, primeiro menino
Menina — 12, filha do meio
Menina — 10, caçula

Nesta família, a menina de 12 anos é a verdadeira filha do meio, espremida por cima pelo irmão mais velho (e pela irmã mais velha, a propósito) e espremida por baixo pela irmã caçula. Na maior parte do tempo, ela vai tomar o irmão mais velho como base para escolher seu estilo de vida, mas sua irmã mais velha também terá alguma influência.

Vamos recorrer a mais um exemplo para ver como o intervalo entre os filhos pode eliminar completamente um filho do meio verdadeiro:

Família L
Menino — 18, primeiro filho
Menina — 17, primeira filha
Menina — 15, filha do meio (?)
Menino — 8, caçula

Nesta família, a terceira a nascer — uma menina — parece ser a filha do meio, mas é mesmo? Ela olha para seu irmão e irmã acima a fim de ter noções de que caminho tomar para formar sua meta e tema de vida pessoais. Mas e quando olha para baixo? Seu irmão caçula não aparece em cena até que ela tenha 7 anos, ocasião em que sua personalidade e estilo de vida já estão determinados. Durante seus primeiros sete anos formativos, ela era a caçula da família, e há ótimas chances de que tenha muitas características de caçula e poucos traços de filha do meio porque nunca se sentiu tão espremida na época em que isso realmente seria importante — durante todos aqueles primeiros anos fundamentais.

SENTINDO-SE ESPREMIDO

Enquanto a família L não tem um filho do meio de verdade, muitas outras famílias têm. E se há uma generalização possível de se fazer sobre filhos do meio, é que eles se sentem espremidos e/ou dominados. É importante que os pais fiquem muito atentos para o fato de os filhos do meio geralmente se sentirem como se "todos estivessem cuidando da minha vida". Não só o filho do meio tem pais exercendo autoridade sobre ele, mas há também um irmão mais velho logo ali.

> Se há uma generalização possível de se fazer sobre filhos do meio, é que eles se sentem espremidos e/ou dominados.

Se o irmão mais velho tem uma idade próxima (diferença de dois ou três anos), é quase certo que dirá ao filho do meio o que fazer. E é claro que logo abaixo do filho do meio está o caçula, que parece estar escapando ileso o tempo todo. O filho do meio se sente em uma armadilha. Ele é jovem demais para os privilégios recebidos pelo mais velho, e velho demais para se safar com os truques do caçula.

Com essas pressões vindas de cima e de baixo, os filhos do meio acabam se sentindo como uma "quinta roda", deslocados, sem poder dar sua opinião nem exercer nenhum controle. Os demais parecem tomar todas as decisões ao mesmo tempo que pedem que ele se sente, observe e obedeça.

> É importante que os pais fiquem muito atentos para o fato de os filhos do meio geralmente se sentirem como se "todos estivessem cuidando da minha vida".

Quando tinha apenas 8 anos, Krissy deu a Sande e a mim uma amostra de como um filho do meio pode ser sensível quando os pais tomam as decisões por ele. Com seus lábios projetados e lágrimas escorrendo em suas bochechas, Krissy confrontou a mãe sobre uma aula de teatro criativo, na qual Sande a tinha matriculado alguns dias antes. Nossa sensível filha do meio deixou bem claro para a mãe como era injusto estar matriculada em uma aula de teatro criativo sem sequer saber disso! Acabei entrando na conversa e perguntei:

— Mas Krissy, você não gosta de teatro?

— Eu amo! (soluço)

Eu ri e disse:

— Então por que você está brigando com a mamãe?

— Você pode achar engraçado, mas eu não acho tão engraçado assim. Você acha que a mamãe iria gostar se eu a matriculasse numa aula de natação?

O comentário extremamente perceptivo de Krissy me deixou sem fala. Nós temos uma piscina no quintal, e Sande entra ali mais ou menos duas vezes por ano para se molhar. Se Krissy ou eu tentássemos oferecer aulas de natação a Sande, um de nós dois acabaria na piscina sem o benefício de ter uma roupa de banho. Entendi o ponto de vista de Krissy e muito mais. Ela queria se matricular *sozinha* na aula de teatro. Não queria a ajuda da mamãe!

> Sempre pergunte a opinião do filho do meio e deixe-o tomar as próprias decisões quando possível.

Quando conto essa história para plateias de seminários, apresso-me a destacar que é importante pedir a opinião de *todos* os filhos, não só dos filhos do meio. Dar a um filho de qualquer ordem de nascimento a chance de escolher e decidir por si mesmo é essencial para que ele desenvolva a autoestima e o senso de responsabilidade e prestação de contas. Mas para pais com filhos do meio extrassensíveis, a moral é clara: sempre pergunte a opinião do filho do meio e deixe-o tomar as próprias decisões quando possível.

AJUDE O FILHO DO MEIO A SE SENTIR ESPECIAL

Até agora, este capítulo soou como se tivéssemos de organizar uma grande festa de piedade para filhos do meio. Que esperança existe para os pobres filhos do meio Mildred ou Milford que saem por aí procurando amigos porque são a "quinta roda" em casa? O que os pais podem fazer para esses filhos que são poços de contradições tão sensíveis a ponto de supostamente se sentirem espremidos e dominados, uma vez que os adultos ignoram suas opiniões e tomam todas as decisões por eles?

Uma das maneiras pelas quais sempre tentei fazer Krissy se sentir especial era levando-a para tomar o café da manhã em seu aniversário. Durante sua infância e adolescência, o dia 16 de maio de minha agenda ficava completamente livre de compromissos. O motivo era simples: 16 de maio é o aniversário de Krissy, e nós saíamos para tomar o café da manhã juntos. Se fosse dia de aula, eu a levava para tomar café e mais tarde a pegava para o almoço; íamos a um daqueles lugares sofisticados de que ela gostava, como o McDonald's.

Naturalmente havia duas outras datas invioláveis em minha agenda ao longo do ano, 14 de novembro e 8 de fevereiro. Afinal, Holly e Kevin também gostavam de escolher onde queriam comer, que tipo de bolo teriam e por aí vai. Sempre fomos bastante criativos em nossa casa, especialmente em relação a bolos — bolo de arco-íris, bolo espacial, bolo do Charlie Brown — *tudo é possível no dia do aniversário!* Depois que Hannah e Lauren entraram para a banda dos Leman, duas outras datas se tornaram igualmente importantes — 30 de junho e 22 de agosto. (Você pode observar que se os Leman tivessem mais filhos, restaria muito pouco tempo no ano para trabalhar.)

Mas tenho de dizer que, de todos os nossos filhos, Krissy era (e ainda é, por assim dizer) a mais sensível em relação a ter o papai só para ela em seu aniversário. Na verdade, no nono aniversário de Krissy, quando estávamos tomando café juntos, um executivo passou, reconheceu-me e disse:

— O senhor não é o dr. Leman?

Respondi que sim, e ele continuou:

— Que ótimo tê-lo encontrado! Exatamente hoje é o dia em que eu deveria escrever uma nota para convidá-lo a se apresentar em nossa conferência no próximo ano, em 16 de maio.

> Sempre fomos bastante criativos em nossa casa, especialmente em relação a bolos — bolo de arco-íris, bolo espacial, bolo do Charlie Brown — *tudo é possível no dia do aniversário!*

No momento em que ele disse "16 de maio", soube que tínhamos um problema. Estava esperando uma brecha para dizer a ele que 16 de maio era o aniversário de minha filha e que eu simplesmente não estaria disponível, mas ele prosseguia em tão grande estilo, descrevendo o maravilhoso *resort* onde a conferência seria realizada e como todos adorariam que eu fosse e trocasse ideias, que achei difícil interromper.

Krissy, por sua vez, não achou. Conforme o executivo continuava, ela foi ficando cada vez mais agitada. Finalmente, cutucou-me nas costelas e disse:

— Meu pai não pode ir!

Não foi um comportamento muito bom para a filha de alguém supostamente experiente em disciplina da realidade, então eu disse:

— Espere um instante, Krissy. Papai e este senhor estão conversando...

O executivo continuou com mais dados sobre seus planos gloriosos para a conferência de 16 de maio do ano seguinte, enquanto eu continuava hesitando em dizer-lhe que simplesmente não estaria disponível no dia.

Finalmente, Krissy não conseguiu mais aguentar e disse em uma voz ainda mais alta:

— *Ele não pode ir!*

Krissy pode ter parecido um tanto franca demais (ou seja, grosseira), mas eu não pude reprimi-la severamente. O problema era meu, porque eu não quis interromper o homem enquanto ele se tornava cada vez mais eloquente ao falar de sua conferência com um ano inteiro de antecedência (sem dúvida, ele era um primogênito). Finalmente, tive de explicar que 16 de maio era o aniversário de Krissy e que era por isso, realmente, que estávamos ali naquele restaurante tomando café. Se ele precisava de mim no dia 16 de maio, eu não estaria disponível.

O executivo então admitiu que não tinha certeza absoluta de que a data era 16 de maio; ele iria conferir. Mais tarde ele me ligou e disse que estava errado quanto à data. Na verdade, ele precisava de mim em 18 de maio; então eu poderia manter as duas datas *e* minha integridade com Krissy. Se a data fosse mesmo 16 de maio, porém, que pena! O aniversário de minha filha vem sempre em primeiro lugar.

Em nossa casa, 16 de maio sempre foi uma data proibida ao mundo externo e sempre será. Mesmo hoje, com alguns de nossos filhos morando em outros locais, os Leman ainda consideram os aniversários muito importantes.

DÊ ESPAÇO AOS FILHOS DO MEIO PARA QUE COMPARTILHEM SEUS SENTIMENTOS

Na história do aniversário, Krissy demonstrou uma daquelas contradições típicas dos filhos do meio. Ela levantou a voz para falar do compromisso especial de seu aniversário, mesmo sendo um ano antes. Muitos filhos do meio teriam ficados tímidos, despreocupados ou relutantes para confrontar, e não teriam falado nada. Esses filhos do meio são aqueles que deixam de dizer a você como realmente se sentem. São clássicos evitadores de conflitos ou confrontos.

> Não faça apenas um comentário ocasional do tipo "Como vão as coisas?". Marque um horário para um passeio ou leve a criança com você para algum compromisso, e conversem no carro.

Mas Krissy é sensível, e em muitos filhos do meio a sensibilidade transborda em raiva. Krissy ficou tão nervosa que finalmente levantou a voz, e fico grato por tê-lo feito, apesar de ter parecido que ela estava sendo uma criança desobediente.

Em meu consultório, descobri que pessoas com raiva ou hostis geralmente são primogênitos ou filhos do meio. Leva um tempo para descarregar essas emoções, pois eles são agradadores e podem estar negando sua raiva. Com Krissy, sempre soubemos quando ela não estava feliz com alguma coisa. Mas com seu filho do meio, você pode ter de escavar e sondar um pouco.

Dê a seu filho do meio muitas oportunidades de compartilhar os sentimentos com você. Se você tem dois filhos do meio, por exemplo, o segundo e o terceiro entre um primeiro e um último, observe de perto o terceiro, que realmente pode ficar perdido na confusão. Não faça apenas um comentário ocasional do tipo "Como vão as coisas?". Marque um horário para um passeio ou leve a criança com você para algum compromisso, e conversem no carro. (Conversar no carro é uma boa ideia — é mais fácil para a criança olhar pela janela do que diretamente para a mamãe ou o papai quando está tentando falar de seus sentimentos.)

O APERTO TONIFICA OS MÚSCULOS PSICOLÓGICOS

Eu me estendi bastante sobre como filhos do meio podem ser sociáveis e extrovertidos. Sentindo-se rejeitados, espremidos ou pelo menos mal compreendidos em casa, eles são mais rápidos para sair da família e fazer amigos.

Os pais observam seus filhos do meio irem e virem e se perguntam o que é tão atraente na casa de outras pessoas. Enquanto isso, sem perceber, o filho do meio está obtendo um treino inestimável para toda a vida. Ao fazer novos amigos, filhos do meio adquirem prática em se comprometer com relacionamentos e em trabalhar para mantê-los. Eles afiam e refinam suas habilidades sociais conforme aprendem a lidar com seu grupo de pares e outras pessoas fora da família.

> Ao fazer novos amigos, filhos do meio adquirem prática em se comprometer com relacionamentos e em trabalhar para mantê-los.

Quando chega a hora de realmente sair de casa, estão muito mais preparados para lidar com as realidades do casamento, sustento e atuação na sociedade do que os outros filhos.

Portanto, não se desespere com seu filho do meio que parece estar sempre fugindo para algum lugar. Na verdade, você deve ser sensato e fazer que ele saiba que entende a importância dos amigos. Sei que, em alguns casos, o grupo de colegas pode ser um problema, mas não olhe automaticamente para os amigos como rivais que podem desviar seu filho do caminho. Tente convidá-los a sua casa para passar a noite ou até mesmo um fim de semana. É outra maneira de fazer seu filho do meio saber que você acha que ele — e seus amigos — são muito especiais.

Fique atento para outro paradoxo em ação na busca do filho do meio por amigos. Mesmo diante da possibilidade de o filho do meio imaginar-se como uma "quinta roda" em casa, seu lar ainda deve continuar sendo um local muito mais seguro e generoso do que o mundo exterior. Apesar de o filho do meio sentir-se bem com todos os seus amigos, ele também pode se desentender com eles. Quando faz isso, os amigos parecem dissolver mais rápido que um picolé em um dia de verão em Manaus. É aí que ele pode aprender que um amasso ou abraço da mamãe e do papai não são tão ruins afinal.

O MUNDO PRECISA DE MAIS FILHOS DO MEIO

Nem todos os filhos do meio são estrelas sociais, é claro. Muitos fatores podem evitar que tenham tantos amigos: tamanho e aparência física, timidez, medos, necessidade ou desejo de trabalhar ou passar longas horas estudando. Mesmo que o filho do meio fique em casa, por assim dizer, ele ainda obtém treinamento automático que o ajuda a ser uma pessoa mais bem ajustada. Esse treino vem na forma de negociação e comprometimento.

Filhos do meio não conseguem ter tudo do seu jeito. O mais velho sempre parece ganhar mais, fica acordado até mais tarde, fica na rua até mais tarde e assim por diante. O mais novo sempre se safa sem punição e recebe ainda por cima muito mais atenção. Tudo isso pode parecer muito injusto na hora, mas é ótima disciplina. Filhos do meio têm muito menos chance de ser mimados e tendem a ser menos frustrados e exigentes. As típicas discussões, irritações e decepções por ser um filho do meio frequentemente são bênçãos disfarçadas.

Em mais de uma ocasião, conversei com mães e pais bastante orgulhosos de seus primogênitos adolescentes porque esses garotos não usam artilharia pesada contra os progenitores em hipótese alguma. Estão sempre querendo ajudar, obedecem a todas as regras e assim por diante. Sorrio e desejo a esses pais a continuidade do sucesso, mas não posso deixar de pensar que esses primogênitos obedientes podem estar fadados a grandes problemas. Será que eles não estão reprimindo seus sentimentos? Não serão os clássicos agradadores que nunca imaginaram questionar seus pais? E o que acontecerá daqui a alguns anos quando o cordão umbilical da família for cortado e eles estiverem por conta própria? Terão músculos psicológicos para lidar com a vida?

> Filhos do meio têm muito menos chance de ser mimados e tendem a ser menos frustrados e exigentes.

Bem, não estou dizendo que todos os adolescentes obedientes e prontos a agradar são fracos demais para encarar a vida depois que saírem de casa. O que estou dizendo é que já atendi muitos primogênitos e filhos únicos que eram agradadores obedientes à mamãe e ao papai enquanto cresciam, mas quando adultos acabaram tendo problemas para encarar a vida, o cônjuge ou vizinhos com quem não conseguiam lidar. E por isso vieram me procurar. Quanto mais atendo, mais percebo que ficar um pouco espremido durante o desenvolvimento não é necessariamente ruim. Pode ser um treinamento básico excelente para a real batalha que começa quando você sai de casa e começa a caminhar por conta própria.

Dessa forma, não se desespere se você tem um filho do meio que parece espremido. Faça o melhor que puder para livrá-lo do aperto ou pelo menos ajudá-lo a enfrentar isso. Mantenha acesa a vela de seu filho do meio, e ele pode acabar brilhando mais forte do que os demais.

6 dicas para criar o filho do meio

1. *Reconheça que seu filho do meio pode evitar compartilhar o que realmente sente em relação às coisas.* Se seu filho do meio é um evitador, reserve momentos para que vocês dois conversem a sós. É importante dar esse tipo de espaço a todos os filhos, mas o do meio tem menos chance de insistir quanto ao que lhe é justo. Certifique-se de que ele receba sua porção.

2. *Tome um cuidado extra para fazer que seu filho do meio se sinta especial.* Tipicamente, o filho do meio se sente espremido pelos irmãos e irmãs acima e abaixo. Ele precisa de momentos em que você pede a opinião dele ou deixa que faça suas próprias escolhas. Certa noite levei três de nossos filhos ao boliche. Quando nos sentamos para começar a marcar nossos pontos, houve uma intensa discussão sobre quem jogaria primeiro. Enquanto Holly e Kevey clamavam por essa honra, percebi que Krissy não dizia uma só palavra. Eu comuniquei: "Krissy, você escolhe". Então, ela colocou o nome do pai em primeiro lugar, depois Holly, depois Kevey e por fim o dela.

3. *Estabeleça alguns privilégios regulares com os quais ele possa contar todo dia ou toda semana.* Talvez seja algo simples como assistir a determinado programa de TV sem a interferência dos demais membros da família. Ir a certo restaurante, quem sabe? A questão é: trata-se de um território *exclusivo* do filho do meio.

4. *Faça um esforço especial para dar a seu filho uma nova peça de roupa e não só peças herdadas.* Em algumas famílias, a renda é suficiente, então isso não é problema. Mas, em outras, a economia torna a herança de roupas parte regular do desenvolvimento. Receber peças dos outros eventualmente é bom, mas seu filho do meio pode apreciar algo novo, em particular um item-chave como um casaco ou jaqueta.

5. *Ouça cuidadosamente as perguntas e explicações de seu filho do meio sobre o que está acontecendo ou o que ele pensa de determinadas situações.* O desejo dele de evitar conflitos e não criar caso pode se interpor

aos fatos reais. Você pode ter de dizer: "Agora chega, vamos contar a história inteira. Você não vai se encrencar. Quero saber como realmente está se sentindo".

6. *Certifique-se de que o álbum de fotos e os filmes da família tenham a participação de seu filho do meio.* Não deixe que ele seja vítima da sina estereotipada de ver milhares de fotos do irmão ou irmã mais velhos e apenas algumas dele! E certifique-se de tirar algumas do filho do meio sozinho, não sempre com os irmãos.

_____ CAPÍTULO 16

Ajudando a raspa do tacho a crescer

Criando o caçula

Minhas primeiras palavras de aconselhamento aos pais de caçula são: cuidado com a manipulação! Quando o caçula chega, o inimigo real não é aquele falcãozinho fofo que representa o fim da linha familiar. Ele não pode evitar ser tão meigo. Ela não consegue deixar de seduzir todos com seu sorriso banguela. O verdadeiro vilão que os pais precisam combater é muito conhecido dos fãs de Pogo,[1] que encontraram o inimigo e perceberam que "ele somos nós".

Pais autoritários dizem: "Faça do meu jeito, ou você vai ver!".

Pais com autoridade dizem: "Gostaria que você fizesse assim porque...".

Mas pais permissivos dizem ao pequeno caçula: "Ahhh, faça do seu jeito, coisinha mais linda".

ESCAPANDO INCÓLUME

Por que os pais conseguem levar seus filhos mais velhos em rédea bem curta, mas o caçula parece ter poderes misteriosos que fazem que escape incólume? Não tenho certeza se há uma resposta definitiva. Talvez os pais se cansem, ou talvez descuidem porque agora acham que "conhecem as cordas" e então podem afrouxá-las. O que quer que seja, pais geralmente olham para o outro lado quando o caçula ignora tarefas ou deixam irmãos e irmãs mais velhos loucos, importunando-os ou fazendo o que chamo de "armadilha". (A armadilha é uma habilidade particular do caçula e envolve infernizar um irmão mais velho até que este exploda de raiva, momento em que o mais novo corre berrando para a mamãe em busca de proteção.)

Fui um especialista em armar ciladas para meu irmão mais velho, Jack, a quem eu adorava chamar de "Deus" porque ele era muito maior, mais forte e superior a mim, o Ursinho da família. Quando o ouvia chegar da escola, eu falava em voz alta, para que ele (não necessariamente minha mãe) escutasse: "Deus está em casa!".

Jack não gostava de ser chamado de "Deus", e sempre me dava um sopapo. Então, eu corria para mamãe, que sempre ficava do meu lado, e Jack acabava em apuros. Se ele me batia demais, acabava se encrencando quando meu pai chegava em casa.

> O verdadeiro vilão que os pais precisam combater é muito conhecido dos fãs de Pogo, que encontraram o inimigo e perceberam que "ele somos nós".

Recentemente, Charles Swindoll,[2] cujos livros vendem aos zilhões, compartilhou comigo, em um programa de rádio, suas próprias aventuras relativas à ordem de nascimento. Sendo o caçula da família, com um irmão e uma irmã mais velhos, ele sempre se sentia maltratado e humilhado.

— Costumava chamar meu irmão mais velho de "Hitler" — ele me confidenciou.

— Sério? — disse eu. — Talvez ele conheça meu irmão mais velho, "Deus".

Por um segundo ou dois, um dos maiores líderes espirituais da América olhou para mim aparentemente em choque, e então ambos caímos na gargalhada. Dois caçulas que encontraram um laço comum — lembranças de um irmão mais velho que tornou sua vida miserável em alguns momentos.

Chamar meu irmão mais velho pelo nome improvável de "Deus" para irritá-lo era apenas uma maneira pela qual eu conseguia escapar ileso. Havia muitas outras. Se os caçulas não se dão bem, eles pelo menos tentam manipular, fazer palhaçadas ou divertir, e são frequentemente vistos perturbando a paz de alguém.

> Se os caçulas não se dão bem, eles pelo menos tentam manipular, fazer palhaçadas ou divertir, e são frequentemente vistos perturbando a paz de alguém.

Agora me dou conta de que nem todos os pais caem nos encantos e seduções dos caçulas. Nem todos os caçulas escapam impunes. Mesmo assim, muitos deles ainda são capazes de manipular seus pais com a famosa frase: "Mamãe, eu não consigo!". Um pedido de ajuda queixoso é uma grande arma que os caçulas usam para que os pais (assim como os irmãos mais velhos) aplainem as estradas da vida para eles.

Caçulas são especialmente especialistas em conseguir ajuda com trabalhos escolares. Atendi várias crianças cujo aparente desamparo transformava sua casa em instituição de aulas particulares todas as noites, depois que a louça

Ajudando a raspa do tacho a crescer **259**

era lavada. Encorajar as crianças com seu dever de casa e fazê-las começar é uma coisa; outra é fazer por elas. Muitos pais são ludibriados a ponto de fazer o dever de casa da criança, enquanto pensam que estão ajudando o filho. Evidentemente, eles estão apenas retardando a criança, porque isso a impede de aprender a pensar por si mesma.

Por exemplo, trabalhei com um garoto da sétima série cujo irmão mais velho estava no último ano do ensino médio. Os pais me mandaram esse ruivinho na primavera da sétima série porque ele ia muito mal na escola. O garoto era o mais novo de dois filhos.

De início não fizemos muito progresso. O menino estava enfrentando todo tipo de problema na escola, e os pais iam a mais reuniões com professores do que eles realmente gostariam. Ele conseguiu passar de ano, mas por pouco. Continuamos trabalhando ao longo do verão, e, no outono, o irmão mais velho partiu para a faculdade. Isso parece ter sido a ruptura que faltava. Assim que o menino iniciou a oitava série, ele começou a reagir a alguns princípios da disciplina da realidade que eu tinha estabelecido, e os pais finalmente viram resultados positivos.

> Um pedido de ajuda queixoso é uma grande arma que os caçulas usam para que os pais (assim como os irmãos mais velhos) aplainem as estradas da vida para eles.

A disciplina da realidade que pedi para os pais usarem era bem básica:

1. Fazer o menino andar com as próprias pernas e não ajudá-lo mais do que o absolutamente necessário em seu dever de casa.
2. Depois do jantar, não deixá-lo sair para brincar, assistir à televisão, nem fazer nada dessa natureza até que as responsabilidades tivessem sido cumpridas. Responsabilidades incluem deveres domésticos e, certamente, deveres de casa.
3. Não permitir que ele faça a mamãe e o papai de professores particulares por várias horas toda noite. (Isso volta ao item de fazer o menino andar com as próprias pernas.)

A vida do caçula sofreu uma reviravolta excelente no outono de sua oitava série. O mau comportamento na escola desapareceu, e suas notas aumentaram belissimamente sem muita ajuda da mamãe e do papai. O mais novo tinha vivido à sombra do irmão mais velho por tanto tempo que acabou ficando completamente intimidado e desencorajado. Como costumo dizer, "sua vela tinha se apagado". O irmão mais velho era tão confiante e competente, tão maior e mais forte, que apagava o mais novo. Assim que o mais velho saiu fisicamente de casa, o menor começou a desabrochar.

E mamãe e papai ficaram aliviados por não terem mais de passar três ou quatro horas por noite dando aulas particulares ao caçula para que suas notas mal se mantivessem acima da média. Assim que o filho entendeu que era capaz e podia fazer sozinho, tudo mudou.

EU SIMPLESMENTE NÃO GOSTAVA DA ESCOLA

Também já atendi filhos caçulas que simplesmente não davam bola para a escola. Entendo de onde isso vem, porque me sentia da mesma forma quando estava crescendo. Às vezes, uma criança tem problemas de aprendizado ou incapacidades; mas, em muitos casos, a verdadeira questão é a atitude.

> O mais novo tinha vivido à sombra do irmão mais velho por tanto tempo que acabou ficando completamente intimidado e desencorajado.

Estou convencido de que meu desempenho desastroso na escola poderia ter sido amplamente melhorado com um simples passo por parte de meus pais. Minha mãe deveria ter parado de se preocupar em ir até a escola para falar com os orientadores. Ela deveria ter parado de tentar encontrar a causa dos problemas do pequeno Kevin. Se ela simplesmente tivesse dito: "Olhe, garoto, nada de Liga de Beisebol, a menos que você pare de graça na escola", eu provavelmente teria mudado de atitude na sexta ou sétima séries.

Mas mamãe e papai nunca sacaram meu engodo. Eles nunca impuseram limites. Para resumir, eram permissivos, e eu me aproveitei disso quanto pude. Por exemplo, eu tinha uma estranha indisposição chamada "dor de estômago" às segundas e sextas-feiras. Acordava na sexta-feira me sentindo péssimo e, é claro, não podia ir à escola. Porém, veja que estranho: no meio da tarde, um milagre acontecia. Eu era curado instantaneamente assim que o relógio batia 15 horas! Continuava bem por todo o sábado e domingo. Mas então, na segunda pela manhã, lá estava a dor de estômago de volta.

> Outro truque que eu dominava era encontrar algo "importante" para fazer quando havia trabalho pendente.

Há outros nomes para minha enfermidade. Um pode ser "tornar o fim de semana mais longo, fingindo dor de estômago às sextas e segundas". Entretanto, de alguma forma, minha mãe nunca captou de fato a mensagem. Acho que ela não podia acreditar que seu Ursinho fosse capaz de mentir e ter aquela "dor" ao mesmo tempo.

Outro truque que eu dominava era encontrar algo "importante" para fazer quando havia trabalho pendente. Os pratos podiam estar pairando montanhosamente sobre a pia, e as latas de lixo, transbordando, mas eu não deixava nenhuma dessas tentações mundanas me afastar do que eu sentia que precisava fazer — naquele exato momento.

O que ou quem estraga o caçula? A resposta óbvia é: "Ora, os pais é que estragam, claro!". Isso está correto até certo ponto; mas, às vezes, os pais conseguem uma boa ajuda dos outros filhos. Quão mimado um caçula pode ficar depende de quando ou em que lugar ele chega no zoológico familiar. Por exemplo, vamos esquematizar uma família que consiste em três meninas e um menino caçula:

Família M
Menina — 11
Menina — 9
Menina — 6
Menino — 3

Nesta família, parece que o garotinho está totalmente sobrepujado por mulheres. Mas o que pode acontecer geralmente aqui é uma forte relação entre a mãe e seu filho. Depois das três meninas, o pequeno Harold será muito precioso, especialmente para a mamãe, e ela provavelmente lhe dará o benefício da dúvida quando as irmãs mais velhas vierem reclamar sobre sua importunação.

Na verdade, essa família tem dois caçulas, um menino e uma menina. Isso é garantia quase certa de atritos entre a de 6 anos e o de 3. Nesse tipo de família, é muito comum que se formem alianças. A maneira como isso provavelmente acontece, nessa sequência de nascimento específica, é que a menina de 11 se aliará à de 6, e a de 9 se unirá ao de 3.

Em muitos casos, a terceira filha dessa família pode se ver em uma posição desfavorável. Isso seria especialmente verdadeiro se ambas as irmãs mais velhas decidissem de fato ser mães do garotinho e tomar seu partido nas inúmeras discussões e incidentes que acontecem em uma família como essa. Em contrapartida, as três meninas mais velhas podem decidir que o pequeno é uma peste e ficar particularmente irritadas se a mamãe pedir que elas tomem conta dele o tempo todo.

Vamos dar uma olhada em outra família na qual o caçula se torna muito especial. Nesse caso, temos uma garota primogênita seguida de dois meninos, e finalmente chega "a princesinha". O diagrama seria assim:

Família N
Menina — 13
Menino — 12
Menino — 10
Menina — 4

Do lado positivo, a última menina está em muito boa situação, pois tem dois irmãos mais velhos, que muito provavelmente acabarão sendo seus heróis — a menos que ela seja uma peste insuportável. Com dois irmãos mais velhos dedicados, ela pode crescer aprendendo que os homens são carinhosos e amorosos. Com a irmã mais velha, ela também se beneficia de cuidados e carinhos, algo que meninas primogênitas adoram fazer.

A má notícia é que a princesinha pode ficar achando que o mundo gira ao seu redor. Ela pode se tornar a menina dos olhos do papai e conseguir enrolá-lo a ponto de obter tudo o que quer. Se isso for muito longe, ela pode crescer acreditando ser capaz de fazer isso com qualquer homem, e se tornar candidata a um casamento infeliz.

Se os pais são permissivos demais, é possível que a princesinha fique completamente mimada. Ela pode crescer e se tornar um adulto detestável, que faz exigências pouco razoáveis a todos.

COMO SE TORNAR UM FRACOTE TOTAL

Um dos efeitos mais deletérios da permissividade dos pais é tornar as coisas muito fáceis para o filho. Mais tarde, quando o caçula chegar à idade adulta, é possível que ele não esteja preparado para a vida real. As adversidades podem ser excessivas.

Certa vez, trabalhei com uma família que consistia em mãe (viúva) e sete filhos. Havia três filhas, três filhos e a menina mais nova, que tinha sete anos a menos do que o irmão mais novo. O pai morrera quando a caçula tinha 13 anos. Na época que atendi a essa família, a mais nova tinha 26 e dependia completamente da mãe. Durante treze anos, a mãe e a filha menor haviam praticamente morado na companhia uma da outra, porque os outros filhos saíram de casa na época em que o pai faleceu.

A menina foi totalmente protegida e sufocada pela mãe, e, quando me procuraram, a filha mostrou-se malcriada e quase desprovida de confiança nas outras pessoas. As tarefas mais desafiadoras que ela conseguia executar eram limpar a casa e tomar conta de crianças.

Sei que esse é um caso extremo de uma mãe que precisava tanto da filha a ponto de não deixá-la crescer. Mas o mesmo acontece em menor grau toda vez que um pai age permissivamente e faz mais do que deve na tentativa de aplainar as estradas da vida para um filho. Quando um pai mima demais o filho, na verdade está tornando esse filho inútil, ou pelo menos aleijando-o de uma maneira ou de outra.

O OUTRO LADO DA MOEDA DO CAÇULA

Uma coisa que venho tentando enfatizar neste livro é que nenhuma ordem de nascimento cabe no mesmo molde. As mesmas características nem sempre são verdadeiras em todos os filhos mais novos. Essas variáveis perenes podem lançar muitas bolas tortas para o caçula, assim como para qualquer ordem de nascimento. Na verdade, Sande e eu vimos a variável da distância temporal fazer horas extras em nossa "segunda família" — Hannah, nascida nove anos e meio depois de Kevin II, e Lauren, nascida cinco anos e meio depois de Hannah.

A descrição oficial de Hannah é "primogênita da segunda família", mas eu a descrevo como uma primogênita complacente que age mais como caçula do que qualquer outra coisa. É importante lembrar que, durante os primeiros cinco anos de sua vida — aquele período em que seu estilo de vida se formou realmente —, Hannah foi de fato a caçula da família Leman como um todo. Ela também foi a beneficiária de muito amor e carinho de um total de cinco pais — Sande e eu, é claro, e seus irmãos mais velhos, já que todos eles lhe pareciam muito grandes, muito capazes e muito amorosos.

Nós mimamos Hannah mais do que um pouquinho, e foi necessária toda a nossa determinação e experiência para aplicar a disciplina da realidade a fim de equilibrar as coisas e não deixá-la se tornar mimada demais. Quando íamos à Universidade do Arizona assistir às partidas de basquete ou outros eventos públicos, às vezes levávamos Hannah, e todos os nossos amigos vinham abraçá-la e apertá-la. Hoje Hannah é uma moça de 22 anos, muito equilibrada, bem ajustada e amante da diversão; é extremamente amada, gosta de estudar e adora seus professores. Ela sempre quis ser professora e acabou de se formar em educação especial. Seu coração bate pela África e pelos necessitados. Caçula sob vários aspectos, esta pequena filha surpresa tem uma determinação maravilhosa que a levará longe.

Quanto a Lauren, ela definitivamente é a raspa do tacho da(s) família(s) Leman. Mas, ao mesmo tempo que é a mais nova de todos pela ordem, ela age mais como primogênita ou filha única do que qualquer outra coisa. Lauren é extremamente atenta, analítica e cuidadosa — um sinal claro de filha única ou primogênita. Não tenho certeza de por que ela é tão cuidadosa — talvez apenas tenha sido muito influenciada por adultos, com todas aquelas "pessoas grandes" acima dela. Considere que, se Hannah teve cinco pais, Lauren teve *seis*. Ela nasceu quando o estilo de vida de Hannah já havia se formado completamente; e, mesmo com 5 anos, Hannah mostrou-se muito capaz, forte e inteligente diante de sua irmã menor.

> Apesar dos filhos mais novos geralmente serem mimados e paparicados, eles recebem uma cota ainda maior de sopapos e bofetões, especialmente de seus irmãos mais velhos.

Mencionei anteriormente que Lauren, aos 2 anos, deixou seu pai — filho caçula — espantado como ela alinhou suas pequenas fitas cassete no chão, em filas bem organizadas, e então as colocou para tocar uma de cada vez. Mas talvez o incidente mais significativo de todos tenha acontecido no dia em que encontrei Lauren deitada no chão com o computador de brinquedo de Hannah (de 7 anos), desenvolvido para ajudar a aprender a soletrar, fazer contas e ler. Aos 2 anos e meio, Lauren tinha descoberto como ligar o equipamento e fazê-lo dizer: "Olá! Por favor, escolha uma categoria agora".

O brinquedo, apropriadamente chamado Whiz Kid Plus,[3] foi desenvolvido com um tempo de espera. Se nenhum comando fosse dado, a voz repetia a instrução. Lauren não tinha me visto entrar; então observei minha filhinha sentada ali ouvindo o brinquedo dizer a ela continuamente: "Olá! Por favor, escolha uma categoria agora".

"O que ela fará?", eu me perguntava. Finalmente, depois que a frase foi repetida várias vezes, Lauren se inclinou para a máquina, colocou as mãos em forma de cone e disse bem alto: "Senhora, não consigo! Só tenho 2 anos!".

Nesse momento, percebi que minha garotinha tinha 2 com jeito de 22, e que tínhamos nas mãos uma "quase filha única", ou pelo menos uma primogênita funcional.

CAÇULAS VIVEM LEVANDO BRONCAS

Essas façanhas da segunda família Leman foram inseridas aqui apenas para ilustrar que os caçulas podem se tornar muitos tipos diferentes. Você pode ser um caçula que não foi tão mimado assim. Ou talvez seu filho mais novo dificilmente seja o que se pode chamar de manipulador. Ou, ainda, seu caçula pode até ser manipulado pelo restante da família. Ironicamente, se por um lado os filhos mais novos geralmente são mimados e paparicados, por outro podem receber uma dose maior de sopapos e bofetões, especialmente vindos de seus irmãos mais velhos.

Especialistas em ordem de nascimento afirmam que filhos mais novos têm dificuldade para "processar informações".[4] Em outras palavras, eles parecem ter problemas para entender corretamente as coisas. Os filhos mais velhos sempre parecem ser mais inteligentes — tão autoconfiantes e instruídos. Independentemente do fato de os mais velhos estarem, com frequência, totalmente errados em seus pronunciamentos dogmáticos para o caçula — o caçula *sente* que eles estão certos porque são tão maiores, mais fortes e "mais inteligentes".

Sendo caçula, lembro-me de ter me sentido bem idiota quando Sally ou Jack me corrigiam sobre qualquer coisa, de fatos da vida à hora do dia. Meu irmão Jack, cinco anos mais velho, tinha uma abordagem muito direta ao me admoestar: ele me dava uma cintada.

É claro, eu geralmente fazia por merecer: era especialista em armar ciladas para Jack, incitando-o e irritando-o até que ele saísse do sério e me batesse. Então, eu fazia um escarcéu, e mamãe ou papai vinham tirar satisfações. Era muito divertido, mas o preço era alto. Cedo ou tarde, Jack me pegava sozinho numa situação em que eu não podia provocá-lo, nem convencer meus pais de que a culpa era toda dele. É claro que Jack nunca chegou a me torturar. Mas era como se fosse, já que ele me espancava um pouco em prol dos princípios gerais.

Em uma ocasião, porém, ele usou uma abordagem diferente para me atingir: tornou-se informante e me dedurou por fumar cigarros atrás do galinheiro aos 8 anos. Isso realmente me custou caro. Tive de ir direto para a cama sem jantar, um tratamento bastante duro para o caçulinha, que geralmente se safava de todas.

Quanto a Sally, eu a irritava com muito menos frequência do que a Jack. Contudo, fazendo toda justiça à memória de meu passado cheio de altos e baixos, houve momentos em que eu conseguia atormentá-la tanto quanto a ele. Lembro-me dos gritos dela: "Mamãe, você pode *tirá-lo* daqui?". E ela também reclamava: "Ele sempre se dá bem. Você nunca me deixava fazer isso quando eu tinha a idade dele".

Mas essas ocasiões eram raras, e, na maior parte do tempo, a grande irmã Sally admoestava o pequeno Kevin de outra forma. Como minha segunda mãe, ela em geral ficava aflita quando eu era muito grosseiro, muito barulhento ou simplesmente respondão. Mas ela tinha um jeito que me fazia querer melhorar. Ela não dizia: "Não faça isso" ou "Qual é seu problema? Por que não se emenda?". Toda vez que alguém — pais, professores — me dizia para não fazer alguma coisa com esse tom de voz, era como despejar gasolina no fogo. Só me levava a fazer mais coisas para atrair a atenção atacando as instituições.

Mas a abordagem de Sally tinha um efeito muito diferente. Na verdade, ela era praticamente mestra em psicologia amadora. Quando eu aprontava, Sally normalmente dizia coisas como: "Você realmente quer agir assim?". Eu tentava ser espertinho e respondia: "Claro que sim. É divertido!". Mas, no fundo, não era verdade. Sally já estava plantando sementes que seriam regadas por minha professora de matemática no ensino médio, e depois cuidadosamente cultivadas por uma bela auxiliar de enfermagem que eu conheceria enquanto desempenhava os deveres de zelador no Tucson Medical Center.

NORTH PARK: UM BOM LUGAR PARA ENCHER A CARA

De várias maneiras, fui um caçula sortudo. Fui lembrado disso vividamente quando recebi um telefonema da North Park University convidando-me a participar do banquete anual de ex-alunos, no qual eu receberia o "Prêmio de Aluno Ilustre" e seria o conferencista principal. Para ser sincero, fiquei bem surpreso, mas não deixei a pessoa ao telefone saber. Não pesquisei tanto a respeito, mas duvido que haja muitos alunos expulsos de uma faculdade por roubar o dinheiro da caixinha de contribuição moral convidados a voltar mais de trinta anos depois para serem nomeados "alunos ilustres"!

Disse à North Park que acreditava que poderia dar um jeito de encaixar o evento em minha agenda. Viajei de volta a minha *alma mater*, recebi meu prêmio e falei a todos os alunos presentes e ao corpo docente. Alguns professores que ainda se lembravam de mim ficaram ali surpresos com o que eu tinha me tornado, depois de ter deixado aquele lugar ao ser extraoficialmente condenado a "passar um tempo" em alguma instituição penal.

Ao olhar para a plateia, vi Carroll Peterson, que tinha sido responsável por nosso dormitório quando frequentei a North Park. Muito tarde certa noite, e bem depois do horário de recolher, C. P., como o chamávamos, encontrou a mim e a meu colega de quarto, Beagle, deitados no lance entre o primeiro e o segundo pisos, levemente chapados porque havíamos passado a noite descobrindo pela primeira (e certamente última) vez qual era o gosto do vinho do Porto.

Nós dormíamos profundamente e teríamos passado a noite ali, mas C. P. nos acordou e nos perguntou qual era nosso quarto. Em nossa condição um tanto indisposta, não conseguíamos nos lembrar; então tirei minha chave, e ele viu nela o número ali. De alguma forma, ele nos fez subir até o terceiro andar, para nosso quarto, e nos colocou na cama.

O ponto principal dessa história é que Carroll Peterson não delatou nossa falta de bom senso, o que, sem dúvida, teria resultado em expulsão imediata. Esse bom homem tinha feito carreira e se tornou reitor de alunos, bem aceito por todos no *campus*.

C. P. provavelmente gostou mais de minha palestra naquele dia do que qualquer outro ali presente. Ele riu especialmente quando eu contei como tinha tido a sorte de, quando jovem, poder ir a um lugar como a North Park. Sim, acrescentei, North Park era um lugar melhor ainda para ficar bêbado, sobretudo quando o responsável pelos alojamentos era tão benevolente! Mas também disse como ficara feliz por C. P. entender os alunos da faculdade e saber a diferença entre uma ligeira saliência na estrada e uma cratera realmente grande.

Ah, sim, há outro detalhe de menor importância: sem os 24 créditos que recebi na North Park, eu jamais teria me transferido para a Universidade do Arizona e prosseguido até obter a graduação, o mestrado e o doutorado depois de finalmente ter acordado para a vida.

CAÇULAS: MAR DE ROSAS OU COROA DE ESPINHOS?

Com toda a sua existência lendária e rica, e sua reputação de escapar impunes de tudo, os caçulas enfrentam vários percalços que contrariam a alegação de que eles se dão bem. Já olhamos para os dois maiores obstáculos. Resumo-os a seguir e acrescento um terceiro.

1. *Caçulas podem se tornar dependentes demais e ficar imaturos se forem mimados e paparicados em excesso.* De todas as ordens de nascimento, os caçulas são os que têm menos chance de aprender a amarrar seus sapatos antes de chegar ao jardim de infância porque um irmão mais velho estará sempre fazendo isso por eles. Eles também acabam fazendo menos tarefas, ou porque não lhes pedem para fazer muita coisa, ou porque seduzem outro irmão para que faça por eles. Mas todos na família precisam levantar seu próprio peso. Crianças pequenas podem recolher a bagunça da sala ou esvaziar o lixo — mesmo que não consigam carregar o saco até o meio-fio em dia de lixeiro.

2. Caçulas podem ser muito trapaceados, pressionados, ofendidos e provocados por irmãos e irmãs mais velhos. Os pais às vezes podem achar que precisam de uma bola de cristal — ou talvez de um novo *software* milagroso para o computador — para ajudá-los a entender até que ponto o caçula está realmente sendo acossado ou está só colocando seus ardis em ação. Quando atendo pais de caçulas, geralmente digo que, se for para cometer erros, que seja no sentido de ajudar o caçula a andar com as próprias pernas e estar em condições de igualdade, mesmo que isso signifique ser provocado e intimidado de vez em quando.

3. Como são os últimos, nada do que fazem é realmente original. Seus irmãos e irmãs mais velhos já aprenderam a falar, ler, amarrar os sapatos e andar de bicicleta. E você há de convir: depois de cinco ou dez anos, é difícil para a mamãe e o papai ficarem animados com o terceiro ou quarto peso de papel ou porta-lápis torto, feitos na aula de artes.

A especialista em família Edith Neisser capta o espírito de frustração que os caçulas costumam sentir porque nada que fazem parece ser uma notícia nova. Ela cita uma aluna da oitava série que tinha isto a dizer sobre ter irmãos e irmãs mais velhos:

> Não importa o que eu faça, não vai ser importante. Quando eu terminar o ensino médio, eles estarão se formando na faculdade ou se casando; então, quando eu chegar à faculdade, a mana provavelmente terá um recém-nascido. Por que, mesmo quando eu morrer, não será nenhuma novidade para minha família; ninguém sequer vai estar aqui para prestar atenção?[5]

Se você tem um estudante de ensino médio em sua casa, é possível que tenha ouvido o mesmo tipo de drama exagerado, mas há um grão de verdade no que essa garota diz. A frase-chave é "Ninguém sequer vai estar aqui para prestar atenção". Isso é algo em que todo pai pode pensar em relação a seu caçula: "Estou prestando atenção suficiente aos "primeiros feitos" da vida do pequeno Harold? Sim, este é meu terceiro ou quarto peso de papel, mas é apenas o primeiro dele. Eu deveria dar a suas primeiras realizações a mesma importância que dei às dos outros.

Pelo menos certifique-se de que seu caçula tenha total consciência de seu lugar especial na família. Experimentei tudo isso em minha família, ao vivo e em cores, no dia em que estava dirigindo apenas com Kevey, de 7 anos. Só de brincadeira, perguntei:

— E então? Você se importaria se a mamãe tivesse outro bebê?

Houve uma longa pausa enquanto Kevey pensava seriamente na questão. Finalmente ele disse:

— Acho que tudo bem, desde que seja uma menina!

Era uma pergunta puramente hipotética, é claro. Quando fiz a pergunta, Sande e eu não tínhamos a menor intenção de ter outros bebês, mas, como todos nós sabemos, a estrada para a paternidade adicional é pavimentada por boas intenções...

> Caçulas são bem conhecidos por sentirem que "nada que eu faço é importante".

7 dicas para criar um caçula

Devido à tendência natural dos pais de facilitar e fazer corpo mole com os caçulas, tente essas sugestões para encorajar a responsabilidade e a prestação de contas.

1. *Certifique-se de que seu caçula tenha sua parcela de responsabilidades em casa.* Caçulas geralmente acabam com muito pouco a fazer por duas razões: são mestres em se esquivar do trabalho que precisa ser feito; são tão pequenos e "indefesos" que os demais membros da família decidem que é mais fácil eles mesmos fazerem.

2. *Certifique-se de que seu caçula não escape impune das regras e normas da família.* As estatísticas mostram que o caçula tende a receber menos disciplina e a ser menos cumpridor de seus deveres em relação aos outros filhos. Não é nada mal tomar nota de como você fez que os mais velhos assumissem suas responsabilidades e adotar o mesmo horário de dormir e outras regras com o caçula.

3. *Ao mesmo tempo que você evita paparicar demais seu filho mais novo, não o deixe ser esmagado ou se perder na multidão.* Caçulas são bem conhecidos por sentirem que "nada do que eu faço tem importância". Dê toda importância às realizações de seu caçula, e certifique-se de que tenha sua cota justa de "tempo de exposição" na porta da geladeira, com suas lições, desenhos e prêmios da escola.

4. *Bem cedo, apresente seu filho mais novo à leitura.* Seis meses não é cedo demais para começar a ler para seu filho livros vivamente coloridos e ilustrados. Quando ele começar a ler, não faça o trabalho por ele. Caçulas tendem a gostar de que leiam para eles e deixarão você

fazer a maior parte do trabalho se puderem escapar disso. Essa pode ser uma das razões por que são muito conhecidos como os leitores mais fracos da família.

5. *Sempre que necessário, desmascare seu caçula.* Sempre senti que meus pais deviam ter sido mais linhas-duras comigo em relação à escola quando eu era pequeno. Mas eles nunca me pressionaram para valer. Nunca me obrigaram a escolhas como: "Entre na linha na escola, ou vai parar de jogar beisebol" ou "Se não fizer a lição, não assistirá à TV hoje à noite".

6. *Tente concluir o Álbum do Bebê de seu caçula antes que ele complete 21 anos.* A vida parece se acumular sobre os pais com a chegada do terceiro ou quarto filhos. Verifique se você está negligenciando o caçula porque simplesmente não tem tanto tempo quanto costumava ter. Se necessário, deixe passar outras coisas para garantir que você tenha tempo para cada um dos filhos.

7. *Ah, sim — ao longo do caminho, tente escolher um caçula legal para seu caçula se casar.* As chances são grandes de eles formarem um ótimo time!

—————————————————— EPÍLOGO

Só uma coisa não pode faltar

Nem sempre *o que* você sabe é importante. Nem tudo se baseia em conhecimento, habilidades e técnica. Você pode ler todos os livros, usar todas as técnicas e dizer todas as palavras certas (como espera fazer), mas resta uma única coisa que continua absolutamente necessária. Essa coisa é a arma secreta de todo pai e funciona igualmente bem em todas as ordens de nascimento. Não estou falando de algo que se aprende em várias lições, como mexer no computador ou dirigir um carro. Não. É algo que, na verdade, surge e então se desenvolve lentamente, às vezes de maneira dolorosa. E bem na hora em que você pensa que está realmente pegando o jeito da coisa, acaba voltando para o ponto de partida enquanto se dá conta de como a vida é elementar.

PENSEI QUE NOSSA FAMÍLIA ESTIVESSE COMPLETA, MAS...

Isso é realmente o que aconteceu comigo quando tivemos nossa segunda família, bem depois de termos pensado que nossa cota de filhos havia cessado. Não tenho certeza se há muitas pessoas que criam uma família de três filhos e então, na casa dos 40 anos, têm mais duas meninas só para garantir que "fizeram tudo direito". Por isso, gostaria de compartilhar com você como foi descobrir — em duas ocasiões diferentes — que um novo pequerrucho estava a caminho, e que todas aquelas sessões coruja das quais pensávamos estar livres seriam reprisadas.

Pouco antes do Natal de 1986, Sande ligou para meu consultório e me surpreendeu dizendo que queria me levar para jantar fora. Enquanto desfrutávamos de nossa refeição, ela sacou um cartão que fizera para mim. Como Sande é muito atenciosa e bastante criativa, não suspeitei de nada quando li a capa, na qual ela me perguntava:

— Você está pronto para mudar seus planos de verão?

— Está preparado para trabalhar até tarde?

— Está preparado para mudar seu horário de trabalho?

Intrigado, abri rapidamente e fui saudado por uma imagem do Papai Noel dizendo "Feliz Natal!". Nos braços dele havia um bebezinho com um sorriso banguela.

Conforme a luz começava a acender, dei aquela olhada para Sande, e ela fez que sim. Não pude evitar. Deixei escapar um grito de guerra de tanta alegria, o que assustou vários clientes próximos. O primeiro membro de nossa segunda família estava a caminho.

Quando pensei em contar a notícia para nossos três filhos, tive certeza de que as meninas ficariam encantadas, mas estava preocupado com Kevey, que tinha 8 anos e estava prestes a perder sua posição privilegiada de caçula da família. O que se viu depois foi Holly, que tinha acabado de 14 catorze, responder com um silêncio chocado. Krissy, de 12, colocou as mãos sobre as orelhas e choramingou: "Não quero ouvir isso! Não quero ouvir isso!".

Ainda não tenho certeza do motivo por que as meninas reagiram assim. Talvez estivessem felizes com a família do jeito que era, e a ideia fosse perturbadora demais. Talvez tenham ficado constrangidas porque achavam que os pais não faziam mais "aquele tipo de coisa".

Quando nos sentamos com Kevey, eu estava realmente preocupado. Cheguei a pensar em não lhe contar. Talvez pudéssemos fazer isso mais tarde — quem sabe quando o bebê tivesse 3 anos?

Quando Sande e eu encaramos Kevey, eu disse:

— Temos uma coisa para te contar.

— O que é, papai?

Enquanto eu gaguejava tentando lidar com a situação como um psicólogo profissional faria, Sande interrompeu e disse:

— Vou ter um bebê. (Primogênitos gostam da abordagem direta.)

Eu gelei esperando a explosão de Kevey, mas tudo o que ele disse foi:

— Aaaahhh... Que irado!

— Irado? — eu disse, confuso.

— Pai, você sabe... Isso significa muuito bom.

— Ah... Certo... É claro... — eu disse, agindo como se estivesse por dentro dos termos mais "descolados" da geração de Kevey.

Dando um abraço em sua mãe, ele falou:

— Isso é ótimo!... Ei, papai!

— Sim?

— Podemos ir à loja comprar Pampers?

Kevey ficou desapontado quando soube que não precisaríamos de Pampers por pelo menos seis meses, mas ficou totalmente tranquilo quanto a não ser mais o caçula da família. E, em questão de dias, Holly e Krissy estavam falando conosco de novo. Quando Hannah Elizabeth chegou, eles mal podiam esperar que ela deixasse o hospital para começarem a ajudar a cuidar dela.

E o interesse deles não foi acionado pela curiosidade momentânea. Eles estiveram sempre ali, prontos a ajudar Sande nos cuidados com Hannah; e realmente falo sério quando digo que essa garotinha teve cinco pais que a amaram muito. Uma das provas realmente pungentes disso está pendurada na parede de nossa sala de estar: uma cópia emoldurada de um poema que Holly escreveu para Hannah quando esta tinha apenas 2 meses:

Para Hannah Elizabeth Leman
Nascida em 30 de junho de 1987

Uma criança com pele cálida e delicada, frágil e macia, sem uma falha,
O pequeno corpo ainda não experimentou a vida... Acabou de nascer nele... Mas essa é a lei de Deus.
A inocência de uma criança, algo que todos nós deveríamos ter... Algo que deveríamos nos esforçar para ser,
Uma criança inocente, nova aos olhos de Deus, enquanto se aventura para experimentar a vida.

Holly Leman, 14 anos

Contudo, você vai perceber que continuo dizendo que Hannah era a primogênita de nossa segunda família. Isso sugere que haveria ainda mais filhos, apesar de Sande ter 42 anos, e eu, 44, quando Hannah chegou. E, é claro, pode haver alguns leitores (especialmente esposas) que estão se perguntando: "Leman, seu canalha, por que você não deu um jeito?".

Bem, deixe-me explicar. Depois que Hannah nasceu, fui ao médico investigar; ele disse que era um procedimento bastante simples e tinha certeza de que eu sabia tudo sobre o que seria feito. Na verdade, eu não sabia, então lhe pedi um curso-relâmpago de vasectomia.

— É muito simples. Tudo o que fazemos é colocar um pequeno grampo de metal aqui, e um pequeno grampo de metal ali...

"Grampo de metal?" Foi o bastante para mim. Com certeza podíamos tentar confiar em nossos próprios métodos de controle de natalidade convencionais e aceitar o que quer que Deus nos desse. Para minha vergonha, digo que, como marido e pai, deixei as questões de controle de natalidade com minha esposa, como muitos (a maioria?) dos homens faz. Eu deveria ter sido corajoso o suficiente para suportar os grampos de metal. Mas, quando olho para trás, fico feliz de não ter sido, porque temos essas duas garotas maravilhosas que trouxeram tanta alegria a nossa vida.

"NÃO ME DIGA QUE VOCÊ ESTÁ GRÁVIDA!"

Cinco anos se passaram, e parecia que Hannah seria a princesa da família, com algumas características de primogênita — na verdade, de quase filha única — devido ao grande intervalo entre ela e seu irmão mais velho. Na realidade, ela funciona como uma doce caçula de espírito suave — assumindo muitas das melhores qualidades de sua mãe — porque todos nós a mimamos. Ela foi nossa "mascote da família" por bons cinco anos e meio, até que Lauren nasceu.

Em fevereiro de 1992, levei a família toda de carro para a Califórnia para um fim de semana na Disneylândia. Enquanto desfrutávamos do "lugar mais feliz da terra", percebi que Sande, que normalmente é cheia de vida e toda sorrisos, estava um pouco distante.

Saímos de lá no final do domingo, e, como homem típico, previ "dirigir direto" e chegar a Tucson à meia-noite. Entramos ao sul na Interestadual 8 e seguimos em direção leste. Quando chegamos a La Mesa, subúrbio de San Diego, Sande anunciou:

— Precisamos parar. Tenho de comer alguma coisa.

— Certo, podemos pegar alguma coisa para viagem. Quero continuar.

— Não, não estou me sentindo muito bem. Preciso parar em um restaurante.

Quando estacionamos em um restaurante da rede Coco, eu não estava muito feliz porque odiava imaginar todos aqueles carros que eu tinha dado um duro para ultrapassar passarem a nossa frente enquanto eu estava comendo! Fizemos nossos pedidos, e ficamos ali sentados à mesa, esperando para ser servidos, quando Sande começou a chorar. Desnorteado, perguntei a ela:

— Qual o problema?

Tudo o que ela dizia era:

— Não estou me sentindo bem.

Nosso filho, que agora tinha 14 anos e preferia ser chamado de Kevin, observou com perspicácia:

— Ela está grávida!

— Sua mãe *não está grávida* — eu disse olhando de relance para Sande com um olhar que implorava: "Não me diga que você está grávida!".

Mas Sande acenou afirmativamente, e mais lágrimas começaram a rolar. Minha esposa tinha anunciado que outro bebê estava a caminho, mas dessa vez nenhum grito de alegria escapou de meus lábios. Foi mais um suspiro de horror, e talvez de frustração zangada. Acontece que ela estava grávida havia dois meses, e ali estava eu, descobrindo aquilo ao mesmo tempo que nossos filhos!

E as coisas não melhoraram muito quando Sande disse firmemente:

— Quero que chame o médico *agora*!

— Que médico? — admirei-me em voz alta.

Sande me deu o nome do obstetra e passou instruções sobre o que perguntar a ele. Ela estava identificando os sintomas e tinha medo de estar perdendo o bebê. Fui procurar um telefone público e liguei. Tive sorte de falar diretamente com o médico, que ficou muito preocupado e foi direto:

— Tire-a daí imediatamente e vá para um hotel. Ela precisa descansar numa cama esta noite e vir para cá amanhã pela manhã, o mais cedo possível.

Voltei para a mesa, e Sande estava sentada ali — sozinha. Nenhum de nossos filhos estava lá. Na hora me passou pela cabeça: "Será que todos eles fugiram?".

Mais tarde soube que Kevin tinha levado Hannah para dar uma volta, e as duas meninas mais velhas tinham ido ao toalete, onde Krissy chorou um pouco e Holly ficou folheando as páginas da lista telefônica mais importante de San Diego, sem nenhum propósito específico.

De alguma forma, terminamos o jantar e saímos para procurar um hotel. Apesar de ser domingo à noite, a maioria dos hotéis estava cheia, mas finalmente um Travelodge nos abrigou em um único quarto com duas camas duplas de reserva. Não posso dizer que dormi muito naquela noite. Ficava fazendo contas em minha mente e dizendo: "Ela não pode estar grávida. Ela não pode estar grávida...".

Fiquei refletindo profundamente sobre o que o médico dissera — a possibilidade de ela perder o bebê se não tomasse cuidado. E quanto a sermos pais em nossa idade? Sande tinha 46, e eu, 48. Na hora em que o bebê chegasse, ela teria 47, e eu, 49! Isso significava que teríamos quase 70 anos quando nosso filho terminasse o ensino médio!

Nossa volta para casa na manhã seguinte foi melancólica, já que cada um de nós ponderava como a gravidez de Sande impactaria nossa vida individualmente. Nossos mais novos, Hannah e Kevin, estavam absorvendo a notícia calmamente, sobretudo Hannah, de 4 anos, que não pareceria temer seu destronamento de maneira alguma. Ela já esperava ansiosa por ter um bebê para cuidar.

> "Você consegue imaginar uma família melhor na qual este bebê possa viver?"

Mas Holly e Krissy, então com 19 e 17, não estavam assimilando bem a notícia, da mesma forma como aconteceu com Hannah cinco anos antes. Elas simplesmente olhavam para fora da janela, e eu tinha certeza de que provavelmente estavam pensando: "Hannah já foi ruim o suficiente, mas mamãe e mapai *ainda* estão fazendo aquilo na idade deles!". Eu imaginei Holly e Krissy se reunindo e escrevendo outro poema em colaboração, algo como:

> Oh, mamãe e papai,
> Nós os amamos tanto,
> Mas será que vocês não conhecem
> Como os bebês aparecem?

Fomos para casa em tempo recorde, e imediatamente levei Sande ao médico. Depois de ela passar vários dias em repouso, voltamos e conversamos com o obstetra. Naquele momento, eu já estava em melhor estado de espírito. Devido à idade de Sande, era uma gravidez de risco. O médico começou a citar todas as estatísticas sobre as chances de problemas com o bebê. Em seu estilo clássico de primogênita, Sande apenas olhou para ele e disse:

— Por que o senhor está nos dizendo isso?

O médico olhou para mim de uma maneira desesperançada, como se dissesse: "Pode me ajudar, camarada?".

Então, rapidamente Sande fez que o médico entendesse que não fazia nenhuma diferença. Aborto jamais seria uma opção; ela prosseguiria e teria o bebê.

APENAS UMA COISA PERMANECE ABSOLUTAMENTE NECESSÁRIA

Não muito depois de voltarmos da Disneylândia, tive de fazer uma viagem de negócios ao Leste, e no caminho de casa parei em Buffalo, como frequentemente faço para dar uma olhada em nossa residência de verão no lago Chautauqua, Nova York. Enquanto estive ali, dei uma passada na casa de meu amigo de infância, Moonhead, e sua esposa, Wendy. Apesar do choque inicial já ter amainado, eu ainda estava fritando os miolos e dizendo coisas como: "Que coisa, vou ter 67 anos quando a criança estiver no último ano do ensino médio!". E então Wendy disse tudo — para mim, para Sande, para todos:

— Você consegue imaginar uma família melhor na qual esse bebê possa viver?

Isso me deteve nos trilhos de caçulinha da família. Soube em um instante que tinha de parar com aqueles achaques de autocomiseração. Ah, claro, eu estava brincando, evidentemente, mas por trás das brincadeiras havia um sentimento do tipo: "Por que nós? Por que *eu*?".

Quanto à pergunta de Wendy, tive de refletir por alguns momentos antes de responder. Certamente havia pais mais jovens, com mais energia e equipados com sistema nervoso forte, que não precisavam fazer a revisão dos 100 mil quilômetros. Mas alguma família poderia amar mais esse pequeno Ursinho do que Mamãe Ursa e Papai Urso Leman?

Eu disse a Wendy:

— Você está certa. Você está *muito* certa. Obrigado. Eu precisava disso. Precisava mesmo.

Wendy tinha se referido à arma secreta insubstituível de que nenhum pai pode abrir mão: amor incondicional, aquele pelo qual se arrisca tudo, sem limitações, sacrificando-se pelos filhos — e pelo cônjuge. Daquele momento em diante, comecei a dizer a mim mesmo: "Eu tenho de absorver isso. Sou o parceiro de Sande, seu companheiro. Vai ser difícil para ela. Ela também não esperava por isso".

No voo de volta a Tucson, fiquei tentando pensar em uma maneira de dizer a Sande sobre minha nova atitude em relação à gravidez. Quando eu saíra de viagem, não tinha sido positivo nem dado meu apoio. Na verdade,

> A arma secreta insubstituível de que nenhum pai pode abrir mão é: amor incondicional, aquele pelo qual se arrisca tudo, sem limitações, sacrificando-se pelos filhos — e pelo cônjuge.

estava de péssimo humor, e agora queria consertar as coisas. Quando cheguei em casa, encontrei Sande ainda preocupada com o bem-estar do bebê. Lembrei-a do laudo positivo do médico depois que voltamos da Disneylândia e então disse:

— Sabe, eu fui um idiota em relação a isso. Fiquei sentindo pena de mim mesmo e não estive a seu lado como deveria. Mas, quando cheguei à casa de Moonhead, Wendy me colocou em meu lugar. Ela realmente me pegou quando perguntou se eu poderia pensar em uma família melhor para esse bebê viver.

Por um segundo, não tive certeza de como Mamãe Ursa recebera a sabedoria de Wendy. Mas então ela sorriu de volta para mim com um brilho nos olhos, e eu soube que estava perdoado por todas as demonstrações de autopiedade que tive. E eu também sabia que a alegria que viveríamos juntos estava entre os melhores presentes que poderíamos receber.

Nunca achei que ficaria feliz pela minha covardia em relação aos grampos de metal, mas no fim minha falta de coragem compensou. Lauren chegou inteira e perfeita, e se tornou o ápice de cinco bênçãos incríveis.

Não, não vou dizer que ter Hannah e depois Lauren foi "mamão com açúcar", nem que Sande e eu fomos ambos tão abençoados que não trocaríamos um momento disso tudo por um pouco de paz e tranquilidade. Houve muitas vezes em que não tínhamos certeza se conseguiríamos sobreviver a mais uma noite. Mas sim, sobrevivemos a elas; e assim que Lauren fez 6 anos e foi para a escola, Sande mais uma vez se viu em uma posição na vida na qual conseguia ver um pouco da luz do sol e ter certa liberdade durante o dia.

Quanto a mim, penso nessa data histórica. O ano de 2010. Eu terei 67, e Lauren, aos 18, estará caminhando pelo corredor para pegar seu diploma do ensino médio. Confesso que tento não pensar nisso, mas de vez em quando as memórias surgem de jeitos interessantes. Como da vez em que Lauren e eu subíamos para a porta da escola quando ela estava no jardim de infância, e um sujeito com cara de vovozinho estava apoiado no para-lamas de seu carro, obviamente esperando por alguém. Ele sorriu para nós quando passamos e disse:

— Eu também tenho um neto nessa escola.

Pensando estar corrigindo o erro de uma maneira gentil, eu disse:

— Na verdade, senhor, esta é a número 5.

— Ah! *Cinco netinhos!* Que sortudo!

Conforme caminhei para a escola com Lauren naquele dia, não pude evitar umas boas risadas. Sim, eu poderia ter argumentado com ele sobre "parecer um avô" (embora eu provavelmente perdesse a parada se o fizesse). Mas uma coisa é certa. Eu *era* muito sortudo, e ainda *sou*.

As 6 chaves para a ordem de nascimento

1. Por mais importante que a ordem de nascimento possa ser, ela é apenas uma influência. Não é um fato definitivo da vida, cimentado para sempre e imutável, determinando como a criança vai ser.

2. A forma como os pais tratam os filhos é tão importante quanto as ordens de nascimento em que chegam, bem como o intervalo

temporal entre eles, seu sexo e suas características físicas e mentais. A pergunta-chave é: o ambiente oferecido pelos pais é de amor, aceitação e calor, ou é crítico, frio e distante?

3. Toda ordem de nascimento tem pontos fortes e fracos. Os pais devem aceitar os dois tipos e, ao mesmo tempo, ajudar seus filhos a desenvolver características positivas e a lidar com as negativas.

4. Nenhuma ordem de nascimento é "melhor" ou mais desejável do que outra. Primogênitos parecem ter seu lugar em realizações e manchetes, mas a porta está bem aberta para os demais deixarem sua marca. Cabe a eles fazê-lo.

5. A informação sobre a ordem de nascimento não dá o retrato psicológico completo de ninguém. Nenhum sistema de desenvolvimento de personalidade pode fazer isso. Estatísticas e características da ordem de nascimento são indicadores que se combinam com fatores físicos, mentais e emocionais para criar um retrato maior.

6. Compreender alguns princípios básicos da ordem de nascimento não é uma fórmula para resolver automaticamente os problemas ou mudar sua personalidade da noite para o dia. Mudar-se é a tarefa mais difícil a que qualquer ser humano pode se propor; é preciso muito trabalho e determinação.

_____ RESPOSTAS DO QUESTIONÁRIO

"Adivinhe a ordem de nascimento"

Primogênito, ou filho único, filho do meio ou caçula? Veja se suas respostas às perguntas da página 11 estavam corretas.

1. Minha irmã era uma exibicionista encantadora enquanto crescíamos — pense em uma artista trapaceira que sempre se dá bem. Agora ela ocupa o posto de principal vendedora da empresa e é muito bem-sucedida.

   Resposta: Caçula.

2. Gosto mais de ler pessoas do que livros. Gosto de resolver problemas e me sinto confortável quando estou rodeado de pessoas.

   Resposta: Filho do meio.

3. Meu irmão Al foi apelidado de "Albert Einstein" porque era muito bom em matemática e ciências. Agora ele trabalha como engenheiro e é um perfeccionista consciencioso.

   Resposta: Primogênito.

4. Não sei como meu marido faz isto: seu local de trabalho é uma bagunça absoluta, mas, sempre que ele quer achar alguma coisa, sabe exatamente em que monte está.

   Resposta: Primogênito.

5. Minha amiga é um tanto quanto rebelde. Ela tem um monte de amigos, mas valoriza sua independência. Ela é uma boa mediadora em discussões. É praticamente o oposto da irmã.

   Resposta: Filha do meio.

6. Eu me entendo melhor com pessoas mais velhas do que com as da minha idade. Algumas pessoas acham que sou arrogante ou egocêntrico. Mas, na realidade, não sou.

   Resposta: Filho único.

Notas

Capítulo 1 — Ordem de nascimento

[1]A primeira publicação é um *ranking* dos atuais maiores líderes norte-americanos e mundiais; a segunda é o *ranking* dos mais reconhecidos cientistas. (N. do T.)

[2]Ver Richard W. BRADLEY, "Using Birth Order and Sibling Dynamics in Career Counseling", *The Personnel and Guidance Journal*, set. de 1982, p. 25. Ver também citações a Bradley no artigo "Is First Best?", *Newsweek*, 6 de jan. de 1969, p. 37.

[3]Deborah SKOLNIK, "Does Birth Order Matter?". Disponível em: <http://www.parenting.com/article/Child/Development/Does-Birth-Order-Matter>. Acesso em: 7 de jun. de 2011.

[4]R. L. ADAMS; B. N. PHILLIPS, "Motivation and Achievement Differences among Children of the Various Ordinal Birth Positions", *Child Development*, mar. de 1972, p. 157.

[5]Sociedade norte-americana que reconhece e premia os melhores alunos do ensino médio. (N. do T.)

[6]Sally Leman CHALL, *Making God Real to Your Children*. Grand Rapids: Revell, 1991. _____. *Mommy Appleseed*. Eugene, OR: Harvest House, 1993.

[7]Walter TOMAN, *Family Constellation*. New York: Springer, 1976, p. 33.

[8]Idem, p. 5.

284 Mais velho, do meio ou caçula

[9]James H. S. Bossard, *The Large Family System*. Philadelphia: University of Pennsylvania Press, 1966, p. 79.

[10]Programa de TV norte-americano, veiculado diariamente no período matutino pela rede NBC, em formato que mistura noticiário e entrevistas. (N. do R.)

Capítulo 2 — Mas, doutor, eu não me encaixo na forma!

[1]Nos Estados Unidos, programa televisivo da Warner conduzido por uma juíza, substituída de tempos em tempos, e que apresenta casos reais para votação pelo público. É exibido pela Warner nos Estados Unidos. (N. do T.)

[2]Herb Kelleher, citado por Tom Peters, "'Personality' Has Southwest Flying above Its Competition", *Arizona Daily Star*, 26 de set. de 1994.

[3]Herb Kelleher, citado por Kevin Leman em *Winning the Rat Race without Becoming a Rat*. Nashville: Thomas Nelson, 1996, p. 70.

[4]Organização que reúne jovens líderes empresariais e políticos, promovendo a troca de informações e contatos entre eles. (N. do T.)

[5]"Former Arizona Governor Gets Two and a Half-Year Prison Term", *Los Angeles Times*, 3 de fev. de 1998.

[6]Bradford Wilson; George Edington, *First Child, Second Child: Your Birth Order Profile*. New York: McGraw-Hill, 1981, p. 259.

[7]Idem, p. 282.

[8]Programa de televisão da rede norte-americana ABC, mediado pela atriz Whoopi Goldberg, com a presença de outras quatro mulheres com pontos de vista bastante diferentes, que debatem temas do momento. (N. do T.)

Capítulo 3 — O que os pais têm a ver com isso?

[1]Lee Iacocca; William Novak, *Iacocca*. New York: Bantam, 1986, p. 18.

[2]Idem.

[3]Kevin Leman, *Winning the Rat Race without Becoming a Rat*, p. 152–153.

[4]Estatísticas cedidas pela Stepfamily Association of America, Inc..

[5]Seriados de TV norte-americanos da década de 1970 que falavam sobre a união de pais e seus filhos em um novo casamento. (N. do T.)

[6]Kevin Leman, *Living in a Stepfamily without Getting Stepped On*. Nashville: Thomas Nelson, 1994, p. 23.

[7]Carmi Schooler, "Birth Order Effects: Not Here, Not Now!", *Psychological Bulletin* 78, nº 3, set de 1972, p. 171-172. Schooler concluiu que a "pontuação

para diferentes ordens de nascimento não demonstra diferença significativa"
e que há ótimos motivos para se duvidar da "importância da ordem de nascimento como determinante do comportamento".

[8]Cecile ERNST; Jules ANGST, *Birth Order: Its Influence on Personality*, New York: Springer-Verlag, 1983, p. 242.

[9]Joseph RODGERS, citado por Geoffrey COWLEY em "First Born, Later Born", *Newsweek*, 7 de out. de 1996, p. 68.

[10]Judith BLAKE, citada por Kenneth L. WOODWARD; Lydia DENWORTH, "The Order of Innovation", *Newsweek*, 21 de maio de 1990, p. 76.

[11]Kevin LEMAN, *Winning the Rat Race without Being a Rat*, p. 17.

[12]Idem.

[13]Idem, p. 118. A Companhia Dingman é especializada em encontrar o executivo certo para a empresa certa.

[14]Rio de Janeiro: Record, 1999. (N. do R.)

[15]Frank J. SULLOWAY, citado por Robert S. BOYNTON em *The Birth of an Idea*. *The New Yorker*, 7 de out. de 1996, p. 72.

[16]Frank J. SULLOWAY, *Vocação: rebelde – ordem de nascimento, dinâmica familiar e vidas criativas*. Rio de Janeiro: Record, 1999.

Capítulo 4 — O primeiro primeiro

[1]Algumas vezes, os filhos únicos são chamados de "superprimogênitos" porque têm diversas características de primogênitos exacerbadas. Esta e outras diferenças entre filhos únicos e primogênitos serão discutidas no capítulo 7.

[2]Kevin LEMAN, *Born to Win*. Grand Rapids: Revell, 2009.

[3]Nós (os editores da obra original) confirmamos a falta de compreensão editorial do dr. Leman.

[4]Harvey MACKAY, *Cuidado com o homem nu que lhe oferece a camisa: 85 lições e 35 conselhos rápidos para mudar sua maneira de fazer negócios*. São Paulo: Best Seller, 1990, p. 24.

[5]Kevin LEMAN, *Winning the Rat Race without Being a Rat*, p. 64.

[6]Trio de cantoras *country* norte-americanas, famoso especialmente nas décadas de 1970 e 1980. (N. do T.)

[7]Duo de cantores *folk* norte-americanos. (N. do T.)

[8]Kevin LEMAN, *Winning the Rat Race without Being a Rat*, p. 26.

Capítulo 5 — Quão bom é "bom o suficiente"?

[1]Jane GOODSELL, *Not a Good Word about Anybody*. New York: Ballantine, 1988, p. 46, 50.

[2]Fritz RIDENOUR, *Untying Your Knots*. Grand Rapids: Revell, 1988, p. 112. Usado com permissão.

[3]Kevin LEMAN, *When Your Best Isn't Good Enough: The Secret of Measuring Up*. Grand Rapids: Revell, 2007. Em março de 2010, esse livro foi reeditado sob o título *Why Your Best Is Good Enough*.

[4]O autor se refere a Fred McFeely Rogers, pastor e educador norte-americano que apresentou um programa educativo na televisão norte-americana entre os anos 1970 e 2000. (N. do T.)

[5]Miriam ADDERHOLDT-ELLIOTT, *Perfectionism: What's Bad about Being Too Good?* Minneapolis: Free Spirit, 1987, p. 18-20.

[6]Kevin LEMAN, *When Your Best Isn't Good Enough: The Secret of Measuring Up*. Grand Rapids: Revell, 2007.

_____. *Pleasers: Why Women Don't Have to Make Everyone Happy to Be Happy*. Grand Rapids: Revell, 2006.

Capítulo 6 — Perfeito — ou excelente?

[1]Kevin LEMAN, *Winning the Rat Race without Being a Rat*, p. 125-127.

[2]Autor de diversos livros de autoajuda sobre pensamento positivo, muitos editados no Brasil. (N. do T.)

[3]David STOOP, *Self-Talk: Key to Personal Growth*. Grand Rapids: Revell, 1982, p. 120.

[4]Kevin LEMAN, *What Your Childhood Memories Say about You*. Wheaton, IL: Tyndale, 2008.

Capítulo 7 — Primeiro e único, o superprimogênito

[1]Toni FALBO, "Does the Only Child Grow Up Miserable?", *Psychology Today*, mai. de 1976, p. 60.

[2]Alfred ADLER, *A ciência da natureza humana*. São Paulo: Companhia Editora Nacional, 1957, p. 127.

[3]Kevin LEMAN, *Winning the Rat Race without Being a Rat*, p. 21-22.

[4]Personagem de um programa infantil norte-americano que era um boneco de ventríloquo, ruivo e sardento, com roupas de caubói. (N. do T.)

[5]Meu título oficial é "psicólogo familiar e consultor do *Good Morning America*, da ABC".

[6]US Census Bureau, "America's Families and Living Arrangements: 2008", mar. de 2009. Disponível em: <https://www.census.gov/data/tables/2008/demo/families/cps-2008.html>. Acesso em 16 de jun. de 2011.

[7]"Only Children: Cracking the Myth of the Pampered Only Misfit", *US News and World Report*, 10 de jan. de 1994, p. 50.

[8]Karen PETERSON, "Kids without Siblings Get Their Due", *USA Today*, 1 de mar. de 1993.

[9]Lucille K. FORER; Henry STILL, *The Birth Order Factor*. New York: David McKay, 1976, p. 255.

[10]Kevin LEMAN, *Winning the Rat Race*, p. 146-151.

Capítulo 8 — Ninguém me respeita

[1]Como o dr. Leman é o caçula da família, nós (editores do original desta obra em inglês) fizemos a conta para ele e vimos que, mesmo nesta nova edição revisada de *Mais velho, do meio ou caçula*, as crianças do meio, de fato, ainda têm menos páginas dedicadas a elas. Pedimos desculpas!

[2]Bradford WILSON; George EDINGTON, *First Child, Second Child: Your Birth Order Profile*, p. 92.

[3]Lucille K. FORER; Henry STILL, *The Birth Order Factor*, p. 77.

[4]A carreira de Rodney Dangerfield começou na década de 1950 e perdurou até o início dos anos 2000. (N. do R.)

[5]Eleanor ESTES, *The Middle Moffat*. Orlando, FL: Harcourt, 2001. Citada por Edith G. NEISSER, *Brothers and Sisters*. New York: Harper, 1951, p. 154.

[6]Bradford WILSON; George EDINGTON, *First Child, Second Child: Your Birth Order Profile*, p. 95.

[7]Donald J. TRUMP; Tony SCHWARTZ, *Trump: The Art of the Deal*. New York: Random House, 1987, p. 3, 43-44.

[8]Bradford WILSON; George EDINGTON, *First Child, Second Child: Your Birth Order Profile*, p. 99.

[9]Idem, p. 104.

[10]Idem, p. 103.

[11]H. L. ANSBACHER; R. R. ANSBACHER (Eds.), *The Individual Psychology of Alfred Adler*. New York: Harper & Row, 1956, p. 379-380.

288   Mais velho, do meio ou caçula

¹²Citado por Irving D. Harris, *The Promised Seed: A Comparative Study of Eminent First and Later Sons*. Glencove: Free Press of Glencove, 1964, p. 75.

¹³Pam Hait, "Birth Order and Relationships", *Sunday Woman*, 12 de set. de 1982, p. 4.

Capítulo 9 — O último, mas raramente o menos importante

¹Bradford Wilson; George Edington, *First Child, Second Child: Your Birth Order Profile*, p. 108.

²Mopsy Strange Kennedy, "A Lastborn Speaks Out — At Last", *Newsweek*, 7 de nov. de 1977, p. 22.

³Bradford Wilson; George Edington, *First Child, Second Child: Your Birth Order Profile*, p. 109.

⁴Idem, p. 108.

⁵Kevin Leman, *Parenthood without Hassles*. Eugene, OR: Harvest House, 1979, p. 11.

⁶Idem, p. 12.

⁷Faculdades regionais que oferecem turmas noturnas e horários flexíveis, com cursos de dois anos, mais técnicos e menos prestigiados. (N. do T.)

⁸Nos Estados Unidos, em várias circunstâncias são criadas caixinhas de contribuição que recebem doações anônimas para cobrir o custo de algo adquirido ilicitamente. Existe inclusive uma "contribuição moral" do Departamento do Tesouro norte-americano que recebe doações de sonegadores de impostos. (N. do T.)

⁹Bradford Wilson; George Edington, *First Child, Second Child: Your Birth Order Profile*, p. 109–110.

¹⁰O autor faz aqui uma brincadeira com o *slogan* da Nike, "Just do it", algo como "É só fazer". (N. do T.)

Capítulo 10 — A situação vencedora nos negócios

¹Para uma discussão completa sobre usar o conhecimento da ordem de nascimento nos negócios, veja Kevin Leman, *Winning the Rat Race without Being a Rat* (especificamente os caps. 4, 5 e 6), do qual este capítulo foi adaptado.

²Harvey Mackay, *Como nadar entre os tubarões sem ser comido vivo*. Rio de Janeiro: Best Seller, 2007, p. 23.

³Kevin Leman, *Born to Win*.

Notas **289**

Capítulo 11 — Casamentos de mesma ordem de nascimento não caem do céu

[1]Walter TOMAN, *Family Constellation: Its Effects on Personality And Social Behavior*. Toman estudou 3 mil famílias antes de chegar a conclusões. Em um estudo mais breve, o dr. Theodore D. Kempler, da Universidade de Wisconsin, entrevistou 236 executivos e suas esposas e também descobriu que certas combinações de ordem de nascimento resultaram em casamentos melhores do que outros. A pesquisa do dr. Kempler foi documentada por Lucille K. FORER em *The Birth Order Factor*, p. 187-188.

[2]Walter TOMAN, *Family Constellation: Its Effects on Personality And Social Behavior*.

[3]Ministério cristão destinado a ajudar famílias. (N. do T.)

Capítulo 12 — "Eu só tenho importância quando..."

[1]Grande parte do material deste capítulo sobre estilos e temáticas de vida foi adaptada de Kevin LEMAN, *Living in a Stepfamily without Getting Stepped On*, caps. 6 e 7.

[2]Alfred ADLER, *The Practice and Theory of Individual Psychology*. London: Routledge & Kegan Paul, 1923, p. 3.

[3]Alfred ADLER, *A ciência da natureza humana*, p. 31.

[4]Rudolph DREIKURS, *Fundamentals of Adlerian Psychology*. Chicago: Alfred Adler Institute, 1953, p. 35.

Capítulo 13 — Ostente suas imperfeições

[1]Ver Lucas 15:11-32.

[2]Kevin LEMAN, *Faça a cabeça de seus filhos sem perder a sua*. Rio de Janeiro: Alta Books, 2003.

Capítulo 14 — Dois é bom... ou podem ser uma multidão

[1]Ver Gênesis 25:19-34; 27:1-40.

[2]Espetáculo musical da Broadway levado às telas de cinema em 1982 pelo diretor norte-americano John Huston. Conta a história de uma menina órfã que faz de tudo para ser aceita em alguma família. (N. do T.)

[3]O autor faz aqui um jogo de palavras, pois *tomorrow*, em inglês, significa "amanhã". (N. do T.)

Capítulo 16 — Ajudando a raspa do tacho a crescer

[1]Pequeno gambá que foi o personagem principal da diária e homônima tira de quadrinhos criada pelo cartunista norte-americano Walt Kelly. As tirinhas traziam sátiras políticas e fizeram muito sucesso de 1948 até 1975. (N. do T.)

[2]Autor de vários livros sobre personagens bíblicos e também sobre diversas vertentes do pensamento cristão. Alguns de seus títulos foram publicados pela Editora Mundo Cristão. (N. do T.)

[3]Em português, algo como Criança Mais-que-Prodígio. (N. do T.)

[4]Bradford WILSON; George EDINGTON, *First Child, Second Child: Your Birth Order Profile*, p. 110-111.

[5]Edith G. NEISSER, *Brothers and Sisters*, p. 165-166.

Compartilhe suas impressões de leitura escrevendo para:
opiniao-do-leitor@mundocristao.com.br
Acesse nosso *site*: www.mundocristao.com.br/

Diagramação: Sonia Peticov
Preparação: Luciana Chagas
Revisão: Josemar de Souza Pinto
Fonte: Adobe Garamond
Gráfica: Forma Certa
Papel: Off White 80 g/m² (miolo)
Cartão 250 g/m² (capa)